Win-Win

조직갈등관리

−심리학적 갈등조정을 중심으로−

문용갑 · 이남옥 공저

학지사

머리말

　갈등은 우리 삶의 본질과도 같다. 갈등이 없으면 자아실현이나 지속적인 관리도, 조직의 변화와 발전도 없다. 질병관리처럼 갈등을 관리하기 위해서는 갈등의 본질을 제대로 이해하여야 한다. 갈등은 옳고 그름의 대상이 아니다. 갈등은 갈등일 뿐이며 더욱 성숙한 세상으로 가는 티켓이다.

　오늘날 복잡한 조직에는 수많은 갈등이 존재하지만 문제는 갈등이 있다는 사실이 아니라 갈등을 어떻게 처리할 것인가. 갈등을 어떻게 생산적으로 관리할 것인지가 문제의 핵심이다. 경영진, 관리자, 조직원 등 모든 조직구성원이 갈등을 진지하게 받아들이고 적극적으로 그 해결책을 찾는다면 조직도 개인도 함께 발전하고 성장하는 계기가 될 것이다.

　갈등과 그 결과로 인해 절망한 나머지 어찌할 바를 모르는 관리자에게는 갈등에 대한 정확한 인식과 이해 그리고 적절한 관리를 위한 전략적이고 효과적인 방법이 필요하다. 갈등을 '비정상적인 것'으로만 보고 '갈등' 하면 언어적 또는 신체적 폭력만을 연상하여 아예 입에 담기조차 꺼려 하고 최악의 경우에는 의견차이 정도로 보고 이를 방치하는 관리자도 적지 않다. 이들에게는 그런 의견차이로 인한 갈등이 쌓이면 조직과 조직구성원 모두에게 파괴적인 결과를 가져온다는 점과 함께 조직의 많은 사업은 갈등을 정확히 진단하고 해결할 때 성공할 수 있다는 것을 이해시키는 것이 중요하다. 잡음 없이 원만하게 업무가 진행되는 것이 무엇보다 중요한 관리자에게는 갈등 예방을 위한 방법이 필요하다.

필자는 두 가지 목표를 가지고 조직갈등을 다룰 것이다. 첫 번째 목표는 갈등을 인식하고 이해하는 것이고, 두 번째 목표는 갈등을 생산적으로 관리하는 것이다. 이 책은 갈등조정가, 갈등코치, 갈등 컨설턴트 등 갈등전문가뿐만 아니라 조직 현장에서 대립, 긴장 그리고 갈등과 맞서야 하는 관리자, 인사담당자, 행정가 등을 대상으로 한다. 갈등관리는 바로 이들의 몫이다. 효과적인 갈등관리를 통해 조직의 성과를 높이고 발전을 도모하려면 갈등관리 역량을 배양하고 실천하는 것이 무엇보다 중요하다.

이 책은 모두 9장으로 구성되었다. 1장에서는 Win-Win을 위한 갈등관리의 새로운 방법으로서 갈등조정을 소개하였다. 2장에서는 심리학적 갈등 개념을 제시하고, 아울러 갈등 유형, 갈등의 역기능과 순기능, 갈등 발생과 진행, 갈등 대상, 갈등대처유형, 갈등고조, 감정과 공정성 등을 갈등 분석 및 해결의 관점에서 살펴보았다. 3장에서는 고전적 갈등관리의 한계점들을 살펴보고 새로운 갈등관리의 필요성을 강조하였다. 4장에서는 새로운 조직갈등관리와 그 방법으로서 갈등조정, 모더레이션, 코칭, 팀개발, 조직개발을 서로 비교하여 제시하였으며, 새로운 갈등관리를 가로막는 요소들에 대해 살펴보았다. 5장에서는 갈등조정의 역사와 함께 갈등조정을 위한 요건과

갈등조정으로 인한 조직이익을 살펴보고 갈등조정의 절차를 상세히 소개하였다. 6장에서는 갈등조정의 인간관과 기본원칙, 조정인의 기본자세와 역량 그리고 갈등조정기법에 관해 논의하였다. 7장에서는 실제 조직갈등조정 사례를 통해 갈등조정절차 및 방법을 보다 상세히 기술하였다. 8장에서는 조직갈등관리시스템의 핵심 요소와 함께 갈등관리시스템 구축의 일환으로 갈등조정 도입 절차 모델을 제시하였다. 끝으로 9장에서는 갈등조정 도입 사례를 도입 절차에 따라 기술하였다.

이 책이 출간되기까지 엄청난 도움을 주신 모든 분께 감사드린다. 학지사 김진환 사장님과 직원 여러분 그리고 처음부터 끝까지 꼼꼼히 교정을 봐 주신 문준환, 송성자, 조정혜, 박현희 선생님께 고마운 마음을 전한다. 하늘에서 늘 돌보아 주시는 어머니, 항상 용기를 주시는 아버지, 장인어른, 장모님 그리고 항상 웃음으로 응원해 준 사랑하는 우리 딸 문다운과 출간의 기쁨을 함께하고 싶다.

2016년 5월

문용갑

차 례

03 고전적 갈등관리방법　177

04 상호보완적 갈등관리방법　221

05 조직갈등조정 절차 249

06 갈등조정기법 283

07 조직갈등조정 사례 325

조직갈등조정

> 이 장에서는 조직갈등조정에 대해 소개한다. 갈등관리는 왜 필요한가?
> 갈등은 무엇인가? 갈등은 어떤 유형으로 구분되는가? 조직갈등조정이
> 란 무엇인가? 갈등조정의 기본 원칙은 무엇인가? 심리학적 갈등조정
> 은 무엇인가? 갈등조정의 장점을 무엇인가?

1. 두 동업자의 갈등

A와 B는 동업을 하고 있는 사이지만 6개월 전부터 심하게 다투고 있다. A는 의사가 당장 요양하도록 권유할 정도로 위장병이 심한 상태지만 손에서 일을 쉽게 놓을 수 없는 처지다. 그는 하소연한다.

"나는 이번 사업 프로젝트를 동업자 B에게 믿고 맡길 수 없습니다!"

A는 녹차만 마실 수 있을 뿐 커피는 절대 금물이다. 그는 크게 분노했지만 체념도 한 상태다. 6년 전 직장 동료였던 A와 B는 다니던 회사를 그만두고 함께 회사를 차려 철강 사업을 하게 되었고 생각보다 빠른 시간에 성공을 거둘 수 있었지만, 각자 자기 일에만 파묻혀 살다 보니 서로 사적인 대화나 정기적으로 사업에 관한 정보를 주고받을 시간이 없었다. 그러다 보니 언제부턴가 둘 사이에 오해가 커

져 갔고 마주치는 기회도 점점 줄어들었다.

그동안 회사는 조직원 수가 25명으로 늘었고 매출 규모도 커졌지만 조직원들은 업무수행을 위한 가이드라인과 리더십의 부재로 이직률이 높았다.

며칠 후 B는 조정자와 대화에서 "나는 더 이상 참을 수 없습니다."라고 단호히 말하였다. 그리고 어려운 점들을 설명하였다. "지난달에는 회사에 출근하니 A가 내 방 옆에 있던 프린터를 다른 곳으로 옮겨 복사도 제대로 할 수 없었습니다. 이제는 그와 동업을 한다고 말할 수 없는 상황입니다. 지난 여름에는 그의 실수로 중요한 고객을 잃어 매출에 커다란 타격을 입기까지 하였습니다. 저라면 중요한 고객에게 그런 실수를 하지 않았을 것입니다." 잠시 침묵하고는 "그는 모든 것을 혼자서만 처리하려고 합니다."라고 체념하듯 말하였다.

이러한 고충은 조직에서 결코 드문 현상이 아니다. "이제 동료와 말을 하지 않는다." "그와는 말이 통하지 않는다. 그래서 함께 문제를 풀어 나갈 수 없다." 이런 말들은 직장에서 일을 같이 하는 동료들이 흔히 하는 하소연이다. 많은 직장인이 동료와의 갈등으로 불만과 분노가 커지면 어느 순간 넘을 수 없는 벽에 부딪친 듯 좌절하거나 체념한다.

2. 들어가기

사람들이 모여 일하는 곳에는 갈등이 있기 마련이다. 동료 직원들 사이의 마찰, 사장에 대한 사원들의 불신, 제조업체와 부품공급업체의 반목과 대립, 노조와의 대치 등, 갈등은 막대한 물리적 손실과 함께 개인에게 심리적 고통을 가져다줄 것이며, 조직은 직원의 결근이나 이직으로 인해 노동력 감소, 생산 지연, 이윤 감소, 조직 문화 악화, 조직 이미지 실추 등이 생겨 고전을 면치 못할 것이다.

갈등관리의 대표적인 방법인 법적 소송으로 조직갈등을 해결하려면 많은 비용과 함께 소송 절차에 많은 시간이 들기 때문에 '시간이 곧 돈'인 시대에 조직은 상당한 경제적 손실을 입을 수밖에 없다. 법적 소송은 그 결과를 예측하기 어려울 뿐 아니라 갈등당사자들은 소송 과정에서 엄청난 심리적 고통을 겪는다.

최근 우리 사회에서 갈등조정(mediation)은 협상, 중재 등과 함께 법적 소송과 다른 새로운 협력적 갈등관리의 한 방법으로 부각되고 있다. 물론 국내 기업에서는 아직까지 갈등조정이 새로운 갈등관리 방법으로 일반화된 것은 아니지만, 머지않아 조직갈등조정이 지속적으로 확산될 전망이다. 유럽의 많은 국가들 및 미국, 호주 등에서는 조직들이 갈등조정을 도입하여 생산성 향상과 노사갈등 해소는 물론 조직 이미지 제고의 계기로 삼고 있다(Lambrette & Hermann, 2002).

갈등조정이 국내 조직에 확산될 가능성을 점칠 수 있는 근거는 많다. 예를 들어, 기업에서 개인의 자율권이 경영의 핵심 요소로 강조되고 있는 만큼, 갈등당사자는 자신의 갈등을 스스로 책임감을 가지고 서로 협력하여 해결하는 조정을 통해 자기책임성을 향상시킬 수 있어야 한다. 따라서 기업이 갈등조정을 새로운 갈등관리방법으로 도입할 것인지는 기업과 사회의 자율적인 갈등해결 노력 및 갈등문화 여하에 달려 있다고 할 수 있다(Neuberger & Kompa, 1987).

세계적으로 뿌리 깊은 역사를 지닌 조정이 우리나라에서 이용되기 시작한 것은 최근의 일이다. 미국과 유럽에서는 이미 몇십 년 전부터 사회 각 영역에서 조정이 새로운 사회제도로 자리 잡아 왔으며, 최근에는 조직, 집단, 정부기관 등의 조직갈등뿐만 아니라 공공갈등에도 적극 도입되고 있으며, 조정에 관한 사회적 인식 또한 높아지고 있다. 예를 들어, 환경 갈등의 경우 미흡한 법률 체계와 법적불확실성은 조정을 더욱 확산시키는 계기가 되고 있으며 조정 절차도 지속적으로 발전하고 있다(Besemer, 2003).

이에 비해, 국내 산업계에서 조직갈등조정은 걸음마 단계에도 미치지 못하고 있다. 최근에 가족 또는 학교 갈등조정에 대한 관심과 함께 일부 선진 조직을 중심으로 조직갈등조정이 재판을 대신하는 새로운 갈등해결방법으로 주목받고 있지만, 직접적인 관심은 인사관리부서와 같은 특정 부서에 국한되어 있어 비공식적이고 개인적인 수준에 머물러 있다고 할 수 있다. 비록 조직에서 갈등조정의 도입 및 제도화가 이처럼 미진하지만, 향후 조직정신과 조직문화가 갈등을 평화적이고 협력적으로 해결하고 조직구성원의 자율권을 강화하는 방향으로 전환하면 상황은 급변할 것으로 전망된다.

이 책에서는 심리학적 갈등조정을 조직의 새로운 갈등관리방법으

로 제시하고자 한다. 심리학적 조직갈등조정에서는 조정자 또는 조정팀이 심리학적 방법과 기법을 이용하여 갈등을 분석하고, 그 결과를 바탕으로 갈등당사자 모두가 승자가 되는 해결책을 모색한다.

　전문 조정자가 되기 위해서는 심리학적 조정에 관한 전문 교육이 필요하다. 법적 그리고 경제적 조정도 있지만, 갈등이 해결된 후에도 다시 재발되지 않도록 하기 위해서는 갈등을 근원적으로 처리하는 심리학적 조정이 무엇보다 중요하다. 갈등을 사실 측면뿐 아니라 심리 및 관계의 측면에서까지 처리하고, 이를 기반으로 갈등당사자가 함께 협력하여 문제를 해결함으로써 미래를 위한 건설적인 대화 및 갈등해결 시스템이 구축되면 조직 전체의 분위기가 개선될 수 있다. 이에 덧붙여, 심리학적 조직갈등조정은 되풀이되는 갈등을 심층심리 차원까지 다룸으로써 근원적으로 예방, 해결할 수 있다는 것과 재판에 비해 비용이 적게 든다는 것 또한 커다란 장점이다. 이 책에서는 심리학적 갈등조정이 우리나라 산업계와 조직에도 널리 퍼져 갈등 현장에서 명실상부한 협력적 갈등해결방법으로 자리 잡는 데 필요한 이론적 지식과 방법뿐 아니라 다양한 사례를 제시하고자 한다.

3. 주요 개념

1) 갈등관리

　조직은 최소 비용으로 최대 목적을 달성하기 위한 사회적 구성체

다. 대부분의 비용은 조직구성원의 대립에서 발생하고 목적달성은 조직구성원의 협업에서 비롯된다. 따라서 대립을 최소화하고 협력을 강화하여 효율성을 극대화하여야 한다.

협업은 상호의존성이 높은 조직구성원 간 관계를 토대로 한다. 조직구성원들은 관계를 통해 서로의 욕구를 충족시킨다. 서로의 욕구가 완전히 충족된다면 그 관계는 조화로운 관계로서 협력을 촉진할 수 있다. 하지만 욕구좌절로 갈등이 발생하여 관계에 금이 가면 협업보다는 서로에게 소외되고 이질감을 갖게 되며 업무를 수행하지 못하고 서로 대립한다.

갈등은 방치하면 파국적인 대결이 될 수 있지만 관리 여하에 따라 조화로 바뀌어 다시 협업을 증진할 수 있다. 따라서 갈등을 효과적으로 관리한다는 것은 바로 갈등적 관계를 조화로운 관계로 전환시키기 위함이다.

하지만 대립으로 얼룩진 갈등적 관계를 협업을 위한 조화로운 관계로 바꾸기는 쉽지 않다. 갈등은 골이 깊어지면 좀처럼 풀리지 않는다. 따라서 협업을 위한 차선책이 바로 평화적 관계다. 평화는 조직구성원 간에 폭력 없는 평온하고 화합하는 상태다. 대립이 있더라도 규칙이나 규정에 따라 분쟁이나 폭력으로 번지지 않도록 하는 것이다. 예를 들어, 도로에서 자동차를 안전하게 운전할 수 있는 것은 교통법규가 있기 때문이다. 교통법규라는 제도적 규제를 통해 갈등요소들이 분출되지 않도록 하거나 크고 작은 사고를 예방해서 평화를 지키는 것이다. 노사 간에 체결된 단체협약 또한 갈등을 규제하는 장치다. 단체협약을 체결함으로써 기업에서 임금인상으로 인한

마찰이나 대립을 방지하고 노사관계도 원만히 유지될 수 있다. 이처럼 임금교섭의 목적은 조화가 아니라 평화다. 예를 들어, 시측은 단체임금협약에 대해 임금이 높게 책정되었다고 하고 노조는 사측에 너무 많은 양보를 했다고 하면 조화를 기대할 수 없다. 하지만 평화는 노사의 대립이 정해진 범위 안에서만 가능하도록 해서 폭력 없는 관계를 유지하는 것이다. 조직에서 갈등은 폭력으로만 가지 않으면 조직구성원들에게 건강하고 건설적인 긴장감을 줌으로써 오히려 협업을 자극하고 생산성이나 창의성을 높이는 긍정적인 영향을 미칠 수 있다.

평화는 듣기 좋은 말이지만 이미 투쟁이 있었거나 투쟁의 위험이 있는 상황에서만 요구되는 것임을 간과하기 쉽다. 대립이 전혀 없는 조화로운 관계에서는 평화를 생각할 필요조차 없다. 평화, 즉 갈등 규제를 고려한다는 것은 갈등이 존재하고 대립으로 인해 위협적이고 파괴적인 투쟁이나 폭력사태가 발생할 수 있을 만큼 위급한 상황임을 의미한다.

요약하면, 갈등은 관계를 악화시키는 불편한 일이지만 갈등 없는 조직은 없다. 갈등을 근원적으로 저지하는 것은 불가능하다. 따라서 갈등은 사전에 억누르거나 방지해야만 하는 것이 아니라 효과적으로 처리하고 지속적으로 관리해야 하는 대상이다.

갈등관리의 목적은 두 가지다. 하나는 갈등을 야기하는 차이를 인정하거나 대립을 해소하여 협업할 수 있는 조화로운 관계를 회복하거나 유지하는 것이다. 하지만 대부분의 갈등에서는 서로의 욕구가 완전히 충족되는 조화로운 관계를 이루기 쉽지 않다. 따라서 다른 하나는 평화로운 관계를 이루는 것이다. 평화는 대립이 폭력으로 번지지 않는 길을 찾는 것이다. 평화는 결코 조화로운 상태가 아니라 갈등을 규제하는 대표적인 기제다.

2) 갈등 개념

갈등이 있다는 것은 근본적으로 불쾌한 일이지만 조직생활에서 피할 수 없는 현실이다. 조직은 목표를 보다 효율적으로 달성하기 위해 고도로 구조화된 사회구성체로서 대학, 공장, 정당, 군대, 협회, 정부기관, 병원, 기업 등이 그 예다. '조직갈등'은 조직 맥락에서 발생한 갈등을 일컫는다.

우리는 과연 어떤 의미로 '갈등'이라는 용어를 쓰는가? '갈등'은 우리가 일상에서 가장 많이 사용하는 용어 중 하나지만 그 의미가 모호하고 광범위해서 무분별하게 남발되기도 한다. 가령 군인은 무력충돌을, 컴퓨터 전문가는 두 개의 응용 프로그램이 서로 뒤엉키는 것을 갈등이라고 한다.

갈등은 한마디로 말해 '긴장상태'다. 어원적으로 보더라도 한자어 '갈등(葛藤)'은 칡(葛)과 등나무(藤)가 서로 얽히듯이 까다롭게 뒤엉켜 있어 평온하지 않은 상태를 의미한다. 영어 'conflict'도 라틴어 'confligere'을 어원으로 '함께'를 의미하는 'con'이라는 접두어와 '때리다'는 뜻을 가진 라틴어 'fligere'에서 파생된 'flict'의 합성어로서 서로 때리거나 충돌하는 긴장상황을 의미한다. '긴장'의 핵은 화, 분노 등 부정적 감정이다. 그렇다면 무엇이 서로 뒤엉키거나 충돌하

여 긴장한다는 것인가?

　개인 내면적 요소로서 감정, 생각, 희망, 목표, 의도, 결정, 평가, 판단 등이 서로 대립하거나 불일치할 때 우리는 부정적 감정이 든다. 이러한 개인 내면의 긴장을 개인 내적 갈등(intrapersonal conflict)이라고 한다. 긴장은 개인, 집단, 조직 사이에서도 발생한다. 서로의 사고, 감정, 의지, 행동이 다르고 그 다름으로 인해 피해나 위협을 받는다는 감정이 들면서 긴장상황이 된다. 이런 긴장상황이 다수 행위자(개인, 집단, 조직 등) 사이에 발생하는 사회적 갈등(social conflict)이다. 앞으로 우리가 다룰 조직갈등은 사회적 갈등으로 한정하고 개인 내적 갈등은 제외한다. 물론 개인 내적 갈등이 조직갈등과 무관한 현상은 아니다. 따라서 조직갈등과 연관되는 범위 안에서 개인 내적 갈등도 고려의 대상이 될 것이다세계적으로 저명한 갈등전문가 Glasl은 '차이'와 '갈등'을 구분한다. 차이는 행위자들이 인지, 정서 또는 의지가 서로 다름을 의미한다. 차이는 언제 어디든 존재한다. 사람마다 머리색이 다르고, 종교가 다르고 동일 상황에서도 다르게 생각하고 느끼고 그리고 행동한다. 차이는 갈등의 필요조건이지만 그 자체가 갈등은 아니다. Glasl은 사회적 갈등을 다음과 같이 정의한다.

　"사회적 갈등은 행위자들(개인, 집단, 조직) 간 상호작용으로서
　· 적어도 한 행위자라도
　· 상대방과 사고, 지각, 감정 그리고 의지의 차이를
　· 자신의 생각 또는 소망을 실현하는 데 상대방이 방해하는 것으로

· 경험하는 상황이다."(Glasl, 2004: 17)

갈등의 핵은 한 행위자라도 상대방으로 인해 자신의 이해관계가 침해당했음을 인식하고 표현함으로써 발생하는 상반 또는 대립된 이해관계(interest)와 그로 인한 불안, 두려움 심지어는 위협으로까지 느껴지는 감정이다.

이 정의에 따라 갈등의 속성을 정리하면 다음과 같다.

· 상호작용: 갈등은 둘 이상의 행위자들(개인, 집단, 조직) 사이에서 일어나는 서로에 대한 행동과 반응 과정, 즉 상호작용의 한 유형이다.

· 대화: 갈등은 대개 대화의 문제로 나타나며 심해지면 폭력적 행동으로 이어질 수 있다.

· 인지: 행위자들 중에 한쪽만이라도 갈등을 인지 또는 지각하거나 느끼면 갈등이다.

· 적대감: 사고 또는 인지의 불일치는 갈등이기 위한 조건이지 그 자체가 갈등은 아니다. 문제의 원인을 상대방의 결점에서 찾으려고 이를 근거로 상대방을 비난하기도 한다. 갈등에는 이러한 적대감이 내포되어 있다.

직장에서 흔히 볼 수 있는 한 예를 보자. 상사는 부하가 일을 제대로 하지 않는다고 하고 부하는 상사의 그런 평가를 받아들일 수 없다고 하며 열심히 일하고 있다고 한다. 두 사람 모두 상대방 때문에 제대로 일할 수 없다며 물러설 기색이 보이지 않는다. 서로 불편한 마음에 상대방이 먼저 뜻을 굽히기만 바란다.

상사와 부하는 확실히 서로 다르다. 상사는 부하의 업무수행이 만족스럽지 못하지만, 부하는 열심히 업무를 수행했다고 한다. 두 사람은 서로의 차이를 이렇게 다룸으로써 각자 자신의 목표가 상대방으로 인해 침해당했다고 느낀다. Glasl의 갈등 개념에 따르면, 두 사람 사이에 업무평가를 둘러싼 갈등이 발생한 것이다. 두 사람은 서로 상대방의 방해로 자신의 목표를 이루지 못하고 있는 긴장상황에 있다.

두 사람이 서로의 차이를 해결하기 위해 대화하기로 상호합의하지 않은 이상 갈등해결은 누가 옳고 그른지 시비를 따지는 논쟁으로 시작된다. 시비논쟁이 길어지면 두 사람은 화도 나고 서로 불편한 사이가 될 수밖에 없다. 부하가 상사의 평가내용을 수용하고 더 열심히 일하거나 상사가 부하의 어려움을 이해하고 더 잘 일할 수 있도록 도와준다면 갈등은 쉽게 해결될 수 있을 것이다. 이런 상황이라면 갈등관리뿐 아니라 전문적 능력을 가진 제삼자도 필요 없을 것이다. 하지만 그렇지 않으면 자신의 이해관계를 지키기 위해 제삼자를 개입시켜 대리전을 펼 수도 있다.

상호작용에서 최소한 한 사람이라도 상대방이 자신의 생각, 감정 또는 행동을 방해해서 피해를 입었다고 느끼면 그 상황은 갈등이다. 갈등당사자 스스로 그 방해와 피해에 관한 해결책을 찾지 못하면 조정자(mediator), 모더레이터(moderator), 중재자, 판사 등 제삼자의 도움이 필요하다.

사회적 갈등으로서 조직갈등의 요소들을 정리하면 다음과 같다 (문용갑, 2011; Berkel, 2002; Glasl, 2004; Kreyenberg, 2005).

· 다수 행위자(개인, 집단, 조직 등)가 상호작용한다.
· 행위자들은 공동의 주제, 목표, 관심사 또는 맥락과 관련하여 상호의존적 관계에 있다.
· 행위자들이 추구하는 욕구, 이해관계 등 관심사 또는 목표가 서로 다르다.
· 그 차이로 인해 행위자들 중 최소한 한 행위자가 피해 또는 위협받는다는 감정이 든다. 그 감정은 가벼운 긴장감으로부터 불만, 두려움, 적대감 등 격한 감정까지 포함하며, 심한 경우 신체적 증상과 질병을 초래한다.
· 피해를 보거나 위협을 받은 당사자는 그 책임을 상대방에게 전가하고 상대방이 다르게 행동할 수도 있었다고 생각한다.
· 당사자들은 자신의 입장을 바꿔 그 피해 또는 위협을 중단하려 하지 않는다.

요약하면, 조직갈등은 상호의존적인 행위자들이 서로 다른 목표를 추구하거나 서로 다른 계획을 실현하려는 과정에서 서로의 차이로 인한 문제의 발생과 함께 부정적인 감정이 개입하는 긴장상황이다.

3) 갈등구조

갈등 개념을 갈등에서 실제 활용하기 위해서는 갈등의 중층 구조에 대한 이해가 필요하다.

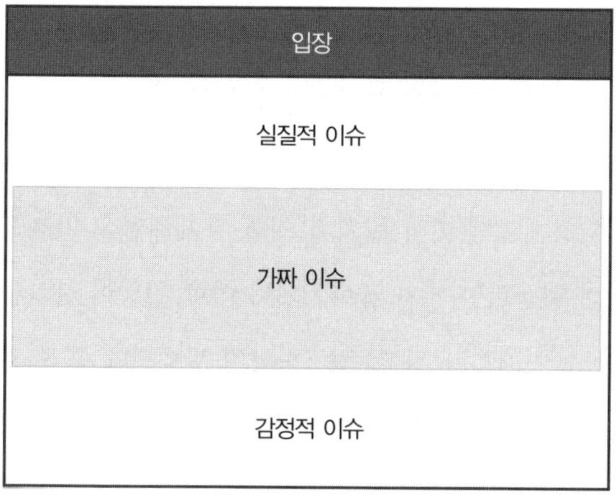

입장
실질적 이슈
가짜 이슈
감정적 이슈

[그림 1-1] 갈등의 중층 구조

(1) 입장

상사와 부하는 서로 다르거니와 의견이나 관점도 상반된다. 두 사람은 먼저 자신의 피해에 집중하여 서로 "상대방 때문에 일할 수 없다."는 엇갈린 입장(position)을 피력하면서 갈등하기 시작된다. 입장을 통해 갈등의 원인을 일방적으로 상대방 탓으로 돌리고 그에 적합한 해결방안을 간단명료하게 제시한다. 상사와 부하는 자신의 입장을 행동(상대방과 협조하지 않는다)뿐 아니라 합의될 수 없는 것을 서로 요구하는 말("내 말대로 당신이 더 열심히 일하시오." — "아닙니다, 저는 이미 열심히 일하고 있습니다. 평가를 제대로 하십시오.")로도 표명한다.

입장은 상대방과 시비논쟁을 하기 위한 근거로서 자신이 입은 피해, 즉 '문제'와 그 '해결책'으로 구성된다. 논리적으로 그리고 실천적으로 서로 배타적인 상사와 부하의 입장은 한편으로는 상대방과의 경계설정과 자기보호 또는 전술적으로 처음부터 자신의 입지를 강화하는 데 기여하지만, 다른 한편으로는 문제와 해결방안을 연계함으로써 자신의 해결방안이 공격당하지 않고 바꾸기도 어렵게 만들며 본래 문제를 은폐하기도 한다. 따라서 입장이 상사와 부하의 태도를 완고하게 만들어서 합의에 의한 문제해결을 가로막는 요소로 작용하면 협상할 여지가 좁아지거나 아예 협상이 불가능하게 된다. 그 결과, '이기거나 지는' 일도양단의 방법밖에 없게 되고 서로 상대방에게 공개적으로 또는 암암리에 책임전가를 하며 공방전을 벌인다. 갈등해결을 가로막는 것은 지속적이고 반복적으로 주장되는 입장 간 대립이다.

(2) 이해관계

상사와 부하에게 다투는 이유를 물으면 '업무평가' 때문이라고 할 것이다. 이런 대답은 일견 명료한 듯 보이지만 갈등을 기술하기에는 너무 부족하다. 입장만으로는 갈등당사자가 상대방의 방해나 간섭

으로 어떤 피해를 당했는지 그리고 그 피해를 막거나 줄이거나 만회하기 위해 진정으로 원하는 바가 무엇인지 알 수 없다. 갈등당사자의 문제는 입장이 아니라 그 뒤에 숨겨진 목표, 요구, 소망, 기대, 욕구, 관심, 두려움 등에 따라 정의된다. 상사와 부하는 "내 일은 내가 알아서 하고 싶고 또 할 것이다."는 것이다. 이러한 욕구나 관심사가 이해관계다. 이해관계는 물질적 대상뿐 아니라 자유 또는 권한 등과 같은 비물질적 대상에 대한 재량권을 의미한다. 이해관계는 소란스러운 입장 뒤에 숨은 소리 없는 핵심 세력이다.

> 상사—부하 갈등에서 상사는 윗선에 급히 보고하려면 부하가 업무를 더 빨리 처리해 주어야 한다. 부하는 상사의 보고 관련 업무와 함께 다른 업무들도 쌓여 있다. 그는 허리를 다쳐 의자에 앉아 있기도 힘들다.

갈등해결을 위해서는 입장들을 타협하는 것보다 그 배후에 있는 이해관계들의 합의점을 도출하는 것이 더 효과적이다. 왜냐하면, 첫째, 모든 이해관계는 여러 입장을 통해 충족시킬 수 있다. 하지만 상사나 부하처럼 갈등당사자는 실효성 없는 입장만을 선택한다. 대립하는 입장들 뒤에 있는 핵심 이해관계를 파악하면 갈등 양당사자의 이해관계를 충족시킬 수 있는 대안적 입장을 찾을 수 있다. 둘째, 대립하는 입장 뒤에는 상반된 이해관계보다는 공동의 이해관계가 더 많다. 갈등당사자는 상대방이 반대의 입장을 가지고 있으니 이해관

계도 반대될 것이라고 생각한다. 부하는 일을 자율적으로 하려는 이해관계를 가지고 있다면 상사는 어떻게든 방해하려는 이해관계를 가졌다고 할 것이다. 하지만 핵심 이해관계를 면밀히 살펴보면 상반된 이해관계보다는 양립하거나 공유할 수 있는 이해관계들이 더 많다. 상사와 부하는 부서의 업무성과가 높아지길 바라며 서로 좋은 관계를 맺으려고 한다. 셋째, 서로의 입장만을 고수하면 입장이 자존심이 된다. 그 결과 체면을 유지해야 하는 또 다른 이해관계를 가짐으로써 의지의 대결이 벌어지고 실질적 대상과 관계가 뒤얽히면서 합의에 이르기는 더욱더 어려워진다.

　갈등당사자는 원수 같은 상대방의 면전에서 자신의 중요한 이해관계를 발설하기 쉽지 않다. 그 이유는 표현하면 자칫 '상대방으로부터 거부당하거나' '전략적으로 어리석은 짓'이거나 또는 '부적절한 것'으로 비칠 수도 있다는 염려 때문이다. 자신의 소망, 동기 그리고 두려움은 상대방과는 전혀 상관 없는 것이고 또 표현한다 하더라도 '상대방이 거부'할 수 있기 때문에 차라리 발설하지 않는 것이 더 낫다는 생각을 하게 한다. 자신의 의도가 발각되어 오히려 자신의 협상입장이 약화된다면 이해관계 발설은 '전략적으로 어리석은 짓'일 뿐이다. 관계가 단절되는 상황에서 개인적 이해관계를 말하면 상대방과 정서적으로 다시 가까워져서 그동안 힘들여 지켜 온 정서적 거리가 훼손된다면 이해관계 발설은 '부적절하다'. 갈등해결을 위해서 갈등당사자들은 표현하지 못했던 자신의 욕구를 포함한 여러 이해관계들을 말할 수 있고 또한 말할 수 있어야 한다.

　갈등당사자들과 관련된 사안으로서 해결되거나 결정되어야 할 문

제가 이슈다. 갈등처리를 위해서는 이슈를 '실질적 이슈'와 '감정적 이슈' 그리고 '가짜 이슈'로 구분하는 것이 도움이 된다(Dana, 2006; Redlich, 2009).

(3) 실질적 이슈

갈등당사자는 갈등 대상에 관한 실질적 이해관계와 상대방과의 관계 욕구에 관한 이해관계를 갖는다. 상사와 부하는 업무평가가 적절하였는지에 대해 논쟁한다. 업무평가는 객관적인 '실질적 이슈'로서 두 사람의 논쟁거리다. 실질적 이슈는 갈등당사자의 피해 및 위협을 만회하기 위해 해결 또는 결정되어야 하는 사안이다. 갈등당사자들은 실질적 사안에 대하여 서로 다른 입장을 취한다. 앞에서 언급하였듯이, 부하는 충분히 만족할 만한 평가를 받아야 한다고 하지만 상사는 그렇지 않다고 한다. 상사와 부하, 모두 상대방이 자신의 입장을 따르기를 주장한다. 객관적이고 실질적 사안에 대해 단지 의견 또는 관점만 서로 다르면 그것은 갈등당사자 간 대화의 주제로서 문제(problem)다. 실질적 사안에 대해서는 협상을 통해 갈등당사자 모두의 실질적 이해관계를 만족시켜서 모두가 받아들일 수 있는 해결책이 강구될 수 있다.

상사와 부하는 서로 상대방이 단지 실질적 사안에 직결된 행동만 변하길 바란다. 상사는 부하가 더 열심히 일하기를, 부하는 상사가 제대로 평가하기를 서로 바라지만 상대방의 성격이나 부정적인 행동방식의 변화를 요구하지는 않는다. 다시 말해, 실질적 이슈를 해

결하기 위해 상대방의 현재 행동은 변해야 하지만 상대방의 부정적인 행동패턴(예: '무례' 또는 '무시'하는 행동)이나 성격(예: '공격성')의 근본적 변화를 원하는 것은 아니다.

(4) 감정적 이슈

실질적 이슈가 해결되었다고 문제가 다 해결된 것은 아니다. 왜냐하면 실질적 이해관계 뒤에는 여전히 상대방과의 관계에 관한 이해관계가 남아 있기 때문이다. 우리가 타인과 관계를 맺는 것은 권력, 인정 및 수용, 소속, 공정성, 정체성 등의 욕구를 충족하기 위함이다. 이러한 욕구가 충족되면 상호신뢰, 존경, 수용, 친밀감과 같은 감정이 생겨 만족스럽고 행복하다. 하지만 관계에서 주고받을 것이 너무 많으면 일부 욕구가 좌절된다. 관계가 약해지거나 악화되어 받는 것보다 잃거나 피해 보는 것이 더 많다는 감정이 들면 곧바로 상대방에 대한 노여움으로 바뀐다. 서로에게 소외되고 이질감을 갖게 되고 스스로 해야 할 일들을 하지 못하는 '긴장관계'가 되면 상대방의 말이나 행동은 모두 자신에 대해 무관심하고 적대적이며 괴롭히는 것으로 간주된다.

관계 욕구의 존재 여부에 따라 '갈등'과 '차이'가 구분된다. 갈등이란 단지 차이로 인한 실질적 이슈를 둘러싼 이성적이고 비감정적인 논쟁만을 의미하지 않는다. 감정 없는 비감정적인 차이는 관계 욕구 좌절로 인한 긴장이나 분노와 다르기 때문이다. 실질적 사안에 대해 말과 행동을 주고받는 도중에 '사람 문제'가 개입한다. 실질적

이해관계에 관한 상대방의 행동을 자신을 향한 말이나 인신공격으로 인지함으로써 서로 상대방을 적으로 여기며 방어적이고 반사적으로 된다. 이런 악순환 과정에서 서로의 정당한 실질적 이해관계마저 무시되고 '감정싸움'으로 번지면 관계갈등이 본격화된다(138쪽).

관계에 금이 가거나 서로 멀어지는 이유는 무엇보다도 관계를 맺고 있는 갈등당사자들이 저마다 자아상, 타자상, 행동패턴, 관계개념이 다르기 때문이다. 이런 차이가 크면 클수록 거리를 좁히기 어렵고 효과적으로 관리하지 못하면 긴장이 커진다.

> 30대 후반의 상사는 명문대 졸업 후 이 회사에서만 10년간 한 업무만 파고 있는 여성인재다. 30대 초반의 부하 역시 명문대를 졸업하고 외국유학에 공인회계사 자격증까지 소지한 전도유망한 엘리트다. 상사는 나이 어린 부하가 건방져서는 안 된다는 생각이다. 부하는 윗분이고 연장자인 상사에게 고분고분하려 했음에도 불구하고 상사는 큰 소리로 말했다. "어린 친구가 위아래도 없어? 눈앞에 보이는 것이 없지! 더 이상 당신과 같이 일할 수 없어, 꺼지라고."

상사의 말에는 업무평가를 둘러싼 실질적 이해관계와 상관없는 또 다른 대립이 암시되어 있다. 그는 말을 통해 젊은 부하의 자아상(동등한 인간, 공인회계사)과 대립되는 타자상('어린 친구', 하대, 명령조)을 전달한다. 이러한 대립 상황이 서로 다른 관계개념으로 인한 관계갈등이다. "당신은 내 밑에서 무조건 시키는 대로 따라야 하는 부하일 뿐이다. 그러니 당신은 감히 나의 명령을 어길 수 없다." 이

런 상사의 관계개념을 부하는 도저히 용납할 수 없고 불쾌해서 더 이상 참을 수 없다. 그가 평소에 가졌던 '상사 또는 연장자에 대한 예우'라는 관계규칙은 '그렇게는 못한다'는 강력한 주장으로 바뀌었다.

관계는 독립성과 의존성 사이를 오가면서 형성된다. 당사자들이 완전히 독립되어 있으면 서로 접하는 지점이 없어 관계 자체가 맺어지지 않는다. 상대방에게 완전히 의존하면 정체성을 잃고 상대방이 일방적으로 지배하는 관계가 되어 서로 충돌하거나 갈등이 발생할 수 없으며 변화를 추구할 수 없다. 따라서 독립성과 의존성이 적절히 균형을 이루는 상호의존성이 전제될 때 관계는 지속적으로 발전할 수 있다.

상호의존성이 낮을 때, 즉 서로에 대한 관계 욕구가 적을 때는 서로의 차이뿐 아니라 실질적 사안들도 쉽게 해결될 수 있다. 하지만 상호의존성이 높고 상호신뢰, 친밀감, 상호협력에 대한 욕구가 강한 관계에서는 감정적이고 비합리적으로 되기 쉽다. 따라서 가족이나 직장에서의 친밀한 관계에서는 실질적 이해관계에 관련된 이슈보다는 관계 욕구의 좌절로 인한 감정적 이슈의 해결이 우선되어야 한다.

> 갈등은 고조된다. 상사와 부하는 대학교 선후배로 친했지만 최근 동창회 만남에서 있었던 불미스러운 일로 사이가 멀어졌다. 상사가 비꼬는 말투로 말한다. "아아 그렇군. 당신은 동문들 앞에서도 내가 자격증이 없다고 무시하더니 정말 예의 없는 친구야. 업무태만 및 위계질서 파괴로 회사에 공식 보고할 거야." 부하도 지지 않는다. "마음대로 하십시오. 어디 두고 보자고요, 누가 이기나."

관계갈등이 실질적 이슈를 압도하기 시작한다. 갈등당사자에게는 상대방에게 피해나 위협을 가하고 자신의 체면을 차리는 것이 주요 관심사가 된다. 갈등이 폭발하면 적어도 갈등당사자 중 한쪽은 마음의 상처를 입거니와 '우리정체성(we identity)'도 훼손된다. 관계에서 우리정체성이란 우리 자신과 우리가 우리 스스로와 타인들로부터 어떻게 보이길 바라는지를 의미하는 '우리상(we image)'이 합쳐진 것이다.

　자기 자신에 대한 자아성체성은 일반적으로 심리적으로 건강한 자아상으로 구성된다. 자아상은 네 가지 요소로 구성된다. 나 자신은 ① 일반적이지 않고 특별하고, ② 부정적이지 않고 긍정적이며, ③ 타인과 비교하여 열등하지 않고 동등하고, ④ 타인이 아니라 자기 스스로 결정하는 존재다. 자기결정적이고 동등하며 긍정적이고 특별한 자아상은 누구에게나 매우 중요하다.

　상대방이 나를 일반화하여 부정적으로 표현함으로써("당신은 항상 안하무인이다.") 자신만을 앞세우거나 우리상을 일방적으로 규정하면, 서로 예민하게 반응하면서 우리상을 놓고 다투게 된다.

　상대방이 함부로 나의 고유 영역을 침범하여 어렵게 만들면 이를 방어하기 위해 모든 정신적 · 물질적 힘을 동원할 뿐 아니라 감정이 분출되지만 대개는 애써 힘들게 억제한다. 이런 상황에서 감정으로 인한 관계갈등은 필연적이다.

> 관계 욕구가 반복적이고 지속적으로 좌절되면 관계갈등이 발생한다.

관계 욕구 좌절로 인한 감정적 이슈는 갈등의 불쏘시개다. 상대방은 마음에 불과 같은 감정적 이슈를 논리적인 설득으로 진화하려고 하지만 오히려 또 다른 감정의 휘발유가 된다. 사실이나 논리로 상대방의 마음을 바꾸려고 하면 상대방은 자기가 옳다는 확신을 더 하게 된다. 감정적 이슈를 초래한 관계 욕구는 설득이나 논쟁, 논리적인 사고를 통해서는 감소하거나 충족될 수 없다. 반대로 우리는 상대방이 자신의 입장이 논리적으로 더 우세하다는 것을 인정하기를 거부한다는 것을 알기 때문에 자신의 입장에 더욱더 집착하게 된다. 실질적 사안에 대해 서로 상대방의 입장을 수용하지 않으려는 고집 센 저항은 오히려 서로 상대방이 옳지 않다는 믿음에 대한 추가 증거 자료만 제시할 뿐이다. 이로써 논쟁의 열기는 더 뜨겁게 달아오른다.

갈등의 실질적 이슈는 관계 욕구를 충족시키는 수단으로 작용할 때만 중요하다. 관계갈등으로 인한 감정적 이슈는 실질적 이슈만큼 잘 의식되지 않는다. 감정적 이슈를 의식하지 못하면 감정을 느끼기도 표현하기도 어렵다.

(5) 가짜 이슈

갈등에서 논쟁 중에 추가적으로 새로운 쟁점이 끼어들어 더 큰 싸움으로 비화된다. 갈등당사자들은 새로운 이슈를 마치 실질적 이슈인 것처럼 내세우며 각기 상반된 입장을 취한다. 하지만 표면적으로 논쟁거리가 된다고 해서 모두 실질적 사안과 직결된 것은 아니다. 실질적 이슈로 보이지만 가짜 이슈인 경우가 많기 때문이다. 가짜 이슈는 갈등당사자의 실질적 이해관계와 무관하다.

갈등에서 실질적 이슈에 숨어 있는 합리성이나 목적성 등을 표방하는 이슈는 겉으로는 실질적 사안과 직결된 것으로 보이지만, 실제로는 관계 욕구로 인한 감정적 문제라는 점에서 가짜 이슈다. 상사의 부정적인 평가는 부하에게는 봉급과 경력에 영향을 미치기 때문에 실질적 사안이다. 하지만 그의 자부심과 동료들 사이의 체면, 공정하게 대접받는다는 느낌과 관련되어 있다는 점에서는 실질적 이슈라는 가면을 쓴 가짜 이슈다. 실질적이면서 동시에 가짜 이슈인 것이다.

부하는 이전부터 상사에게 푸대접을 받았지만 이에 관해 한 번도 서로 대화한 적이 없었다면 감정의 골이 깊었을 것이다. 상사는 부정적인 업무평가로 부하의 패인 감정에 불을 질렀고 이에 대해 부하도 상사에게 분노의 고함을 질렀다. 상사에 대한 분노의 표출은 업무평가가 다소 부정적이라는 모욕감 때문만은 아니다. 그동안 쌓인 분노는 현재 이슈인 업무평가에 대한 반응보다 훨씬 큰 감정의 표출이 필요하다. 남아 있는 분노를 다 분출하기 위해 부하는 현재 사안과는 관련 없는 상사의 형편없는 전문지식 수준, 촌스러운 옷차림, 관리자로서의 무능력과 같은 사안들(가짜 이슈들)을 가지고 상사를 비난한다. 부하는 마음속 감정 저수지로부터 화를 분출한다.

가짜 이슈의 일부만 부하의 실질적 사안에 실제로 영향을 미칠 뿐 다른 이슈들은 전혀 관련이 없다. 하지만 부하 자신은 이것을 의식하지 못한다. 그는 가짜 이슈들은 실질적 사안과 관련된 이슈라고 스스로 기만하고 있는 것이다. 의식적으로는 실질적 이슈를 푼다고 생각하지만, 무의식적으로는 관계 욕구를 해소하기 위한 방안을 찾고 있는 것이다. 가려진 침묵의 어둠 속에서 감정적 이슈를 끄집어내어 공개 토론의 빛으로 가지고 나옴으로써 갈등은 해결될 수 있다. 감정적 이슈들을 해소하는 것은 객관적 사안보다 갈등당사자의 관계에 관한 주관적인 경험과 감정으로부터 영향을 받는다. 따라서 갈등이 해소되려면 관계가 이전부터 금이 가면서 쌓여 온 에너지가 발산될 때까지는 이성적이고 논리적인 행동을 기대하는 것은 무리다. 갈등은 이성적으로만 해결될 수 없다. 갈등해결과 이성적인 것과는 별로 관계가 없다. 관계 욕구와 관련된 감정적 이슈들을 해결하기 위해서는 많은 시간을 대화에 투자하여야 한다. 대화를 통해 실질적 이슈도 해결하면서 갈등의 재발도 예방할 수 있다. 골치 아픈 갈등의 실질적 이슈는 관계 개선, 즉 서로 간 신뢰, 이해 그리고 협조가 유지되고 쌓이면 최대한의 합리성과 이성으로 풀어 갈 수 있다. 하지만 갈등당사자 스스로 협상을 통해 실질적 이슈와 관계갈등을 풀기는 쉽지 않은 일이다. 갈등조정은 이러한 갈등을 해결하기 위한 새로운 방법으로서 최근 각광받고 있다.

4) 갈등과 유사 개념들

갈등 개념의 정의를 보다 더 명확히 하기 위해 갈등과 구분되는 문제, 의견 차이, 위기, 경쟁, 공격 개념을 살펴보고자 한다.

- 과제: 과제는 두 가지 속성을 지닌다. 첫째, 과제는 이상(should -state)과 현실(be-state)의 차이를 극복하기 위한 필요요건이다.

어떤 사건이나 사안에 관한 이상과 현실 사이에 부정적 차이가 나면(예: 업무를 계속 수행하지 못한다) 그 차이는 극복되어야 할 과제가 된다. 둘째, 과제는 기존의 일상적 대처방법으로 해결될 수 있다. 예를 들어, 기술자는 고장 난 컴퓨터를 기존의 일상적인 방법으로 하드디스크를 교체함으로써 수리한다. 상담직원은 고객이 모르는 상품 정보를 제공한다. 운전자는 매일 지나는 도로를 통해 주차장을 찾는다.

· 문제: 어원적으로 '앞에 던져진 것', 장해물, 걸림돌, 벽을 의미하는 그리스어 'problema'에서 유래한 문제(problem) 역시 이상과 현실의 차이를 의미한다는 점에서 과제와 동일하지만(문용갑, 2011), 일상적 방법으로 이상이 성취되지 않는다는 점에서는 과제와 구별된다. 간단히 말해, 문제는 일상적 방법으로 해결되지 않는 과제다. 기술자가 컴퓨터를 검사한 결과 하드디스크는 정상적으로 작동하는데 다른 곳에서 고장이 났다. 상담직원이 고객에게 상품 정보를 제공했지만 일부 고객은 이해하기 어렵다. 운전자는 익숙한 도로이지만 주차장을 찾지 못한다. 이들은 모두 문제에 직면해 있다. 문제는 이상과 현실의 차이가 있는데 그 차이를 좁힐 방법이 없는 상태다. 새로운 해결책을 찾아야 한다. 새롭다는 것은 에이즈 접종과 같이 세계적으로 새로운 것이 아니라 당사자에게 새로운 것을 의미한다. 기술자는 일련의 검사를 통해 컴퓨터의 결함들을 찾은 다음 결함들을 연결하여 새로운 해결책을 찾는다. 상담직원은 고객과 면담을 통해 고

객의 관심사를 파악하고 그것을 근거로 정보제공 방식을 바꾸어
야 한다는 것을 인식한다. 주차장을 찾지 못한 운전자는 내일부
터는 버스를 타겠다고 맹세한다.

· 갈등: 갈등 역시 이상과 현실의 차이지만 그 차이는 사실이나 사
건뿐만 아니라 행위자들의 행동, 사고, 감정, 동기의 차이까지
포함한다. 갈등에서 갈등당사자는 상대방의 방해로 자신의 이해
관계가 위협 또는 피해를 당했다고 느낀다. 그런 감정은 곧 상대
방이 원하는 바(이상)와 다르게 인지하고 생각하고 느끼고 행동
하기(현실) 때문이다. 갈등당사자들은 서로 상대방을 방해하고
있는 것이다. 상사는 부하가 더 열심히 일해야 한다고 하고, 부
하는 상사가 업무평가를 제대로 하지 않는다고 한다. 갈등은 이
렇게 이해관계, 소망, 요구 등(이상)과 관련된 실질적 이슈들을
둘러싼 논쟁으로부터 시작된다. 상사와 부하는 서로 상대방이
자신의 이해관계를 해소해 주길 바란다. 앞에서 언급하였듯이,
실질적 이슈들은 과제나 문제로서 다루어져야 하는 반면, 갈등
은 관계 욕구와 관련된 감정적 이슈들에 초점이 맞춰져야 한다.
갈등이 고조되면 실질적 이슈를 둘러싼 논쟁은 뒤로 물러나고
관계 욕구의 좌절로 분노나 증오심이 분출되면서 감정적 이슈가
본격적으로 부각된다.

관계 욕구와 관련된 감정적 이슈와 이해관계와 관련된 실질적 이
슈는 뒤엉켜 있어서 해결하기 어렵다. 갈등당사자들은 서로 상대방

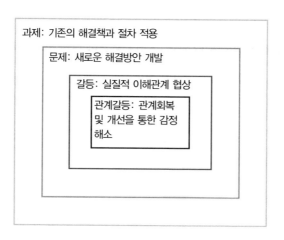

[그림 1-2] 갈등, 과제 그리고 문제

이 단지 한 번만 다르게 행동할 것이 아니라 생각, 행동 또는 감정뿐 아니라 성격까지 근본적으로 변해야 한다고 한다. 심한 경우 상대방과 완전히 절교하거나 따돌림(mobbing)처럼 상대방을 집단에서 제거하기까지 한다.

[그림 1-2]에서 보듯이, 갈등의 핵심은 관계갈등이다. 갈등은 문제의 일부분이고 문제는 과제의 일부분이다. 이는 관계 욕구 좌절이 문제와 과제의 일부분임을 의미한다.

이러한 구분은 실제 갈등관리에 있어서 매우 중요하다. 갈등관리자는 갈등에서 관계와 관련된 감정적 이슈와 그 복잡성을 염두에 두어야 한다. 갈등관리의 성공 여부는 감정이 개입된 사안들을 어떻게 처리하느냐에 달려 있다. 실질적 이슈와 관련된 이상과 현실의 차이에 대해 당사자들이 긴장감 없이 서로 방해하지 않고 협력하는 상황에서는 과제 또는 문제에 관한 해결책이 강구되어야 한다. 즉, 갈등관리보다는 협상, 모더레이션(moderation) 등의 문제해결전략이 중요한다.

논쟁 중에 상대방에 대한 비난이나 성격의 변화 등을 요구하는 인신공격이 시작되면 갈등의 불길은 관계로 번진다. 이런 상황에서는 실질적 이슈와 관련된 이해관계들만을 파악해서 협상하는 것만으로는 부족하다. 먼저 갈등당사자 간 관계가 회복 또는 개선된 다음 실질적 이슈에 대한 협상이 진행되어야 한다. 협상을 갈등당사자 스스로 할 수 있다면 더할 나위 없이 좋다. 하지만 그러지 못한다면 갈등조정으로 가능하다. 갈등당사자들은 갈등조정을 통해 함께 변하고 미래 갈등을 스스로 규명해서 해결하는 것을 학습할 수 있다.

· 의견 차이: 의견 차이는 어떤 대상에 대해 당사자들의 견해나 생각이 다른 것을 의미한다. 특정 사안에 대한 의견이 서로 다른 경우 우리는 먼저 합리적인 근거를 들어 자신의 의견을 제시한다. 의견은 감정적으로 중요하지 않고 새로운 합리적 근거가 있다면 바꿀 수 있다. 의견 차이의 관건은 옳고 그름이다. 갈등은 의견 차이와 같은 깨달음의 문제가 아니라 감정적인 문제가 열쇠다. 다시 말해, 의견 차이가 옳고 그름이라면 갈등은 이기고 지는 승패가 관건이다. 따라서 갈등을 유발한 불일치나 대립이 감정적 문제로 번지면 그 갈등은 좀처럼 합리적으로 해결하기 어렵다(Rüttinger & Sauer, 2000).

· 위기: 위기 또한 개인, 집단, 조직 등의 생존(이상)을 위협하는 상태나 과정(현실)에서 해결방법이나 자원이 없는 상황을 의미

한다. 위기는 생과 사, 존립과 멸망이 갈리는 위급한 상황이다. 집단이나 조직이 위기에 처하면 관리자는 기강 유지나 업무 파악 및 수행 등이 불가능하다.

· 공격: 공격은 의도적으로 상대방에게 해를 입히는 행동이다. 갈등에서도 상대방에게 공격은 할 수 있지만, 공격이 곧 갈등은 아니다. 공격은 서로의 불일치가 없어도 가능하다. 서로 의존하지 않는 상태에서도 공격은 발생할 수 있다. 공격은 갈등의 한 형태이거나 원인이 될 수 있다.

· 경쟁: 다수 행위자(개인, 집단, 조직 등)가 똑같이 성취될 수 없는 동일한 목표를 두고 서로 그것을 성취하려고 노력하는 상황이라는 점에서 갈등과 경쟁은 동일하다. 하지만 활동 면에서 갈등과 경쟁은 구별된다. 갈등은 행위자의 활동이 상호의존적이기 때문에 일방이 상대방의 활동에 간섭하거나 활동을 방해하는 데 비해, 경쟁은 활동의 상호의존성이 없으므로 따라서 방해도 없다.

5) 갈등유형

조직에서 언제 어디든 발생하는 갈등은 그 형태도 다양하다. 갈등을 생산적이고 긍정적으로 처리하기 위해서는 갈등의 특성을 이해하기 쉽게 효과적으로 분류하여 종류를 식별하는 작업이 필요하다.

(1) 갈등당사자 수에 따른 분류

사회적 갈등은 갈등당사자의 수에 따라 그 특성과 역동이 다르다
는 점에서 양자갈등, 삼자갈등 그리고 집단갈등으로 분류된다.

· **양자갈등**: 부부, 상사―부하, 두 동료, 두 협상자, 두 친구 등 두
사람 사이의 모든 갈등이 양자갈등(dyad conflict, pair conflict)
에 속한다. 갈등의 원인과 계기는 두 사람이 공동으로 해결하여
야 할 문제다.

－정체성 대 공생: 두 사람 중 누구든 상대방과의 관계에 상처를
주지 않는 선에서 스스로 결정할 수 있는가? 아니면 두 사람은
공동으로만 결정하여야 하는가? 직장에서든 일상에서든 완만
한 동반자관계를 위해서는 상호의존성과 함께 각자의 자의식과
개인적 정체성이 조화를 이루어야 한다.

－친밀감 대 거리감: 두 사람은 시간이 흐름에 따라 상대방에 대
해 기대하는 거리가 다를 수 있다. 한쪽은 점차 거리를 두거나
반대로 더 가까이 다가서려 하지만 이에 대해 상대방은 방치
된 느낌이나 답답한 감정이 들면 두 사람 사이에 긴장감이 더
해 간다. 동료가 상사로 승진하는 경우가 대표적인 예다. 승진
한 사람은 상사로서 권위를 지키기 위해 과거 동료와 거리를 두
고자 하지만 동료는 예전처럼 가까운 '친구'로 남길 바란다.

－발달방향 대 발달속도: 발달역동은 사람마다 다르다. 한 사람은
늘 무엇인가를 추구하고 기회를 엿보며 빨리 익히고 새로운 것
에 관심이 큰 반면, 상대방은 현실에 만족하고 습관에 안주하

며 반복적이고 단조로운 생활을 즐겨 한다. 두 사람의 리듬이 서로 맞지 않는다. 교육에서 영감을 받은 리더는 새로운 아이디어로 사업을 진행하려 하는데 중요한 조직구성원이 협조하지 않으면 실망할 수밖에 없다.

- 갈등으로서 대화: Thun(1992)의 대화모델에 따르면, 메시지는 네차원으로 구성된다([그림 1-3] 참조).

① 내용(전달하려는 것): 내용이 어떻게 이해되는가?

② 자기표출(자신에 대해 알리려는 것): 대화를 통해 자신을 어떻게 표현하는가?

③ 관계(상대방에 대한 생각과 '우리 관계'): 화자는 청자와의 관계를 어떻게 보는가?

④ 요청(상대방에게 원하는 것): 메시지를 수신한 상대방은 무엇을 이행하고 생각하며 느껴야 하는가?

대화에서 화자든 청자든 갈등을 야기할 수 있다.

예: 각 차원에서의 갈등

- 내용: 부하가 성의 없이 작성한 주문서를 보고 주문 내용을 제대로 이해하지 못한 상사가 비판하면 부하는 격분하며 상사의 비판이 불공정하다고 한다.

- 관계: 회의에서 상사가 부하를 인신공격한다.

- 자기표출: 자신만을 과시하는 동료의 말에 심경이 불편해진 직원이 그를 조롱하는 뒷담화를 한다.

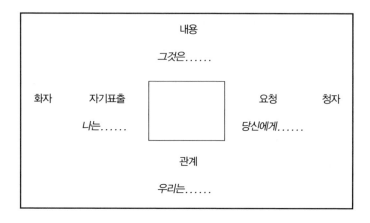

[그림 1-3] 4차원 대화모델

- 요청: 상사가 대화를 교묘하게 이끄는 바람에 부하는 불쾌하지
만 동조할 수밖에 없다.

예: 차원 간 불일치에 의한 갈등

- 내용-관계: 직원이 동료의 제안을 단호하게 거절한다. 화가 난
동료는 그가 자기만 잘났다는 우월감에 빠졌다고 비난한다.
- 관계-내용: 상사는 싫은 부하의 아이디어를 무조건 반대한다.
부하는 상사를 설득할 수 없다.
- 자기표출-요청: 위험부담 때문에 의사결정을 두려워하는 상사
가 부하에게 검토 작업이 불충분했다고 비난한다.
- 요청-자기표출: 상사는 부하와 대화할 시간이 없다. 부하는 상
사와 해야 할 중요한 일이 있다고 생각한다.

· 삼자갈등

두 사람은 제삼자가 더해지면서 집단이 된다. 양자 관계에서 불가능한 새로운 현상이 불거지면 삼자갈등(triad conflict, triangular conflict) 구도가 형성될 수 있다.

– 동맹: 두 사람이 제삼자에 대항하여 동맹(coalition)을 맺으면 제삼자의 질투가 시작된다.

– 경쟁: "divide et impera" 분할해서 지배하라. 부하 두 사람을 반목시켜서 어부지리를 얻으려는 상사의 계획에 두 사람은 상사의 환심을 사려고 서로 경쟁(rivalry)한다.

– 관계: 양자 관계에서는 성격이 관계에 영향을 미치지만 삼자 관계에서는 그 반대로 관계가 성격에 영향을 미친다. 남편은 자신의 성격과 상관없이 부인에 대해서는 남편으로서, 딸에 대해서는 아버지로서 각각 관계를 맺는다. 삼자 관계에서는 역할이 무시되면 갈등이 발생한다.

· 집단갈등

인간공동체의 기원은 원시무리(Urhorde)에서 출발한다. 원시무리의 흔적은 오늘날 11인 축제위원회, 축구팀, 최적의 팀규모(5~9인) 등에서 찾을 수 있다. 집단에서는 독특한 갈등구도가 나타난다.

– 영역: 집단구성원들은 외부의 침입에 대하여 소유권을 주장하고 표시하고 방어할 수 있는 영역이 필요하다. 영역은 단지 공간만이 아니라 권한과 역량도 포함한다. 영역경계를 침범하거

나 무시하면 맹렬한 투쟁이 벌어진다.

－위계질서: 모든 집단은 위계질서가 있다. 위계순위는 대개 리더, 전문인력, 추종자 그리고 외부인 순이다. 위계질서가 불분명하면 집단은 노동능력을 잃는다. 새로운 집단이 형성되면 필연적으로 위계질서투쟁이 벌어진다. 집단이 성공하지 못하는 이유는 형식적인 조직도가 아니라 위계질서가 구성원들의 요구사항들을 충족시키지 못하는 데 있다. 위계질서가 부적절하거나 기능적으로 받아들여지지 않으면 알력이나 불화로 인한 피해가 점차 늘어난다. 반복되는 갈등은 대개 위계질서가 받아들여지지 않는다는 징조다.

－리더십: 모든 집단은 기본적으로 두 가지 요구사항, 즉 목표 실현과 최소한의 결속력이 충족되어야 한다. 이들 요구사항에 따른 임무를 수행할 수 있는 자만이 리더로서 인정받고 집단의 추진력과 응집력에 기여할 수 있다. 한 명의 리더가 이들 요구사항을 모두 충족시키기는 어렵기 때문에 많은 집단에서는 2인조 리더십(예: 추장－주술사, 황제－교황, 수상－대통령 등)으로 이 문제를 해결한다. 두 사람이 협력하면 문제가 되지 않지만 협력하지 않으면 집단 전체가 분열될 수 있다.

(2) 조직하위체계에 따른 분류

모든 조직은 세 개의 하위체계로 구성된다.

· 과업은 과제와 목표로 구체화된 모든 업무를 포함한다.

· 개인은 구조화된 관계에서 행동하며 조직풍토와 자기발전을 경험한다.

· 조직은 계약과 문화로 구체화되는 특정 목표를 위해 존재한다.

　각 하위체계의 고유 '논리'에 따른 조직갈등은 과업갈등, 관계갈등 그리고 가치갈등으로 구분된다(Berkel, 2002).

· 과업갈등: 조직구성원들이 공동목표는 있지만 그 실현방법(도구, 자원, 전략)이 서로 다르면 과업갈등이 발생한다. 과업갈등은 전형적인 문제해결방법으로 해결될 수 있다.

　예: 은행지점에서 지점장과 고객팀장이 신상품을 출시하기로 하였지만 표적고객 선정을 놓고 논쟁한다. 팀원들은 상품의 질을 개선하고자 하지만 어떤 상품부터 시작할지를 놓고 이견을 보인다.

· 관계갈등: 관계갈등은 한 사람이 상대방에게 피해를 주거나 자존심을 상하게 하거나 경멸할 때 발생한다. 이에 대해 상대방은 의아심을 나타내며 바로 감정적인 반응을 보인다. 상대방의 의도를 알게 되면 화를 내고 분노한다. 관계갈등은 양 당사자의 책임 있는 행동으로만 해소될 수 있다.

　예: 상사가 출근이 늦었다며 직원들 앞에서 부하에게 면박을 놓는다. 상사가 주요 업무를 수행 중인 부하에게 면담을 요구하고는 세 시간 동안 대기실에서 기다리게 한다.

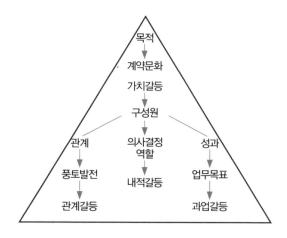

[그림 1-4] 조직갈등 유형

· 가치갈등: 가치갈등은 서로 상반된 원칙이나 원리 사이에서 발
생한다. 가치는 서로 연관되어 있다. 예를 들어, 자유의 가치가
강조되면 상호보완적 관계에 있는 헌신의 가치는 희생될 수밖에
없다. 그 결과 자유는 무질서로 돌변할 수 있다. 역으로, 헌신이
강조되면 집단주의나 맹목적인 동조가 우선시될 수 있다. 조직
연구에 따르면, 거의 모든 조직은 능률(조직)과 만족(개인) 사이
에서 가치딜레마를 겪는다. 조직의 능률만 강조하면 개인의 복
지, 건강 그리고 만족감이 소홀해진다. 주주의 가치를 강조하면
투자 수익이 높아질수록 퇴직이 더 빨라질 것이다. 가치갈등은
변증법적인 역동이 투명하게 규명되어야 하며 가치들은 지속적
으로 균형을 유지하여야 한다.
예: 이사회에서 임원성과급에 관한 열띤 논쟁이 벌어졌다. 이사
들은 각자의 이익 주장으로 희생되는 팀정신에 대해 따져 보아

야 한다. 다국적 기업에서 중국 진출을 앞두고 '관시'를 통한 로
비를 할 것인지를 놓고 격론이 벌어지고 있다.

· 개인 내적 갈등: 조직구성원이 겪는 내적 갈등은 의사결정갈등
또는 역할갈등이다. 의사결정갈등은 내적 갈등의 역동을 촉진하
고 역할갈등을 촉발한다.
예: 의사결정갈등 – 부장은 사장의 결정으로 인한 회사의 피해
를 예견한다. 이사에게 이 사실을 알리고 싶지만 이사도 사장의
결정을 지지하고 있어 쉽지 않다. 회사의 피해가 불 보듯 뻔한
상황에서 손 놓고 있자니 불안하고 영 갈피를 잡을 수 없다.
예: 역할갈등 – 직원이 두 부서에 관련된 일을 한다. 한 상사는
고객에게 상품의 위험성을 알리지 말라고 하고 다른 상사는 알
리라고 한다. 알리고 싶지만 고객의 주문이 취소되는 위험을 무
릅써야 한다.

(3) 갈등 대상에 따른 분류

어느 한 조직에서 홍보 부서 두 직원이 신상품 홍보를 놓고 갈등하
고 있다. 평소 관계가 좋았다면 이 두 사람은 마주 앉아 각자의 의
견을 제시하고, 필요하면 외부 전문가의 의견을 구해 공동의 해결
책에 합의할 수 있었을 것이다. 하지만 서로의 목표가 불일치한 상
태에서 피해나 위협을 받는다는 느낌이 앞선 나머지, 갈등은 본래
주제와는 전혀 다른 방향으로 발전한다.

이 경우, 갈등해결은 신상품 홍보에 대한 합의만으로는 충분치 않다. 예를 들어, 사장의 특정 직원에 대한 편애로 인해 다른 직원이 직장을 잃을 것 같은 위협감을 느끼는 상황에서는 두 사람 사이에 내재된 관계갈등까지 해결되어야 한다.

앞의 사례에서 보듯이, 갈등적 관계는 조직갈등(예: 동료 간 갈등)의 핵심 요소다. 실질적으로 해결되어야 할 문제로 인한 갈등 이면에는 항상 불편한 관계가 도사리고 있다. 조직에서는 이해관계를 둘러싼 실질적 문제로 인한 갈등이 일반적이다. 이해관계갈등은 갈등 당사자들이 희소자원을 분배하는 데서 발생한다. 희소자원에는 재정과 같은 물질적인 것뿐 아니라 지위 및 명예, 권력 및 권한, 자유 등과 같은 비물질적인 것도 포함된다.

갈등은 다양한 개인 또는 집단의 이해관계가 서로 충돌할 때 발생한다는 설명은 합리적 선택이론(rational choice theory)에 뿌리를 두고 있다. 그러나 갈등이 단지 이해관계의 충돌만으로 발생한다고는 단언할 수 없다. 가치를 둘러싼 갈등처럼, 갈등을 유발하는 요인들은 이해관계 이외에도 다양하기 때문이다.

합리적 선택 이론

인간은 이기적이고 합목적적으로 행동한다는 가정은 경제학에서 가장 널리 퍼져 있다. 즉, 인간은 정보와 계산을 통해서 자신의 이익을 극대화하기 위해 행동한다. 인간의 행동은 자신의 목적을 달성하기 위한 최상의 수단으로 이루어지며, 이를 통해 기대효용의 극대화를 추구한다는 것이다. 이 전제는 17세기 토머스 홉스(Thomas Hobbes)로부터 시작되어 아담 스미스(Adam Smith)에 의해 이론적으로 정립된, 합리적으로 행동하는 인간, 즉 호모 이코노미쿠스(Homo economicus) 인간관에 뿌리를 두고 있다. 호모 이코노미쿠스는 경제학에서 예나 지금이나 대표적인 사고모델이다. 인간은 합리적이고 이기적인 존재로서 사회적 상호작용에서 자신의 효용을 극대화하려 하고 합목적적으로 행동한다(Miller, 1994). 이 개념은 원래 시장경제에서의 인간 행동을 설명하기 위한 개념이었지만 인간 행동에 대한 경제적 분석에 이어 행동과학과 심리학에까지 광범위하게 확산되어 사용되고 있다. 그 결과, 자신의 이익 추구에 대한 가정은 경제뿐만 아니라 거의 모든 사회 영역에서 인간 행동을 설명하는 데 적용되고 있다. 하지만 이 이론은 인간 행동에 대한 보편적 설명패턴으로서 이론적으로 과잉일반화라는 비판과 함께 실증적 검증의 문제와 사회정치적 영향으로 인해 논란의 대상이 되고 있다.

갈등 조정의 관점에서 볼 때, 자신의 이익 추구라는 가정은 어떤 의미를 지니는가? 대개 갈등상황에서도 갈등당사자의 행위 동기는 이해관계 이외에 다양할 수 있으므로 모든 갈등에 대해 그 원인은

개별적으로 파악되어야 한다. 이해관계만이 갈등당사자의 유일한 동기라고 가정할 경우, 조정자는 편협한 사고와 행동뿐 아니라 자칫 자기충족적 예언(self-fulfilling prophecy)을 할 수도 있다. 갈등을 대할 때 조정자는 자신의 인간관에 대해 성찰하는 것이 중요하다. 편견 없이 갈등을 처리하기 위해서는 갈등상황에서 '인간 행위의 동기는 다양하다.'는 다원주의적 관점에 입각하여 이해관계와 함께 다른 동기들에 대한 가정도 세워 검증할 필요가 있다.

다원주의적 관점에서 볼 때, 조직갈등은 내용적으로 여덟 가지로 구분된다.

· 자신의 이익: 조직에서 자신의 이익(self-interest)을 추구하는 것은 당연할 뿐 아니라 경제적 성장의 기본 원리이기도 하다. 따라서 이해관계의 충돌은 대표적인 조직갈등이라고 할 수 있다. 물론 경제주체들이 자원, 시장, 권력, 성공 등을 놓고 벌이는 경쟁은 사회발전을 위해 필요하다. 하지만 그 같은 경쟁이 공정성 규범을 위반하면 갈등을 야기하기에 충분하다.

· 과업: 갈등은 과업 관련 문제(예: 공장부지의 선정)에 대한 다양한 의견으로부터 야기되지만, 그렇다고 항상 객관적인 정보나 자료를 통해 해결되는 것은 아니다. 그 이유는 평가기준이 다양하고 (예: 공장부지 선정을 위한 경제적, 생태적 또는 사회적 기준), 평가기준에 대한 의견(예: 경제적 기준과 생태적 기준과의 관계 등)이 다르기 때문이다.

· 신념: 문화적 · 종교적 · 이데올로기적 · 민족적 신념은 객관적인
지식으로 입증되거나 반박되지 않는다(예: 조직문화 관련 갈등).

· 태도 및 이해관계: 특정 가치, 활동, 이해관계에 대한 다양한 인지
적 · 감정적 판단은 갈등의 원인이 된다(예: 성과에 대한 평가기준).

· 가치: 갈등은 개인, 집단 그리고 조직마다 달리 평가되는 일반적
가치들(노동, 자유, 안전, 자결, 사회적 성공 등)로부터 발생한다
[예: 직원이 회사가 지향하는 가치에 대해 동의하지 않을 경우, 새로운
기업이미지통일 전략(Corporate Identity: CI)과 관련한 갈등이 발생
할 수 있다](Berkel, 2005).

· 권리: 경제적 부, 영향력, 권력, 자유 등의 자원을 분배하는 데
있어 권리의 침해가 발생할 수 있다(예: 한 직원이 인맥을 동원한
동료 직원 때문에 승진 기회를 놓쳤다.). 권리를 침해당한 당사자는
법규, 보편적 권리, 공정성 체험, 관심 또는 윤리 등을 근거로
자신의 정당한 권리를 규범적으로 요구한다.

· 규범: 윤리 및 도덕규범, 법규 또는 공정성 규범으로 인한 갈등은
조직에서도 빈번히 발생한다(예: 업무분담 또는 임금체계 결정).

· 관계: 당사자 간 공식적 관계(예: 불분명한 동료 또는 상사와의 관
계)와 자아상(self-image)과 타자상(image of others)의 차이(예:

자신은 적극적이지만 상대방은 소극적이다.) 역시 갈등 대상이다.

(4) 갈등당사자에 따른 분류

조직에서 갈등은 조직의 여러 차원 또는 영역에서 발생한다. 예를 들어, 한 조직에서 직원들이 서로 이해하지 못할 때, 사장의 권력 행사를 사원들이 횡포로 받아들일 때, 경쟁 조직의 합병에 대해 불공정한 거래라고 할 때 갈등이 발생한다. Eyer(2000)는 갈등 영역(조직 내, 조직 간, 조직 외)과 갈등당사자(개별 주체, 즉 개인과 조직, 또는 집단)를 기준으로 조직 갈등을 〈표 1-1〉과 같이 구분한다.

〈표 1-1〉 갈등유형

분류	조직 내		조직 간	조직 외
	동등한 위계	다른 위계		
주체(개인, 조직)-주체(개인, 조직)	위계서열이 같은 두 직원이 공석인 한 자리를 놓고 온갖 수단을 동원하여 경쟁한다.	젊은 사장이 오래된 유능한 직원을 자신의 권위에 도전한다고 괴롭힌다.	판매직원과 단골고객이 품질에 대해 논의하다가 책임공방을 벌이고 있다.	두 조직이 공동 개발 상품의 출시를 앞두고 저작권과 특허권에 대해 옥신각신하다가 서로 법적 대응하겠다고 위협한다.
주체(개인, 조직)-집단	결속력이 강한 부서에 배치된 전도유망한 신입사원이 동료들로부터 집단 따돌림을 당한다.	유능한 부장이 인사부에 새로 부임하였지만 리더십 부족으로 부서의 업무 실적이 좋지않다.	경영진이 외부 전문가에게 핵심 부서의 혁신을 의뢰하였지만, 전문가와 부서 직원들이 대립하고 있다.	한 조직이 언론을 상대로 의도적인 편향 보도로 모욕을 당했다고 주장한다.

집단 – 집단	두 부서가 협조하지 않고 지나친 경쟁과 다툼을 일삼는다.	조직 구조조정을 위해 사측과 노조가 모여 논의하지만 합일점을 찾지 못한다.	생산기지를 해외로 이전한 조직이 부품 공급의 차질로 공급 업체와 갈등한다.	경제계와 노동계가 임금체계를 놓고 추호의 양보 없이 논쟁한다.

(5) 표출에 따른 분류

갈등은 행동으로 드러나는 표출된 갈등(manifest conflict)과 드러나지 않는 잠재된 갈등(latent conflict)으로 구분된다. 잠재된 갈등은 갈등당사자 자신도 갈등의 피해자임을 알지 못하는, 인지된 피해 또는 위협이 말로 표현되지 않은 갈등이다. 이에 비해, 표출된 갈등에서는 갈등당사자가 갈등으로 인한 자신의 피해와 위협을 말로 표현한다. 표출된 갈등과 잠재된 갈등을 구분하는 것은 갈등을 생산적으로 처리하는 데 중요하다. 표출된 갈등에 대해서는 적절한 해결방법을 모색하고자 하지만, 잠재된 갈등상황에서는 해결의 의지가 약하다. 갈등이 표면화되지 않았다고 하여 저절로 해결되는 것은 아니다. 비록 갈등이 명백한 행동으로 표출되지는 않았지만 속으로는 끓고 있어 갈등당사자는 상당한 에너지를 소진하게 되고, 그러다 보면 다른 생활 영역을 등한시하게 된다.

표출된 갈등은 대개 심적 고통과 함께 비용을 유발한다. 직접적으로는 결근 또는 이직으로 노동력이 저하되고 생산이 지연되어 이윤이 감소할 수도 있으며, 모든 갈등당사자가 부정적 감정에 휩싸여서 심한 스트레스를 받을 수도 있다. 또한 조직 대내외 갈등은 장기적

으로 조직문화를 저해하거나 조직 이미지에 타격을 입힐 수도 있다.

표출된 갈등을 해결하기 위해서는 방법도 중요하지만 그보다 먼저 재판 가능한(justiciable) 갈등과 재판 불가능한(non justiciable) 갈등을 구분하는 것이 중요하다. 재판 가능한 갈등은 「근로기준법」 「산업안전법」 「노동조합법」 「노사관계법」 「노동위원회법」 「산업재해보상보험법」 「회사법」 및 「상법」 등에 의해 처리된다.

(6) 감정에 따른 분류

갈등의 핵은 감정이다. 갈등은 체온 곡선과 같이 감정의 온도에 따라 뜨겁게 가열되어 폭발하기도 하고 만성질병이나 암종같이 차가워질 수도 있다. '뜨거운 갈등(burning conflict)'에서는 갈등당사자가 겉으로 드러나는 행동을 한다(Glasl, 2004). 갈등당사자들은 이상과 '옳은' 길을 놓고 논쟁하며 설득작업을 한다. 이에 동조하지 않는 사람은 적이다. 주위와 편짜기를 통해 양 진영으로 갈라지면서 갈등은 더 커진다. 서로에 대해 위협적이거나 공격적인 행동을 한다. 상대방과 책임공방은 점점 더 치열해진다. 한 번 폭발하면 자신의 힘을 과대평가하면서 자신의 피해나 상처를 강조하며 보여 주기까지 한다. 싸움은 기진맥진할 때까지 계속된다.

뜨거운 갈등에서는 감정적으로 고조되기 때문에 효과적인 대화를 위해 규칙을 마련해야 한다. 갈등당사자들은 대화규칙에 따라 서로의 차이에 대해 토론하고 갈등의 구조적인 요인들에 대해 논의하는 것이 필요하다.

이에 비해, '차가운 갈등(frozen conflict)'은 대개 은밀하게 진행

된다(Glasl, 2004). 갈등당사자들은 갈등을 억제하면서 서로의 만남 대신에 규칙이나 규정을 강화하려 한다. 공식 절차가 상소되면서 회피구조가 형성된다. 만남이 줄어들고, 가령 서류만 오간다. 서로 회피하거나 죽은 체하거나 참는 방식으로 반응한다. 모든 외적 행동이 중단되고 내부파열(implosion)이나 상대방과의 관계를 단절한다. 서로에 대해 실망하거나 환멸을 느끼며 공허함과 함께 냉정해진다. 시간이 흐름에 따라 자존감이 떨어지고 사람들을 대하기 싫어하고 밖에도 잘 나가지 않으려는 경향, 즉 '사회적 철회'와 함께 사회적으로 고립된다. '준법주의' '이직의도' 등의 현상이 나타난다. 차가운 갈등은 겉으로 보기에는 갈등당사자 중 한쪽이 상대방에게 패해서 중단된 것처럼 보일 수 있으나, 실제로는 불만에 찬 갈등당사자들이 서로 상대방을 징벌하겠다는 일념으로 행동하기 때문에 조직 전체 분위기를 악화시킨다.

차가운 갈등에서는 먼저 소원해진 갈등당사자들을 서로 대화할 수 있도록 독려하고 자존감을 회복시켜야 한다. 그리고 갈등을 다시 자극하여 갈등당사자들이 갈등의 원인을 파악해서 처리할 수 있도록 해야 한다. 미래 비전을 수립하여 자신들의 행동 결과를 인식하게 하고 책임지도록 격려한다. 아울러 회피전략을 제지하여 사회적 철회를 중단하도록 한다.

(7) 따돌림과 성희롱

따돌림

사회 전반에 걸쳐 빠르게 확산되고 있는 따돌림(mobbing) 현상은 갈등의 한 유형으로서 조직에서도 예외가 아니다. 조직에서 따돌림은 한 개인이 동료 또는 상사로부터 오랜 기간 동안 반복적으로 심리적 배제뿐 아니라 모욕이나 심리적·신체적 괴롭힘까지 당해 결국 직장 생활을 포기하고 퇴직을 하거나 심한 경우에는 질병, 자살, 난동 같은 심각한 폭력 사고로 이어지는 문제 상황을 지칭한다.

따돌림 행동은 공격으로서 다음과 같이 구분된다(Kolodej, 2005).

· 표현 기회에 대한 공격(예: 지속적으로 말을 가로막거나 비판)
· 사회적 관계에 대한 공격(예: 피해자와 말하지 않음)
· 사회적 지위에 대한 공격(예: 피해자를 조롱하거나 험담)
· 능력에 대한 공격(예: 피해자 업무배제)
· 건강에 대한 공격(예: 피해자에 대한 폭력적 위협 또는 위해행위)

따돌림은 갑작스러운 사건이나 사고가 아니라 여러 단계를 거쳐 다양한 징후를 보이는 장기적인 과정이다. 그 과정은 초기 모욕으로부터 심한 피해와 상처까지 네 단계를 거쳐 진행된다.

· 1단계: 갈등은 삶의 한 부분으로 변화와 발전의 기회를 제공한다. 갈등이 건설적으로 해결되면 관계는 개선될 수 있다. 하지만

조직에서는 갈등이 따돌림으로 이어지는 경우가 비일비재하다. 사실에 근거한 토론이 불가능하고 온갖 수단을 동원하여 공격과 역공격을 주고받는 '싸움'이 시작되면 갈등은 다음 단계로 발전한다.

· 2단계: 갈등이 고조되면 싸움은 더 치열해지고 자중하는 모습은 줄어든다. 심리적으로 피해자라는 생각이 더 깊어진다. 스트레스 증상도 나타나며 자신감도 낮아진다

· 3단계: 리더나 담당부서가 적절한 조치를 취하지 않고 방관하면 갈등은 피해자를 배제시키는 방향으로 진행된다. 이에 대해 피해자는 소극적인 방어행동만 할 뿐이다. 따돌림 현상이 포착되더라도 대개 피해자와 가해자 간에 피해 사실에 대한 논쟁만으로 이어지며 피해자는 '문제아'로 간주되어 다른 부서로 전근 조치된다. 이로 인해 피해자는 다시 한 번 더 큰 피해를 입는다. 피해자는 자신을 보호할 방법이 점점 없어진다. 피해자라는 심리적 상처는 더 깊어지고 스트레스 증상 또한 증가하며 자신감도 더 떨어지고 생존의 두려움까지 느낀다.

· 4단계: 피해자는 직장생활을 포기하고 퇴직하면 더 이상 근로활동을 할 수 없는 지경에까지 이를 수 있다. 피해자는 경우에 따라 다음과 같은 상황을 참고 견뎌야 한다.
 - 관계 및 업무배제로 인한 조직으로부터의 소외

- 타 부서로의 전근
- 심리적 · 신체적 질병

심리적 상처와 함께 장애까지 겪게 되는 피해자는 본인의 의사와 상관없이 정신병원에 입원 조치되는 경우도 발생한다. 적절한 해결책 없이 조기 퇴직하는 경우도 많다. 따돌림으로 인한 소외는 피해자 내면에 자기소외를 초래하여 더 이상 직장생활이 불가능하게 한다.

이와 같이 따돌림은 대개 갈등진행 과정에서 나타나는 현상이다. 그 특징은 다음과 같다.

· 따돌림은 차가운 갈등 또는 은폐된 갈등이 있음을 의미한다.
· 이 갈등은 갈등고조 3단계(134쪽)에 이르러서야 뒤늦게 드러난다.
· 따돌림을 당하는 개인은 소속 집단이나 조직이 자신을 적대시 하였다고 느끼며 상대방은 100% 가해자고 자신은 100% 피해자임을 확신한다.

실제 따돌림 현상을 보면, 일방적인 가해자 - 피해자 관계는 극히 드물다. 갈등이 3단계로 진행되면 쌍방이 서로 상대를 비난하거나 괴롭힌다(134쪽). 하지만 '피해자'는 자신이 상대방에 가한 비난이나 공격을 의식하지 못한다. '피해자'는 갈등고조 3단계와 4단계에서 '가해자'의 편짜기로 인해 힘의 불균형이 심해질 때 자신은 힘없는 피해자고 상대방은 힘센 가해자라고 규정한다. 가해자 - 피해자가 규정되는 시점에 이르러서야 갈등이 드러나기 때문에 그 갈등은

'피해자'의 사후 회상으로 인해 왜곡되고 이전의 사건들은 편파적으로 해석된다. 따라서 누군가에게 '따돌림을 한다'고 비난하는 경우, 검증되지 않은 책임전가일 수 있으므로 특별한 주의가 필요하다. 이런 경우에는 갈등이 어떻게 진행되었는지에 대한 면밀한 조사가 필요하다. 조사에 이어 다른 갈등에서처럼 적절한 개입을 할 수 있다.

성희롱

성희롱은 성과 관련된 말과 행동으로 상대방에게 불쾌감, 굴욕감 등을 주거나 고용상에 불이익을 주는 등의 피해를 입히는 행위를 의미한다. 조직에서 갈등은 성희롱을 초래할 수 있다. 따라서 따돌림과 함께 성희롱 또한 갈등의 한 형태로서 갈등관리의 대상이다.

갈등이 따돌림이나 성희롱으로 그리고 따돌림이 성희롱으로 바뀌는 것은 언제든지 가능하다. 따라서 갈등, 따돌림, 성희롱 담당부서나 담당자의 긴밀한 상호 협력이 필요하다.

6) 조직갈등조정

오늘날 조직에서는 갈등이 더 다양해지고 그 정도 또한 강해지고 있다. 그 이유는 다음과 같다(Berkel, 1984).

조직에서 직무와 전문지식이 고도로 세분화되면서 협업의 중요성이 커지고 있다. 따라서 조직은 목표를 달성하기 위해 조직원들이 필요한 전문지식을 서로 보완하고 조화를 이룰 수 있도록 지원해야

한다. 하지만 조직이나 집단에서 전문지식, 개인적 체험과 견해 그리고 개인적 가치관 등에 의해 형성된 세분화된 인지영역(cognitive domain)은 쉽게 긴장을 유발할 수 있다.

인간이 모여서 함께 일하는 곳에서는 항상 서로 공감하거나 반목하거나 좋아하거나 싫어하기 마련이다. 인간관계는 개인의 성격, 좋고 싫음, 소망과 근심, 요구와 목표 등에 의해 형성된다. 오늘날 인간관계에서 서로에 대한 기대는 점점 더 커지고 까다로워지고 있다. 개인중심적인 행복 추구, 권력에 대한 거부감, 규범과 규칙에 대한 도전은 정서적 긴장을 유발한다.

조직은 생존과 발전을 위해 환경 변화에 대해 개방적이고 능동적으로 유연하게 대응해야 한다. 이를 위해서는 조직의 효율성이 전제되어야 한다. 조직의 효율성은 조직원 간 마찰로 인한 피해를 줄이고 시너지효과를 최대화할 때 높아진다. 조직은 목표 달성을 위해 적절한 수단을 동원해서 만반의 준비를 하지만 제도적 또는 윤리적 장애요인으로 인해 어려움을 겪을 수 있다.

따라서 조직이 환경 변화에 민첩하게 대응하기 위해서는 조직 내 여론형성뿐 아니라 조직원의 지지가 필요하다. 이를 위해서는 가치와 목표를 공동으로 합의해야 한다. 공동합의는 조직의 효과적인 업무수행을 위한 필수조건이자 조직관리의 핵심 과제이기도 하다.

갈등 없는 조직은 없다. 많은 관리자들이 갈등은 피하는 것이 좋다고 생각하지만, 회피한다고 문제가 해결되는 것은 아니다. 때문에 갈등을 피하기보다는 지혜롭게 관리하여 조직의 성장을 위한 발전적인 도구로 활용하려는 발상의 전환이 필요하다.

「노동법」 「회사법」 「상법」 등에 근거한 법적 기준들이 있지만 모든 갈등이 법에 따라 해결되는 것은 아니다. 재판이 불가능한 갈등도 많다(54쪽). 예를 들어, 두 직원이 어울리지 못할 경우 법적으로 처리할 수 없는 갈등이 발생할 뿐 아니라 소속 부서의 분위기도 나빠질 수 있다. 이러한 갈등은 재판과는 다른 갈등조정과 같은 새로운 해결방법이 필요하다. 조직갈등조정은 재판이 불가능한 조직 대내외 갈등을 해결할 수 있는 혁신적이고 중요한 방법이다(Prütting, 2002).

조직갈등조정이란?

조직갈등조정은 재판을 대체하는 갈등해결방법으로서 갈등당사자들이 자신들의 갈등을 중립적인 제삼자의 도움을 받아 자율적으로 해결하는 절차다.

조직갈등조정은 조직 대내외 갈등을 해결하기 위한 방법이다(Duve et al., 2003; Faller & Faller, 2014). 좁은 의미에서 조직갈등조정은 조직 맥락에서의 갈등을 해결하기 위한 방법으로서 조직 내에서 진행되는 갈등조정과 조직 간에 진행되는 갈등조정으로 구분된다.

넓은 의미에서 조직갈등조정은 영리조직(기업), 비영리조직(정부, 비영리 사단법인, 재단법인), 준정부조직 등 모든 조직 내 갈등조정 및 조직 간 갈등조정을 모두 포함한다.

좁은 의미에서 조직 내 갈등조정은,

· 조직구성원 간

· 팀 또는 부서 내 또는 간

· 고용주와 피고용자 간

· 상사와 부하 간

· 경영자, 동업자 또는 소유주 간에 진행될 수 있다.

조직 간 갈등조정은,

· 조직과 제조사

· 조직과 공급사

· 조직 유통사 등 회사 간뿐만 아니라

· 조직과 행정기관

· 조직과 시민단체

· 조직과 고객 간에도 진행될 수 있다.

조직 내 갈등과 조직 간 갈등은 중요한 차이가 있다. 조직 간 갈등은 대개 법적 이슈들로 인해 발발하지만 갈등이 진행되는 과정에서 관계와 관련된 감정적 이슈가 첨가될 수 있다. 하지만 갈등당사자들은 지속적인 교류를 거의 하지 않기 때문에 개인적 관계는 거의 중요하지 않다. 이에 비해 조직 내 갈등은 업무갈등뿐 아니라 관계 욕구 좌절을 포함하고 있어 부정적 감정과 심각한 소통의 문제를 야기한다.

앞으로 협력적 관계를 유지하기 위해 갈등당사자들은 서로가 만

족하는 윈윈(win-win)의 갈등해결방법을 찾는다. 조정에서 결정 권한은 갈등당사자에게 있다. 조직갈등조정은 오늘날 조직 세계에서 강조되고 있는 자기결정권(self-determination)과 궤를 같이한다. 즉, 판사와 같은 외부 제삼자의 결정에 의한 갈등해결이 아니라 갈등당사자가 자신의 갈등에 대해 스스로 책임지고 해결하는 것이다. 갈등당사자는 중립적인 조정자가 관리하는 절차에 따라 자신의 갈등을 분석하고, 자신의 입장 뒤에 있는 원인, 신념, 욕구, 관심사 그리고 동기를 밝혀내고 갈등의 심층구조를 파악한다. 아울러 조직갈등은 갈등당사자가 불공정성을 경험하게 되면 증폭되기 때문에 조정에서 공정성에 대한 다양한 관점들을 분석하는 것 또한 빼놓을수 없다. 조정의 목표는 갈등당사자 모두가 해결책을 통해 승리할수 있는 윈윈 해결책을 찾는 데 있다.

(1) 갈등조정 원칙

이러한 목표를 달성하기 위해 조정자는 조정이 절차적으로 공정하게 진행되도록 그 책임을 다해야 한다. 아울러 조정자는 갈등당사자의 참여와 수용의 자세를 높이기 위해 모든 갈등당사자에게 동등하게 공감해 주는 제편성(諸便性, multi-partiality)을 유지해야 한다. 조정은 형식적인 규칙이나 절차만으로 이루어지는 것이 아니다. 따라서 조정자는 권위와 신뢰 그리고 원만한 대인관계 능력을 지녀야한다. 더 나아가, 조정자는 갈등당사자로부터 조정을 공정하게 이끌어간다는 신뢰를 받아야 한다. 갈등당사자가 다수인 복잡한 갈등에서는 관련 분야의 전문가들로 구성된 조정팀(mediation team)을 구

성하는 것이 바람직하다. 갈

등조정의 기본 원칙은 다음과 같다.

갈등조정의 기본 원칙

- **자율성**: 조정에 참여하는 모든 당사자는 외부의 강요나 억압이 없는 상태에서 자율적으로 조정에 참여한다. 갈등당사자의 자율성은 조정의 선행조건이다.
- **자기책임성**: 조정자는 조정 절차와 진행에 책임지고, 갈등당사자는 조정결과에 책임진다.
- **기회균등**: 조정에서 모든 갈등당사자는 동등한 권한을 갖는다. 동등한 권한은 갈등당사자가 필요한 정보에 동등하게 접근할 수 있음을 의미한다.
- **윈윈 해결책**: 조정의 목표는 갈등당사자들이 공동으로 갈등을 처리하여 모두가 승자가 되는 윈윈 해결책을 모색하는 데 있다.
- **관계개선**: 조정에서는 문제를 해결할 뿐 아니라 관계도 개선한다.
- **협력**: 갈등당사자들은 조정자의 지원 아래 서로 건설적으로 협력한다. 이러한 조정 경험을 통해 갈등당사자들은 원만한 대인관계 및 건설적인 대화방법 등을 학습한다.

(2) 심리학적 갈등조정

목적, 대상, 절차 등에 따라 다양한 종류의 갈등조정이 있지만, 이 기본 원리를 바탕으로 한 갈등조정은 심리학적 갈등조정이다. 심

리학적 갈등조정의 특성은 다음과 같다(문용갑, 2011).

- 갈등을 설명하고 해결하는 데 있어 임의적으로 특정 신념이나 가설만을 고집하는 것이 아니라 여러 방안들을 고려하는 유연한 사고와 행동을 중시한다.
- 특정 기법(예: 모더레이션 기법)만을 활용하는 것이 아니라 심리학에서 개발된 다양한 종류의 개입 기법을 활용한다.
- 단지 이해관계만을 위한 대화가 아니라 갈등을 약화시키고 갈등당사자들이 서로에 대해 진심으로 이해할 수 있도록 하는 개입 기법들을 활용한다.
- 표면적인 입장 수준에서 협상하는 것이 아니라 갈등의 심층구조까지 분석함으로써 갈등을 근원적으로 처리한다.
- 등당사자의 공정성에 대한 주관적인 판단과 인식을 고려함으로써 모든 갈등당사자가 승리하는 윈윈 해결책을 모색할 수 있다.
- 갈등조정을 규칙이나 직관적인 인상만으로 이끌어 가는 것이 아니라 갈등조정 절차에 대해 비판적으로 성찰하고 평가한다.

물론 심리학적 갈등조정이 모든 갈등에 통하는 만병통치약이 될 수는 없다. 그러나 많은 갈등조정 사례에서 보듯이, 갈등조정이 실패하는 주된 요인은 주로 앞에서 강조한 기본 원칙들이 지켜지지 않는 데 있다(문용갑, 2011; Besemer, 2003; Dulabaum, 2003; Funk & Malarski, 2003; Poitras, Belair, & Byrne, 2005). 무엇보다도 갈등당사자의 자율성이 보장되지 않는 조정은 실패할 수밖에 없다. 자율성이 전제되지 않은 조정은 비판거리조차 되지 않는다. 기회균등과 협력도 마찬가지다. 힘이 강한 갈등당사자로 인해 기회균등(예: 필요한 정보에 대한 접근)이 깨지면 상호 신뢰할 수 있는 갈등처리는 물론 윈윈 해결책 모색도 불가능하다(Winkler, 2006). 특정 갈등당사자가 규칙과 신뢰의 원칙을 위반하고 계속해서 비협조적이면 갈등조정은 다른 갈등당사자들을 보호하는 차원에서 중단되어야 한다.

법적 판단이 가능한 갈등에 대한 갈등조정에서 갈등당사자의 권리구제보다 공동의 해결책을 모색하기 위해서는, 특히 모든 갈등당사자가 갈등조정에 앞서 자신의 권리에 대해 충분히 알고 있는지 그리고 갈등조정 이외에 다른 방법들에 대해서도 알아보았는지를 확인해야 한다. 이를 위해 조정자는 법률 지식이 필요하다.

끝으로, 시간과 재정적 자원이 부족하면 갈등조정은 불가능하다. 따라서 조정의뢰자는 갈등조정 실행과 그 결과에 대한 평가에 필요한 자원을 확보해야 한다.

4. 갈등해결방법 비교

조직갈등조정은 조직에서 발생하는 장애, 갈등, 다툼 등을 처리하는 방법들 중에 하나다. 따라서 여기서는 재판, 중재, 협상과 갈등조정이 어떻게 다른지 살펴보기로 한다.

· 중재: 중재(arbitration)는 갈등당사자 간 합의에 따라 민간인인

제삼자를 중재인으로 선정하여 그의 판결에 따라 갈등의 일부 또는 전체를 해결하는 절차다. 중재는 해결책 모색이 법원에서 이루어지지 않는다는 점에서 갈등조정과 유사한 사적 갈등해결 방법이지만, 중재인이 판결하고 그 결과는 법적 구속력을 가지며 갈등의 심층구조를 분석하지 않는다는 점에서는 갈등조정과 구별된다. 중재는 본질적으로 재판과 같이 승자와 패자를 가르는 방법이다.

· 재판: 갈등이 발생하면 갈등당사자는 법원에 소송하여 갈등을 해결할 수 있다. 국가가 선임한 판사가 제삼자로서 법적 절차에 따라 갈등을 해결하는 방법이 재판이다. 국민의 권리가 침해되었을 때는 어떠한 경우라도 재판에 의한 구제를 요구할 수 있다는 점에서 재판은 일반적인 갈등해결방법이다. 그리고 상대방 의사에도 불구하고 강행적으로 갈등을 해결하는 제도라는 점에서는 강제적이고, 국가의 재판권에 기한다는 점에서는 공권적이다.

중재와 재판과는 달리, 갈등조정은 절차의 권한이 조정자에게 있지만 결과에 대한 결정권과 통제권이 갈등당사자에게 있다는 점에서 갈등당사자의 자율성과 자기책임성(역량강화)을 더 강조한다.

· 협상: 협상은 상반된 이해관계가 얽혀 있는 당사자들이 직접 만나 서로의 이익을 최대화할 수 있는 해결방법을 합의하기 위해 노력하는 상호작용 과정이다. 이상적인 협상에서는 당사자가 협

상 참여를 자유로이 결정할 수 있으며, 제삼자의 개입 없이 자신의 입장을 표명하고 그 입장의 근거를 제시한다. 그리고 아무런 제한이 없는 상태에서 자율적으로 갈등해결 방안들을 제시하고 상대방과의 합의를 통해 공동의 해결책을 마련한다. 이러한 점에서 협상은 관계갈등이 없는 상황에서 당사자가 절차와 결과에 대해 통제권을 최대한 행사할 수 있는 갈등해결방법이다(Thibault & Walker, 1975).

협상은 원칙적으로 당사자 사이의 합의를 통해 갈등을 처리하는 절차지만, 당사자를 대리 또는 지지하는 제삼자가 참여하는 경우도 있다. 이를테면, 갈등당사자를 대리하는 변호인들 간에 협상을 하는 경우다. 하지만 이러한 협상은 제삼자가 당사자의 대리인일 뿐이고 중립적이지 않다는 면에서 중재 또는 갈등조정과 구분된다.

재판, 중재, 갈등조정, 협상을 비교하면(〈표 1-2〉 참조), 갈등해결 절차의 형식성과 제도화의 정도가 높아지면 갈등당사자의 자율성은 낮아지고 갈등은 승패를 가르는 방향으로 처리된다(문용갑, 2011, Besemer, 2003; Krischek, 2005).

〈표 1-2〉 갈등해결방법 비교

	재판	중재	갈등조정	협상
당사자의 자율성	비자율적	자율적	자율적	자율적

당사자의 제삼자 선정 권한	불가능	부분적으로 가능	당사자의 직접 선정	제삼자 불개입
제삼자의 전문성	법률가	법률전문가	전문지식 소유 의 중개전문가	제삼자 불개입
형식성	법규에 따라 절 차와 형식이 엄격	당사자에 의거 다소 형식적	보통 비형식적, 비구조적	보통 비형식적, 비구조적
결과	법에 근거한 결정	타협 또는 법규 에 따른 결정	서로 수용할 수 있는 윈윈 해결책	서로 수용할 수 있는 합의

Fisher, Ury 그리고 Patton(2002)이 개발한 협상모델은 1981년 Fisher와 Ury에 의해 처음 소개되어 지금까지 꾸준히 각광 받고 있으며 많은 조직에서 사내교육의 주요 내용이 되었다. 이 모델은 하버드협상연구소(Harvard Negotiation Project)에서 저자들이 여러 영역에서 평화적으로 해결된 갈등들을 대상으로 한 경험적 연구 결과를 바탕으로 개발되었다는 의미에서 '하버드협상모델'로 불리기도 한다. 이 협상모델은 "사실적 문제에 대해서는 엄격히, 협상하는 사람에 대해서는 부드럽게 대한다"(Fisher et al., 2002: 17)는 원칙 중심의 협상(principled negotiation)을 강조한다. 즉, 협상당사자가 자신의 입장만을 내세워 상대방에게 자신의 상황을 이해시키고 자신의 주장을 관철시키는 입장 중심의 협상(positioned negotiation)이 아니라 협상당사자들이 객관적 기준과 적절한 원칙에 근거하여 서로 협력하여 필요한 것들을 얻도록 돕는 협상방식이다. 이 협상방식의 4원칙은 다음과 같다.

① 문제와 사람을 분리해서 생각한다

협상당사자는 가치, 욕구, 감정 등에 따라 행동하는 사람이다. 따라서 협상 과정에서 협상당사자는 문제해결보다는 상대방의 성격, 즉 '사람'이나 그와의 사적 관계에 매달리는 경우가 많다. 하지만 효과적인 협상 결과를 얻기 위해서는 문제와 상대방에 대한 개인적 감정이 뒤섞이지 않도록 일단 상대방에 대해서는 아예 논하지 않고 풀어야 할 '문제' 자체에만 집중해서 토론하도록 한다. 상대방은 싸워야 할 적이 아니라 공동의 문제를 함께 풀어 나갈 동반자다.

② 입장 차이가 아니라 이해관계에 초점을 맞춘다

효과적인 협상 결과를 위해서는 서로 양립할 수 없는 입장(position)을 고수하는 것이 아니라 자신과 상대방의 감춰진 이해관계(interest)에 대해 관심을 가져야 한다. 자신의 입장에 집착하여 협상에 임하다 보면 타당성이 결여된 주장만 하게 돼서 실제 본인이 원하는 바를 추구하기 어렵게 된다. 뿐만 아니라 상대방에게도 입장을 고수하는 태도를 유발하여 타협점을 찾기 어렵게 되는 것이다. 따라서 실제로 갈등을 유발하게 된 입장 뒤에 숨겨진 각자의 이해관계에 초점을 맞추어야 한다. 협상의 근본적인 문제는 서로 다른 입장이 아니라 서로 다른 관심사와 욕구 즉, 이해관계에 있다. 서로 입장은 다르지만 그 뒤에 숨겨진 근본적인 이해관계는 동일하거나 양립될 수 있으므로 어느 쪽도 이기고 지지 않으면서 서로의 이해관계를 만족시키는 것이 가능해진다.

③ 상호 이익이 될 만한 방안들을 모색한다

협상 양 당사자가 서로 압박을 느끼면서 자신의 입장만 고수하면 효과적인 해결책을 모색하기 어렵다. 이해관계를 중심으로 하는 협상은 대화할 때 대결의 분위기가 덜 하기 때문에 서로에게 이익이 되는 해결책을 찾는 데 도움이 된다. 협력적인 분위기에서는 서로의 이해를 모두 만족시킬 만한 방안을 창의적으로 모색할 수 있다. 태도가 '나 대 너'의 대결이 아니라 '우리 대 문제'의 구도로 전환되면 대화는 자연히 문제해결 중심으로 흘러간다. 이때 성급한 판단, 유일하고 올바른 해결책 추구, '파이의 크기는 이미 정해졌다.'는 믿음 그리고 '문제의 책임은 상대방에게 있다.'는 신념 등으로 인해 상호 이해 및 이해관계를 모색하는 것이 어려울 수도 있다. 따라서 협상 양 당사자는 방안들에 대한 검토나 평가에 앞서 먼저 방안들을 충분히 제시한 다음, 각 방안들이 상호 이해관계와 각각 어떻게 부합되는지 평가한다.

④ 객관적 기준을 마련한다

쟁점이 되는 문제에 대한 합의는 객관적 기준에 의거하여, 공동으로 결정되어야 한다. 객관적 기준이 없으면 협상당사자는 자신의 의견을 관철시키기 위해 완강한 자세를 보이게 되고 협상 결과도 힘의 크기에 따라 좌우될 가능성이 높아진다. 따라서 협상 결과에 대한 객관적 기준의 적용은 매우 중요한 사안이다. 객관적 기준으로는 공정성, 효율성, 과학적 증거 등을 들 수 있다. 어떤 기준을 적용할지는 협상당사자들이 합의하여 정하도록 한다. 합의된 내용이 주관적

이지 않고 객관적이면 그 합의는 보다 안정적이고 오래 지속될 가능
성이 높아질 것이다.

　일각에서는 하버드협상모델과 갈등조정을 동일시하는 경우가 많
다. 물론 갈등조정에서 하버드협상모델의 일부 요소를 윈윈 해결책
을 모색하는 데 활용할 수 있지만 그렇다고 갈등조정과 같다고는 할
수 없다. 그 차이점을 살펴보면 다음과 같다.
　하버드협상모델에서는 조정자와 같은 제삼자가 필요 없다. 갈등
조정은 능숙한 조정자 없이 실행하기 어렵다. 이에 비해 하버드협상
모델은 협상에서 협상당사자가 개별적으로 적용할 수 있는 것이다.
하버드협상모델을 적용하기 위해서는 소정의 교육이 필요하다는 주
장도 있지만 이에 대해서는 의견이 분분하다. 그렇다고 관련 서적만
읽으면 누구나 하버드협상모델을 실행할 수 있다는 것도 무리가 아
닐 수 없다.
　갈등조정과 하버드협상모델은 기본 자세와 핵심 방법에 있어 서
로 다르다. 갈등조정에서는 갈등당사자들이 공동으로 자신들의 속
깊은 심리적 욕구까지 충족하고 서로의 관계도 미래를 향해 협력적
으로 개선된다. 물론 하버드협상모델에서도 욕구를 협상 성공의 열
쇠로 보고 있지만 그 저변에는 실질적 이해관계만을 강조하는 도
구적인 입장이 도사리고 있다. 즉, 입장보다 욕구에 집중하는 전략
의 궁극적인 목적은 자신의 실질적 이해관계를 최대화하는 데 있
다. "원칙에 기초한 협상은 당신이 얻어야 할 것을 얻으면서도 여전
히 상대방에게 호감을 잃지 않는 방법을 제시해 준다"(Fisher et al.,

2002: 17). 입장에서 벗어나 욕구에 집중한다는 것은 단지 목표를 위한 수단일 뿐이다. 하버드협상모델에서는 갈등을 치리하는 조정과정에서 강조되는 갈등당사자의 개인적 동기, 경험 그리고 변화과정에 의미를 두지 않는다. 그리고 관계 욕구 좌절로 인한 '감정싸움', 즉 관계갈등은 고려의 대상이 아니다.

5. 조직갈등조정의 장점

1) 인적자원 활용

미국 및 유럽의 선진 국가에서는 조직갈등조정에 대한 수요와 공급이 꾸준히 증가하는 가운데 제도화 수준에까지 이르고 있다. 이미 숙련된 전문 조정자들이 조직을 대상으로 활발한 활동을 하고 있으며, 전문 조정자가 되기 위해 전문교육을 받는 지원자들도 늘어나고 있다. 이에 발맞춰 교육기관에서는 갈등조정교육 프로그램을 개발하여 제공하고 있다. 조직에서는 갈등조정을 중심으로 한 갈등처리 전담부서 설치를 본격화하고 있다.

이에 비해 우리나라 조직갈등조정은 아직 맹아 단계에 있다고 할수 있다. 조직으로부터의 갈등조정 수요도 조정자의 공급도 매우 미진한 실정이며, 전문조정자 양성 교육 프로그램은 물론 교육을 제공하는 교육기관도 극소수에 지나지 않는다. 앞으로 국내에서 조직갈등조정의 발전은 먼저 조직문화와 조직이 선호하는 갈등처리방법에 달려 있다. 이러한 현실에서 갈등조정담당 부서를 설치한 조직은 매우 예외적이라고밖에 볼 수 없다. 그러나 긍정적인 변화도 예상해 볼 수 있다. 비록 갈등담당부서를 설치한 조직이 드물다 하더라도, 머지않아 기존의 갈등 관련 담당자들이 전문교육을 받고 조직 내부 조정자로 활동할 것이다.

조직 내부 조정자는 상황에 따라 그 장단점을 따져 볼 필요가 있다. 내부 조정자는 조직구성원들에게 알려져 있으므로 갈등당사자들로부터 쉽게 신뢰받을 수 있다는 것과 조직 내부 사정에 밝다는 것이 장점이다. 그리고 조직의 인력을 활용한다는 면에서 비용 절감 또한 큰 장점이 아닐 수 없다. 하지만 경우에 따라서는 내부 사정에 밝다는 것이 단점이 될 수도 있다. 내부 조정자라고 해서 무조건 신뢰를 얻을 수 있는 것은 아니다. 내부 조정자가 조직의 위계구조상 연관되어 있고 그로 인해 갈등에 직간접적으로 관련이 있다면 오히려 불신이 클 수 있다. 그리고 내부 사정에 밝기 때문에 갈등과 갈등당사자에 대해 편견이나 선입견을 가질 수 있다. 이러한 경우에는 갈등조정은 물론 어떠한 갈등처리라도 쉽지 않을 것이다.

이러한 이유로 외국 조직에서는 외부 조정자에게 갈등조정을 위임하는 경우가 많다. 갈등조정은 조정자의 수와 조정 시간에 따라 비용이 정해지지만 다른 갈등해결방법에 비해 훨씬 경제적이다. 예를 들어, 독일조직노동조정연합회(Bundesverband Mediation in Wirtschaft und Arbeitswelt)의 기준에서 조정수임료는 중소조직의 경우 시간당 125~300유로 정도며, 미국에서는 시간당 50~400달러 정도다.

갈등조정 비용은 중재와 같은 갈등해결방법들에 비해 저렴하다. 미국의 한 연구(Goldberg, Sander, & Rogers, 1999)에 따르면, 평균 조정 비용은 중재 비용의 1/4 정도밖에 되지 않는 것으로 나타났다. 독일의 경우도 조정 비용은 중재 비용의 1/3 정도로(Eyer & Redmann, 1999) 재판과 비해도 저렴하다. 그리고 갈등조정 절차는 중재나 재판보다 소요 시간이 훨씬 짧다. 국제적 갈등에 대한 중재 절차는 무려 2년까지 걸릴 수도 있다(Bühring-Uhle, 1996).

갈등조정이 "선의적으로 갈등을 해결할 수 있는 가장 저렴한 방법이다"(Filner, 1998: 247)라는 말은 이유 없이 나온 것이 아니다.

2) 조직이익

조직 안팎의 갈등을 조정을 통해 성공적으로 해결하게 되면 비용을 절감할 뿐 아니라 그 밖의 조직이익도 커진다. 조정을 통한 조직이익은 효과성(effectiveness)과 효율성(efficiency)으로 나누어 생각해 볼 수 있다. 갈등조정은 중재에 비해 훨씬 더 효과적이다. 독일의 경우, 갈등조정 성공률은 60~90% 정도다(Besemer, 2003; Disselkamp et al., 2004). 그 이유는 무엇일까?

미래지향적이고 지속 가능한 갈등해결을 목표로 하는 갈등조정에서는 하버드협상모델에서처럼 윈윈 해결책을 모색한다. 갈등당사자 양측은 모두 손해보다 이익을 본다고 느낀다. 그리고 갈등 심층구조의 분석, 즉 갈등당사자의 입장 뒤에 숨겨진 동기와 이해관계가 밝혀지면서 욕구, 목표, 이해관계 그리고 관심사에 대한 합의가 이루어진

다. 이를 위해 갈등조정에서는 중재에 비해 더 많은 정보들을 근거로
한 방안들이 모색된다. 갈등당사자들은 그들 중 최종적으로 합의된
해결책을 충실하게 지속적으로 이행한다. 갈등조정에서는 하나의 갈
등만을 해결하는 것이 아니라 종합적인 해결책을 강구하여 여러 갈
등을 동시에 해결하기 때문에 유사한 갈등의 재발을 예방할 수 있다.

　갈등조정의 효율성은 첫째, 갈등처리에 드는 시간이 절약된다는
점과 둘째, 갈등이 재판에 비해 조기에 그리고 단기간에 해결된다는
점에서 찾을 수 있다.

　시간과 비용을 절감한다는 측면에서 갈등조정의 효과성과 효율성
은 경제적 이익으로 환산될 수 있다.

갈등조정을 통한 비용 절감

갈등조정 비용은 재판 가능한 갈등에 대한 조정과 재판 불가능한
갈등에 대한 조정을 구분하여 산출할 수 있다(54쪽). 재판 불가능
한 갈등에 대해서는 조정 비용과 조정이 아닌 다른 방법으로 갈등
을 해결할 경우 지불해야 하는 간접비용을 비교해야 한다. 재판 가
능한 갈등의 조정에 대해서는 간접비용과 함께 직접비용까지 감안
하여야 한다.

직접비용으로는 소송에 필요한 법률 수수료, 경비, 변호사 수임료,
외부 자문료 등과 조직에 대한 공격, 사보타주, 심리적 고통 등과
같은 갈등의 부산물로 조직이나 조직구성원과 관련하여 발생하는
비용 등이 포함된다. 소송비용은 형사소송, 민사소송, 행정소송 등
소송 종류에 따라 개별적으로 산출된다(Disselkamp et al., 2004).

간접비용은 갈등을 겪는 조직원이나 갈등을 관리하는 데 투입한 시간, 갈등으로 인한 스트레스로 발생하는 결근과 선직, 불만족, 시기저하와 불안, 업무분위기 악화, 그리고 고충처리, 소송처리, 조직 이미지 훼손, 경쟁력 약화 등을 관리하는 데 드는 비용을 말한다(Risse, 2000). 증거 수집, 변호사와의 약속 등으로 모든 부서인력과 경영진이 본래 업무보다 갈등에 더 집중함으로써 또 다른 추가비용이 발생할 수 있다(Leiss, 2005). 따라서 조직에서는 갈등의 직접비용보다 간접비용이 더 중요할 수 있다. 미해결된 갈등은 조직에 많은 비용을 발생시키지만 갈등조정을 통해 잘 처리하면 비용을 상당 부분 줄일 수 있다. 1998년 독일에서는 직장갈등, 전직, 결근 등으로 인한 조직 손실액이 500억 유로 정도였다(Disselkamp et al., 2004). 갈등조정은 연간 3~20% 생산성 증가, 30~70% 결근 감소, 실적 향상 등을 통해 간접비용을 절감할 수 있다(Müller-Wolf, 1994).

미해결되거나 잘못 해결된 갈등으로 인한 모든 직간접비용에다 갈등으로 인한 심리적 고통까지 더하면 갈등조정에 드는 비용은 매우 저렴하다고 볼 수 있다.

경제적 이익 이외에도 갈등조정은 경제적으로 산출될 수 없는 장점을 가지고 있다. 예를 들어, 업무분위기 향상, 조직정체성 고양, 심리적 고통 해소 등은 금액으로 환산할 수 없는 더할 나위 없는 갈등조정의 장점들이다.

갈등조정은 개인이나 대인관계의 측면에서도 이익을 가져다준다.

이 이익 또한 결국에는 조직에 긍정으로 작용할 것이다.

· 대인관계 측면에서의 이익: 갈등해결의 책임은 갈등당사자에게
  있다. 따라서 갈등조정에서 갈등당사자들은 일상에 비해 쟁점사
  안을 놓고 훨씬 더 열띤 논쟁을 벌인다. 갈등조정이 성공하면 갈
  등당사자들은 갈등조정절차에 모두 만족스러워한다. 이러한 만
  족감과 효율성에 힘입어 서로의 관계가 개선되고 신뢰도 높아진
  다. 갈등조정에 의한 관계개선은 장기적 · 단기적으로 모든 갈등
  당사자와 이해관계자에게 이익이 된다. 또한 갈등당사자들은 갈
  등에 쏟을 에너지와 관심을 업무에 집중할 수 있다. 더 나아가
  자신들의 업무환경을 위해 건설적이고 서로 존중하는 효과적인
  상호작용 구조와 의사소통 구조를 구축함으로써 미래의 유사한
  문제를 예방할 뿐 아니라 스스로 해결할 수 있다.

· 개인적 이익: 갈등조정에서의 소중한 경험은 갈등당사자 개인에
  게도 이익이 된다. 인력관리의 의미에서 갈등당사자는 상대방과
  의 논의 과정에서 획득한 경험을 통해 사회적 능력이 향상되고
  자신의 태도, 관심, 욕구에 대해서도 성찰할 수 있다. 이는 조직
  문화의 발전에도 한몫을 한다. 자기성찰은 오늘날 강조되고 있
  는 조직 및 사회발전 방향과도 궤를 같이한다.

갈등조정에 의한 갈등해결은 점증하는 조직구성원의 자기결정권
요구와도 관련이 깊다. 경제활동과 일상에서 자기주도적인 사람은

직장생활에서도 다르지 않을 것이다. 오늘날 개인의 역량강화는 조직관리의 핵심 요소다. 갈등해결을 제삼자(예: 판사, 중재원, 경영진)에게 위임하는 것은 조직목표와 걸맞지 않다. 조직구성원들이 자신의 자원과 능력을 발굴해서 조직이나 부서 또는 팀에서 건설적이고 혁신적으로 활용하듯이, 갈등이 발생할 경우 그 해결을 외부에 위임하는 것이 아니라 자주적으로 조정에 적극 참여하는 것은 조직관리에서 빼놓을 수 없는 부분이다. 이를 통해 조직목표를 향한 개인의 몰입도 높일 수 있다. 이러한 이유 때문에 조직갈등조정이 전통적인 갈등해결방법들을 대신하는 방안으로 각광받고 있다.

이러한 이익들은 의사소통과 협동이 강조되는 조직문화의 발전에도 기여한다. 예를 들어, 조직문화로 인한 갈등을 조정에서 다룬다면 갈등당사자들은 스스로 그 갈등을 처리함으로써 조직에 대한 정체성을 갖게 될 것이다. 이러한 정체성은 조직평가에 긍정적 요소로 작용할 것이며 '우수' 조직이 되는 데도 한몫을 할 것이다.

6. 두 동업자의 갈등, 그 결과는

A와 B는 조정자의 주선으로 회사 옆 조용한 레스토랑에서 만나 자신들의 갈등에 대해 대화하기로 하였다. 이들은 이 만남을 위한 준비 작업으로 자신의 어려움과 관심사 그리고 하고 싶은 말들을 정리하고 대화의 목적을 명확히 하였다. 그리고 둘 사이에 어떤 실수나 잘못이 있었는지도 꼼꼼히 살펴보았다.

　　갈등대화를 하면서 A는 B가 자신의 밀어붙이기식 회사운영으로 궁지에 몰린 느낌을 받았다는 것을 알 수 있었다. B는 자신의 주도 면밀한 업무처리 방식으로 종종 기한을 어기게 되었고 그로 인해 A가 고객으로부터 불만을 들어야 했다는 것을 깨닫게 되었다. 두 사람의 대화는 업무 및 역할 분담에 대한 합의를 하면서 마쳤고, 이를 계기로 사업에 관한 회의를 매주 수요일 아침으로 정례화하였다.

갈등의 심리학

갈등은 일상생활이나 직장생활에서 빼놓을 수 없는 보편적인 현상이지만 갈등당사자, 갈등 내용, 갈등 과정 그리고 갈등 결과에 대한 대처방법은 매우 다양하다. 그래서 심리학에서 갈등연구는 갈등의 조건들을 체계화하고 갈등 발생의 패턴과 요인을 규명하며 건설적인 해결책을 모색하는 데 주력하고 있다. 이 장에서는 갈등심리학의 주요 요소들과 이들에 기초한 갈등분석에 대해 살펴본다.

1. 서로 다른 리더십 스타일 갈등

"10년 전 제가 B를 스카우트하였습니다. 그는 부지런하고 열정적이었으며 고객관리도 잘하는 유능한 인재였습니다. 그는 나의 오른팔이나 다름없었습니다. 그가 현재 저렇게 성장한 것은 모두 제 덕입니다. 나는 4년 전에 위기에 처한 해외 지부를 맡아 되살려 놓았습니다. 그런데 3개월 전 본부로 복귀하니 모든 것이 달라졌습니다. B는 그동안 진급하여 이사가 되었습니다. 그런데 재정 상황을 살펴보니 60억 원 정도의 빚이 있는 것을 보고 정말 놀랐습니다. 그래서 요즘에는 조직을 도맡아 회생시키기 위해 제가 안간힘을 쓰고 있습니다."

조정자는 A를 그의 사무실에서 만났다. A는 수출회사의 재무본부장이다. 62세의 나이에도 불구하고 그는 젊은 사람처럼 매우 활동적이다. 재무에 밝은 그는 회사의 수입 및 지출 내역을 낱낱이 꿰고 있다. 위기에 처한 회사를 벌써 두 번이나 살려 냈던 그는 귀국해서 소매를 걷어붙이고 일에 전념하였다. 모든 사업들을 철저히 검토하고 문제에 대해서는 그 원인을 파악하여 해결책을 강구하였다.

조정자는 B의 사무실로 자리를 옮겨 B와 대화를 나누었다. 그는 유능한 홍보전문가이자 프로젝트매니저로서 홍보 및 마케팅 본부장이다. "나도 A의 귀국을 위해 노력했고 또 귀국을 환영했습니다. 그는 자신이 없는 동안 내가 이사로 승진했다는 것을 인정하고 싶지 않은 것 같습니다. 우리의 관계는 급속히 나빠졌습니다. 나는 갑자기 통제받는 느낌입니다. 나 모르게 모든 것이 변해 가고 있습니다. 조그만 물건이라도 그의 허락 없이는 구입할 수 없습니다."

한번은 회의 도중 A가 B의 외국 출장 비용에 대해 공개적으로 따지자 B는 무시당하는 것 같아 당황스럽고 부끄러워 A의 영어 실력을 꼬집으며 반격하였다.

그 이후로 두 사람은 서로 불신하는 사이가 되었고 서로를 감시하며 약점만 찾으려 했다. 겨우 일부 사업만 운영되는 상황에서 서로에 대한 적대감과 멸시는 점점 커져 갔다. 다른 조직원들은 냉랭한 회사분위기에 활기를 잃었고, 팀장들은 승자 없는 게임에 눈치만 보고 있다.

2. 갈등 생성 및 진행 경로

심리학적 갈등연구는 서로 관련이 있으면서도 강조점이 서로 다른 세 영역으로 구분된다.

· 갈등 유발요인과 영향요인
· 갈등 과정 및 고조
· 건설적인 갈등해결방법

오늘날 연구의 초점은 양적으로나 질적으로나 첫 번째 영역에서 세 번째 영역으로 이동하고 있다. 이러한 변화 추세는 문제제기에서뿐만 아니라 연구 설계와 연구 결과에 대한 해석에서도 확인된다.

여기서는 수많은 심리학적 연구 결과들로부터 추출된 심리학적 갈등연구의 핵심요소들을 개괄하고자 한다.

1) 갈등 원인

사회적 갈등은 희소자원, 상반된 이해관계, 가치, 신념, 기질과 생활방식, 시기와 질투 등 다양한 원인에 의해 발생한다. 갈등원인은 객관적 요소들뿐 아니라 개인적인 경험과 행동에서 비롯되기도 한다. 지각, 감정, 태도 그리고 행동은 갈등의 조건이지만 역으로 갈등으로 변하기도 한다(Berkel, 2002).

(1) 지각

사람마다 세상을 서로 다르게 본다는 것은 잘 알려진 사실이다. [그림 2-1] [그림 2-2] [그림 2-3] [그림 2-4]는 갈등은 단지 지각 차이만으로도 유발된다는 것을 보여 준다. 각 그림은 갈등상황에서 중요한 지각과정을 보여 준다.

[그림 2-1]은 우리가 실재 존재하는 사물이 아니라 지면에 그려진 것만 지각할 수 있음을 보여 준다. 이차원적으로 보면 알 수 있는 것도 삼차원적으로 보면 그 의미를 잃는다.

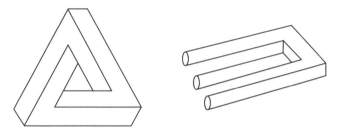

[그림 2-1] 알 수 없는 물체(Burton, 1969:75)

상대방에 대한 편협한 사고방식과 단편적 지각은 갈등을 야기한다. 상대방의 행동을 그의 성격으로만 귀인하고 상황을 고려하지 않는 성향의 사람은 '네 탓'만 하려 한다. 네 탓 공방으로 갈등은 고조되기 시작한다.

예: 여비서는 모든 고객을 엄격히 대하기 때문에 차갑고 불친절한 사람으로 알려져 있다. 하지만 사장이 모든 방해요소를 철저히 단속

하라는 지시에 따라 그대로 행동했다는 사실을 알게 되면 그녀의 행동을 다르게 볼 것이다.

실재를 좁은 시각으로만 보고 다른 측면들은 보지 못하거나 간과하고 무시하는 사람은 실재를 다각도로 세밀히 보는 상대방과 쉽게 다투게 된다.

[그림 2-2]는 숨은 이미지 효과를 잘 보여 준다. 젊은 부인을 보는 사람도 있고 노파를 보는 사람도 있을 것이다. 우리는 관점을 바꾸면 동일한 사물이나 사람이라도 달리 볼 수 있다.

[그림 2-2] 젊은 부인? 노파?(Burton, 1969:77)

예: 아버지가 어린 아이의 따귀를 때리는 모습을 보는 관찰자는

· 부모의 굳은 양육의지,

· 남성적인 공격성의 표출,

· 문화적으로 관행적인 교육방법 등으로 지각할 수 있다.

에너지 기업이 석유저장소를 바다에 설치하지 않겠다는 것을

· 에너지 기업에 대한 그린피스의 승리,

· 생태계에 대한 거대기업의 관심,

· 거대기업의 여론의 비판을 무마하기 위한 포석 등으로 지각할
  수 있다.

[그림 2-3]을 보고 즉시 사람의 윤곽을 찾기 어렵다. 주위에 파묻
힌 사람은 눈에 띄지 않는다.

[그림 2-3] 숨은 남자(Burton, 1969: 76)

예: 유행을 쫓는 청소년들은 개인이 아니라 부류로 취급되고 틀에 박힌 표현으로 묘사된다. 회사에 완전히 적응한 직원은 승진에서 제외되기 쉽다. 그 직원은 부당한 대우를 받았다고 느끼지만 그런 대우에 자신도 기여했다는 것을 알지 못한다.

〈표 2-1〉은 한 실험 결과를 보여 준다. 실험 결과에 따르면, 우리는 관심이나 경험에 따라 기대하는 경향이 있다.

〈표 2-1〉 어린 토끼? 사람? (Graumann, 1960: 171)

실험			결과: 1/75초 비친 그림 M을 보고 사람얼굴을 인식한 사람(단위: %)
집단	사전정보	순간노출기로 비친 그림	
통제집단	없음	M	100
실험집단 1	"여러분은 동물을 볼 것입니다."	M	73
실험집단 2	"여러분은 어린 토끼를 상상하십시오. 이제 그 토끼를 보게 될 것입니다."	M	27
실험집단 3	사전정보가 없이 A에서 E까지 그림을 연속적으로 보여 준다.	M	15

예: 유명한 정치인이 TV에서 정치적 현안에 대해 언급하면 많은 사람들은 채널을 돌리든지 아니면 TV를 끈다. 그들은 이미 그가 어떤 말을 할 것인지 안다고 생각하기 때문이다. 그가 다른 의견을 말해도 사람들은 알아채지 못하거나 속임수라고 치부해 버린다. 회사에서 비판적이기만 하다고 소문난 동료에 대해 주위 사람들은 만나자 마자 그의 목소리가 공격적이라고 지각한다.

우리는 지각을 통해 자신의 세계를 구성한다. 역사가가 과거 사건에 대해 새로운 해석을 하듯이, 실재는 '의지와 표상'의 결과다. 실재를 동일하게 '있는 그대로' '객관적으로' 이해하도록 할 수 있는 방법은 없다. 지각은 우리의 실재나 우리를 위한 실재를 결정한다. 따라서 누가 실재를 올바로 지각하는지, 다시 말해 누가 옳은지를 가려내어 갈등을 관리하는 것은 거의 무의미하다. 우리가 실재를 어떻게 해석하는지 그리고 해석의 차이에도 불구하고 어떻게 서로 교감하려고 하는지를 이해하는 것이 더 중요하다.

(2) 감정

정신분석가 Horney(1973)에 따르면, 인간은 기본적으로 내재된 '불안'에서 벗어나기 위한 전략으로서 타인에 대해 감정적으로 세 방향으로 대한다. 사람들은 그 세 방향을 모두 알고 있지만 일반적으로 그중에서 한 방향을 우선시한다. 우선시하는 감정적 방향은 타인을 대하는 개인의 스타일이 된다.

모든 관계에 대해 한 방향으로만 대한다면 그 사람은 노이로제 환

자다. 건강한 사람들은 자신에게 맞는 방향만 고집하지 않고 필요
에 따라 다른 방향들도 경험하고 활용한다. 서로 방향이 다르면 오
해, 몰이해 그리고 흥분 등이 쉽게 발생한다. 자신과 타인의 행동에
관용적이면 서로의 관계는 흥미롭고 원만해지지만 갑자기 갈등으로
돌변할 수도 있다.

〈표 2-2〉 타인에 대한 감정방향

접근형	타인에게 접근은 존중, 수용 그리고 인정받고 싶은 마음에서 비롯된다. 타인의 수용은 곧 안정과 행복이다. 거리감과 비판은 거부와 거절로서 흥분, 불안, 당혹감을 불러일으킨다. 경쟁과 갈등은 안전과 친밀감을 위협하기 때문에 최대한 회피하여야 한다.
회피형	타인 회피는 자율성과 자기효능감에 대한 강한 욕구에서 기인한다. 친근감과 관심은 자유를 제한하고 의존적으로 만든다. 타인에 대한 공감과 이해로 자율성이 침해될 수 있다. 감정적이면 스스로 결정하지 못하기 때문에 감정은 가능한 개입시키지 않는다. 관계는 가능한 사무적이고 분석적이어야 원만하다.
대립형	타인과 대립은 타인을 혐오하고 지배하려는 마음에서 비롯된다. Hobbes가 언급한 대로 '인간은 인간에게 늑대이다.' 타인을 만나면 싸우려는 성향과 의욕이 생긴다. 관계에서 조롱, 경멸 그리고 모욕이 앞선다. 활력을 불어넣는 갈등을 원한다. 평화와 조화는 어리석은 짓이다.

(3) 태도

감정은 사람에 관한 것이지만 태도는 생산적이고 만족스러운 관
계를 어떻게 형성할 것인가를 의미한다. 우리는 서로 좋아할 수도
경쟁할 수도 있다. Deutsch(1976)는 사회적 관계에 대한 태도 또는
지향을 세 가지로 구분한다.

〈표 2-3〉 관계에 대한 기본태도

개인주의적 태도	경쟁적 태도	협력적 태도
나는 다음과 같은 이익을 위해 관계를 맺는다. - 상대방도 관계도 중요하지 않다. - 상대방에 의존도 의지도 하지 않는다. - 상대방과 대립하는 일이 있더라도 자신의 이익을 추구한다.	관계는 상대방을 이용하기 위해서다. - 상대방을 희생시키거나 도구화하여 자신의 목표를 달성한다. - 상대방은 자신의 목표를 방해하기 때문에 불신의 대상이다. - 상대방은 싸워야 할 적이다. - 거리를 유지하기 위해 상대방을 이겨야 한다.	관계를 다음과 같은 이익을 위해 형성한다. - 공동작업: 목표 발굴, 문제 논의, 해결책 강구 - 위계보다는 평등 - 사취 아닌 공유 - 상대방 목표 실현에 조력. 상대방 목표 실현이 자신의 목표 실현에도 도움이 된다.

· 개인주의적 태도: 이 태도는 지속적으로 유지될 수 없다. 갈등에서 개인주의자는 상대방과 협력할지 아니면 경쟁할지를 결정해야 하는 피할 수 없는 갈림길에 처한다. 관계가 전혀 중요하지 않으므로 대개 경쟁을 택한다.

· 경쟁적 태도: 이 태도는 극단적이다. 사람은 이기지 않으면 질 수밖에 없다. 상대방은 결코 친구가 될 수 없다. 적일 수밖에 없는 상대방에게는 신뢰보다 불신이 더 낫다. 생물학적으로 보면, 경쟁적 태도는 생존투쟁을 위해 필연적이다. 파트너십이나 배려와 같은 인도적 행동은 방해요소일 뿐이다.

· 협력적 태도: 이 태도는 의식적인 가치판단에서 비롯되지만 양보 또는 조화를 이루려는 노력의 표현이기도 하다. 협력적 태도

만이 갈등을 생산적으로 관리할 수 있다.

(4) 행동

행동 또한 갈등을 야기할 수 있다. 인간관계에도 행동과 반응의 법칙이 적용된다. '친절과 적대'라는 측면에서 행동—반응 법칙을 확인할 수 있다.

예: A와 B 두 직원이 서로 기분 좋게 돕는다(t). 어느 날 B가 서먹서먹하고 무뚝뚝하게 행동한다(u). 그 이유를 모르는 A는 B에게 묻지 않고 만남도 줄인다(v). B는 A가 자신을 싫어한다는 것을 눈치채고 불안해한다(w). A도 B를 불신한다(x). B가 신경이 예민해지고 A를 욕하면(y) A는 그런 B를 보고 절교로 받아들인다(z). 이로써 두 사람 간 긴장은 고조된다.

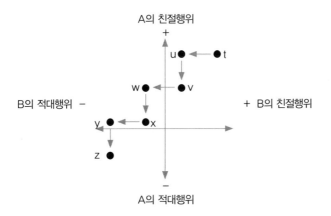

[그림 2-4] 단순 반응으로 인한 적대행위

두 사람이 제때 대화하지 않으면 이러한 과정은 자동적으로 진행된다. 솔직히 말해서 우리는 상대방이 화나게 하면 편히 숨김없이 대화할 수 있는가?

문화, 언어, 전문성 또는 매체 등의 문제로 대화가 제한된 상태에서 당사자들은 일부 신호만 보고 상대방이 친절한지 아니면 적대적인지 판단한다. 죄수의 딜레마 게임은 극단적으로 제한된 대화 상황을 묘사한 것이다. 범죄를 저지른 두 명의 공범이 따로 심문을 받는 상황에서 죄수는 두 가지 행동을 선택할 수 있다. 첫째, 상대방을 배신하여 모함하는 것이고, 둘째, 묵비권을 행사하는 것이다. 죄수의 선택에 따라서 형량이 달라진다. 만약 두 명 모두 상대방을 믿고 묵비권을 행사한다면 둘 다 1년을 복역하게 되지만 반대로 둘 다 서로를 배신한다면 3년형을 살게 된다. 한 명이 배반하고 다른 한 명이 묵비권을 행사하는 경우에는 배반한 죄수는 바로 석방되고 배반당한 죄수는 5년형을 살게 된다. 어떻게 하면 두 죄수는 서로 배반하지 않고 협력할 수 있는가? Axelrod(2005)에 따르면, 죄수의 딜레마 게임에서 가장 뛰어난 전략은 "눈에는 눈(Tit-for-Tat)"이라는 전략이다.

· 일단 협력하고, 먼저 배반하지 않는다.
· 상대방이 배반하면 자신도 배반한다.
· 상대방이 배반하다가 협력으로 돌아서면 자신도 같이 협력한다.

(5) 조직

조직은 인간사회의 다양한 요소들이 인위적으로 결합되어 형성된 사회구성체이므로 갈등은 필연적이다. 공식구조, 비공식구조, 조직문화 그리고 미시정치는 조직갈등의 대표적인 요인들이다.

① 공식구조

갈등분석은 조직의 공식구조로부터 시작된다. 갈등을 포함한 모든 비공식적 현상은 조직의 고유 속성에서 비롯된다. 조직 속성은 역할과 권한에 관한 공식구조와 조직구성요소들 간 관계에 대한 규정들을 통해 관찰된다(Gaitanides, 1992).

공식구조는 분업을 통해 조직구성원의 이해관계와 그와 관련된 갈등촉발요인을 발생시킨다. 조직의 여러 계층에서 상반된 목표들이 서로 충돌하기도 하고 스태프와 라인 간에 논쟁이 벌어지기도 한다. 예를 들어, 사장의 의사결정에 따라 작업하는 영업부 직원은 자신을 집사의 대리인 쯤으로 여기고 하는 일에 가치를 느끼지 못한다. 논쟁은 당연히 자원분배를 놓고 여러 부서의 대리인 사이에서도 발생한다. 조직은 공식화를 통해 갈등요소를 제거해야 하지만 그 자체가 갈등잠재력이기도 하다. 이른바 매트릭스조직에서는 모든 갈등이 객관적이고 합리적인 수준에서 처리되도록 하는 갈등의 경제적 최적화를 목표로 한다. 하지만 그러한 의도는 현실적으로 실현될 수 없다. 인간은 규칙이나 규정에 따라서만 행동하지 않기 때문이다. 조직목표에 대한 합리적인 지향을 통해 갈등을 해결한다는 것은 한낱 신화에 불과하다(Luhmann, 1964).

갈등에 관한 논의의 요체는 공식구조를 조직구성원이 어떻게 경험하고 숙달하는가다. 조직구성원의 주관적인 경험을 이해하기 위해서는 공식적 또는 관료적 규칙의 궁극적 기능을 살펴볼 필요가 있다. Weber(1921)에 따르면, 공식화된 사회적 체계로서 조직은 복잡한 규칙체계를 통해 개인을 타인의 횡포로부터 보호한다는 점에서 분명 사회발전의 일면을 가지지만, 그 규칙체계에 의해 개인이 규제받거나 심지어는 '구조적 폭력'을 당하는 일면도 지니고 있다. 고도로 공식화된 체계에서 인간은 "그 체계에 의해 서로 먹고 먹히는 카니발리즘(cannibalism)과 같은 현실"(Neuberger, 1994)에 처함으로써 심각한 무력감에 빠지게 된다.

갈등관리를 위해서는 갈등당사자가 속한 조직의 공식구조에 대한 분석이 먼저 이루어져야 한다. 갈등당사자는 조직에서 자신의 지위에 부여된 권한과 활동 범위에 관한 기준에 맞춰 업무를 수행하는 자다. 그 기준에는 누가 자신을 감독하고, 누가 동등한 위치에 있고, 누구에게 명령하는지가 담겨 있다. 이런 구조에 대한 분석으로부터 갈등 발생의 단서를 찾고 갈등의 재구성에 필요한 가설을 세울 수 있다.

② 비공식구조

비공식적 집단현상은 비공식구조로서 권한위계, 규범 그리고 표준으로 작용한다(Rechtien, 1992). 서로 유사한 취향과 생각을 가진 구성원들은 자신의 아이디어, 의견, 가치, 취미 등을 공유·교환하면서, 또 서로 간의 고충을 털어놓고 도움을 받는 등 친교를 하면

서 정서적 관계집단으로 발전한다. 하지만 그런 집단은 여가집단과
는 사뭇 다르다. 먼저 집단구성원은 공식절차를 통해 채용되며 성과
를 내야 공식적인 조직구성원이 된다. 집단구성원 사이에 형성된 감
정적 관계는 독특한 집단역동을 만들어 내지만 공식구조에 의해 다
양한 형태로 변화되기도 한다. 여러 공식적 계층 사이에 형성된 비
공식적 관계는 공식적으로 명시된 조직규칙에 규제를 받기 때문에
(Powers, 1999), 관계를 맺는 조직구성원 중에 일부는 조직을 떠나
야 하는 상황도 발생한다.

많은 갈등연구자들이 공식구조와 비공식구조 사이의 관계를 갈
등의 주요 요인으로 손꼽는다. Selvini-Palazzoli 등(1988)은 비
공식패턴을 '잠재적 구조'로 보고 공식패턴과의 대립 현상을 강조
한다. Luhmann(1964)은 비공식적 구조패턴을 공식구조의 역기능
적 형상을 보완하는 기제로 정의한다. 공식화가 미진하면 혼돈상태
가 될 수 있지만 과잉규제로 유동성과 능률이 저하되면 비공식적 위
계의 순기능을 통해 보완할 수 있다. 이에 대한 가장 함축적인 개념
이 바로 Luhmann의 '유익한 위반행동(brauchbare Illegalität)'이
다. Luhmann은 이 개념으로 조직체계를 위해 유익한 기존의 공식
적 기대에 저촉된 행동패턴을 요약 기술하였고 그 반대 상황, 즉 규
정만 지키려고 하기 때문에 더 이상 기능하지 않는 상황에 대해서는
'규정에 따른 직무수행'이라고 묘사하였다.

화합을 강조하는 입장에서 보면, 비공식적 집단은 능률과 성과 향
상에 기여한다. 하지만 혈연, 학연, 지연 등에 의한 비공식적 관계가
중요한 조직에서는 정반대의 결과가 발생할 수도 있다. 예를 들어,

비공식적 집단규범으로 인해 목표를 낮게 잡거나 아예 아무런 성과
를 내지 못하는 상황이 발생할 수 있다(Alt et al., 1994).

　비공식구조의 또 다른 문제는 '집단사고(groupthink)'에서 찾을
수 있다(Janis, 1972). 집단사고는 토론과 협의를 통해 집단적으로
문제해결책을 찾는 과정이다. 하지만 집단사고는 역기능적 요소도
있다. 집단구성원들이 당면한 문제에 대하여 독창적인 해결책을 찾
기보다는 오히려 집단의 동조압력으로 인해 다른 구성원들과 동일
한 사고를 한다거나 그들의 동의를 얻는 일에만 크게 관심을 갖기
때문에 개개인의 독창성과 새로운 아이디어를 억제할 수 있다. 특히
집단의사결정에 있어서 집단사고는 토론과 대안적 사고를 방해하기
때문에 최적의 방안을 모색하는 데 장애요소가 될 수 있다.

　비공식집단의 리더는 '인기 있는 리더'와 '업무상 리더'로 구분
된다(Bales, 1970). 인기 있는 리더는 집단구성원을 지지해 주고 조
직구성원의 화합을 위해 노력한다. 인기 있는 리더가 있는 집단에서
는 통합, 갈등 해결 그리고 사회정서적 욕구의 충족이 강조된다. 인
기 있는 리더는 공식 리더의 정서적 약점을 보완한다. 예를 들어, 근
엄하고 딱딱하기만 한 사장 옆에 있는 온화하고 친절한 비서는 그런
인기 있는 리더다. 업무상 리더는 업무처리에 있어 의존하는 리더다.
예를 들어, 부장보다 업무처리에 더 밝은 과장이 과업상의 리더다.

　갈등관리에 있어 관리자는 비공식집단을 주의 깊게 살펴야 한다.
비공식집단은 대개 보완적 기능을 하고 조직구성원이 관리자에게
바라는 것이 무엇인지를 알려 준다. 예를 들면, 조직구성원들이 일
과 후 특정인을 중심으로 모임을 자주 갖는다면 관리자가 지나치게

과업중심적일 가능성이 높다. 비공식구조 분석은 관리자에게 일종의 피드백과 같다. 아울러 의사결정과정과 구성원들의 토론 방식도 눈여겨볼 대목이다. 이러한 관찰을 통해 관리자는 비공식 리더에 대한 적절한 대책을 세울 수 있다.

③ 조직문화

조직에도 사회처럼 문화가 있다. 조직문화는 일련의 조직갈등을 설명할 수 있는 또 다른 비공식적 현상이다. 조직문화는 언어, 의복, 역사, 신화, 의식, 의례 등의 상징체계, 규범과 표준, 환경, 진리, 인간, 행위, 대인관계 등에 관한 가치와 신념, 근원적 전제 등을 포함한다. Peter와 Waterman(1982)에 따르면, 강한 문화를 가진 조직만이 성공한다. 즉, 조직문화는 집합적으로 형성된 의미체계로서 신앙체계처럼 관성으로 작용한다는 것이다. 조직문화는 뿌리가 깊을수록, 오래 지속할수록, 조직구성원이 수용할수록 더 견고해진다(Sathe, 1985). 하지만 조직합병 또는 조직혁신처럼 조직의 생존을 위해 조직문화의 변화가 필요한 상황에서는 조직문화의 견고성이 오히려 걸림돌이 될 수 있다. 위기에 처한 조직은 많은 문제가 경직된 조직문화에서 비롯되는 경우가 많다.

이미 익숙한 오래된 해결책만을 선호한다면 혁신은 거의 불가능하다. 혁신을 위해서는 조직문화의 본질적 요소인 잠재 의식화된 가치 또는 근본적인 전제가 변해야 한다. '혁신자' 또는 '쇄신자'로서 조직 또는 부서에 다시 활기를 불어넣어야 하는 관리자에게 조직문화의 변화는 피할 수 없는 과제다. 문화적 접근으로 구성원들을 타성에서 벗어나도록 하는 방법 중 하나가 갈등자극이다(De Dreu & Van de Vliert, 1997). 이를 위해서는 관리자의 심리적 안정과 외부 조정자와 같은 전문가의 도움이 필요하다.

④ 미시정치

조직은 정치적 투쟁의 장이다. 그러니 갈등은 조직의 구성요소가 아닐 수 없다(Küpper & Ortmann, 1988; Neuberger, 1995). 미시정치(micro-politics)는 조직 내 개인 또는 집단 사이에 자신의 이해관계와 욕구를 충족시키기 위해 희소자원의 획득을 중심으로 상호 교섭하는 현상을 가리키는 개념이다. 희소자원을 둘러싼 분배투쟁을 규제하기 위한 공식구조가 있지만 조직구성원들은 협력자이자 경쟁자로서 자신의 이해관계를 위해 상호견제와 합종연횡을 하며 암투를 벌인다.

희소자원을 획득할 기회는 공식적 권한, 정보력, 성격에 따라 다르다. 대개 교활하고 양심 없는 자가 승리한다. 문제는 라인에서 결정권한을 가진 자들과 스태프에서 주요 정보를 다루는 자들이다. 조직의 정치적 투쟁 과정에서는 협회 또는 행정기관과 같은 권한을 가진 외부 파트너도 문제가 된다.

미시정치는 갈등관리에서 중요한 의미를 지닌다. 조직구성원의 행동은 공식 규칙이나 규정만으로 통제되는 것이 아니라 암묵적인 '불문율'에 의해 실질적인 영향을 받는다(Scott-Morgan, 1994). 관리자는 이 숨은 규칙에 유념하여야 할 뿐 아니라 건설적인 방향으로 적극적으로 처리하는 방법을 익혀야 할 것이다. 관리자의 권력관계가 바뀌는 경우 미시정치를 다루는 것은 갈등관리에서 매우 중요한다.

⑤ 조직 성장 및 발전

갈등은 조직의 성장 및 발전 과정에 의해서도 설명된다. 조직은 유기체처럼 발달주기에 따른 각 단계에서의 갈등과 그 갈등을 극복하는 과정을 통해 성장, 발전한다. Quinn과 Cameron(1983)의 조직수명주기모델에 따르면 조직은 창업단계 - 집합단계 - 공식화단계 - 정교화 단계를 거쳐 발전한다.

창업단계는 창업자와 밀접한 관련이 있다(Lievegoed, 1974; Goerke, 1981). 창업자는 조직구성원을 임기응변적으로 직접 관리한다. 조직구성원 간 관계, 고객과의 관계는 모두 직접적이고 일차적이다. 창업단계 끝 무렵에 전형적으로 겪게 되는 위기는 주로 조직의 성장, 생산품 확대 또는 복잡성을 증가시키는 요인들에 기인한다. 조직이 성장하고 내부과정이 복잡해지면 대내외 관계에서 익명성이 높아진다. 이런 상황은 임기응변적인 리더십으로 감당하기 어려울 뿐 아니라 일정 또는 업무 조율 등의 문제를 야기한다.

위기상황과 그에 따른 갈등으로 집합단계로 접어든다. 창업자는 모든 구성원에게 적극적인 참여를 고무하고 더 많은 기여와 성과를 호소한다. 관리 및 의사결정 과정에 참여하기 때문에 창업자는 더 이상 모든 업무과정을 통제할 수 없다는 구성원들의 인식이 중요하다. 이러한 인식은 공식적 패턴이 아니라 공동의 의무와 정서적 관계를 바탕으로 이루어진다. 조직문화는 매우 강하지만 조직이 성장하면서 공동체의식과 열정만으로는 업무를 다 수행할 수 없는 상황이 된다. 조직 내 경고신호와 함께 불만 및 동요가 증가한다.

대부분의 구성원이 업무수행을 위한 규칙체계의 필요성을 인식하는 가운데 조직은 공식화단계로 접어든다. 조직은 업무의 복잡성과 범위에 따라 재편된다. 분업과 위계와 같은 구조적 패턴이 도입되고 업무처리절차에 관한 규칙이 정해진다. 하지만 이러한 발전은 또 다른 위기를 초래한다. 공식화가 정상궤도에 올라도 규칙만을 강조하게 되면 구성원 간 대화가 원활치 않고 공식규칙을 둘러싼 갈등이 쌓이며 업무조율이 어려워지면서 공식화단계는 서서히 종말을 맞는다.

발전과정에서 조직 내 관계뿐 아니라 외부환경과의 관계도 원활치 못하다. 구성원들은 의욕을 잃고 고객의 불신은 날로 커져 간다. Goerke(1981)는 이런 위기상황을 갈등이 가장 많다는 의미에서 '긴장단계'라고 부른다.

조직의 과잉구조화에 따른 위기로 조직혁신에 대한 요구가 커지면서 조직은 정교화단계로 접어든다. 조직개편과 계획된 조직변화를 위해서는 조직 대내외 파트너의 요구를 세심히 파악하여야 한다. 변화전략은 조직 대내외 관계관리에 초점을 맞춘다. 이 과정에서 홍보도 새로워지고 새로운 비전도 세워진다.

갈등관리에서 조직의 성장 및 발전 과정에 대한 분석은 매우 유용하다. 관리자들은 분석을 통해 많은 갈등이 발전단계에 따른 것임을 알게 되면 '아하!' 경험과 함께 조직의 현재 상황을 보다 더 개선할 수 있을 것이다.

2) 갈등 인식

'갈등'이란 용어는 통상 부정적인 의미로 명확한 정의 없이 유행처럼 무분별하게 남용되고 있다. 갈등 용어에 대한 보다 세밀하고 체계적인 검토가 필요한 상황이다. 앞에서 언급하였듯이(53쪽) 이미 갈등이 명백한 행동으로 표출되든 아니면 잠재적으로만 존재하든 심리학적 의미에서는 다음과 같은 갈등 조건, 즉 갈등이 야기될 수 있는 조직 내 조건이 조성되어야 갈등이 발생할 수 있다(Kals & Ittner, 2008).

- · 사고, 감정, 의지, 행동 등의 불일치 및 차이
- · 불일치로 인한 피해 또는 위협에 의한 부정적 감정
- · 상대방에게 책임전가
- · 상대방이 피해를 인지하였음에도 불구하고 행위의 변화가 없음

갈등 조건의 예를 들면 [그림 2-5]와 같다.

갈등 조건은 갈등을 유발하거나 그 근원이 될 수 있는 여러 요소와 실제 갈등 사이를 연결해 주는 조건으로서 일종의 매개변수라고 할 수 있다. 조직을 구성하는 거의 모든 요소가 갈등의 원인이 될 수 있지만, 그렇다고 그 요소들이 갈등을 직접 유발하는 것은 아니다. 다시 말해, 그 요소들은 갈등을 일으킬 수 있는 잠재적 조건은 되지만 필요조건은 아니다. 갈등의 원인이 될 수 있는 요소들은 갈등이 발생할 수 있는 조건을 형성한다. 갈등이 발생하기 위해서는 갈등

조건이 필요하다.

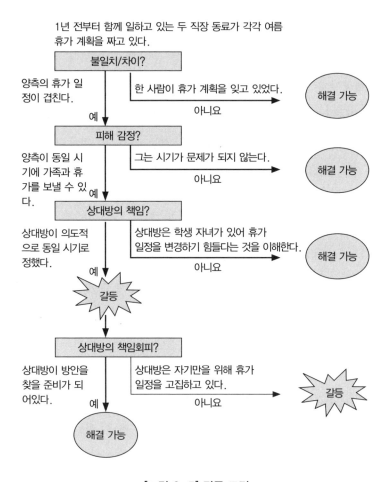

1년 전부터 함께 일하고 있는 두 직장 동료가 각각 여름 휴가 계획을 짜고 있다.

불일치/차이?

양측의 휴가 일 정이 겹친다.

한 사람이 휴가 계획을 잊고 있었다.

아니요

해결 가능

예

피해 감정?

양측이 동일 시 기에 가족과 휴 가를 보낼 수 있 다.

그는 시기가 문제가 되지 않는다.

아니요

해결 가능

예

상대방의 책임?

상대방이 의도적 으로 동일 시기로 정했다.

상대방은 학생 자녀가 있어 휴가 일정을 변경하기 힘들다는 것을 이해한다.

아니요

해결 가능

예

갈등

상대방의 책임회피?

상대방이 방안을 찾을 준비가 되 어있다.

상대방은 자기만을 위해 휴가 일정을 고집하고 있다.

아니요

갈등

예

해결 가능

[그림 2-5] 갈등 조건

3) 갈등 징후

갈등을 해결하기 위해서는 먼저 갈등이 있음을 인식해야 한다. 갈등은 여러 징후를 통해 그 모습을 드러낸다. 갈등징후는 구체적인 행동으로 표출되면 쉽게 파악할 수 있지만 미세하게 기미만 보이거나 아예 은폐되어 알아차리기 어려운 경우도 많다. 갈등징후는 언어―비언어, 공개―은폐, 적극적―소극적, 의식―무의식 등 네 측면으로 구분할 수 있다(Kreyenberg, 2005).

· 언어-비언어: 대개의 경우 우리는 공개적인 반박, 협박, 비방 등과 같은 언어적 표현만을 갈등징후라고 생각한다. 하지만 침묵, 눈빛, 얕보는 듯한 손놀림 등과 같은 작은 비언어적 몸짓이나 표정도 갈등이 있음을 나타낸다. "어 다르고 아 다르다."는 속담도 있듯이, 억양이나 말을 하면서 하는 표정, 몸짓, 행동 등이 언어적 의미보다 더 많은 정보를 전달한다.

· 공개-은폐: 갈등은 가령 누군가가 업무규정을 옹졸하고 융통성 없다고 여기거나 회의에서 난처하게 만들거나 회의에 지각하는 경우처럼 '어딘지 좀 이상하다'는 거북한 느낌과 함께 불쾌, 불안 또는 불만 등을 통해 시작된다.

서양 문화권에서는 공개적으로 반항하거나 반박하는 것을 쉽게 볼 수 있다. 예를 들어, 자신의 의견을 피력하거나 '반대'를 하거나 다른 것을 원하거나 심지어는 단도직입적으로 갈등이 있다고 표현도 한다. 이에 비해 동양 문화권에서는 이와 같은 분명한 징후가 거의 불가능하기 때문에 갈등은 대개 은폐되어 진행된다.

· 적극적-소극적: 갈등의 적극적 징후의 예로는 파업, 분쟁, 공격 또는 공개적 비난 등을 들 수 있다. 사람들은 대개 갈등상황에서 소극적으로 행동한다. 침묵하거나 무마하거나 피곤해하거나 몸이 아프거나 소침해진다.

· 의식-무의식: 갈등당사자들은 갈등을 의식하는 정도가 다르다. 갈등당사자가 갈등을 얼마큼 의식적으로 인지하는지는 갈등의 간접적, 비언어적 또는 소극적 신호를 파악하는 데 할애하는 시간에 달려 있다.

갈등에 대한 의식은 갈등을 경험한 정도와도 관계가 있다. 예를 들어, 변화과정에 자주 함께 참여한 사람들은 갈등이 불가피하다는 것을 안다. 문화적 환경이 달라 갈등신호를 올바로 해석할 수 없는 경우에는 갈등이 의식적으로 자극된 것인지 아니면 우연한 것인지 파악하기 어렵다. 그래서 전후 사정을 살피지 않고 일방적으로 상대방에게 의도적으로 갈등을 자극했다고 비방하면 그로 인해 실제 갈등이 일어난다. 따라서 섣부른 책임추궁은 전혀 도움이 되지 않는다. 갈등을 의도적으로 일으켰는지는 추후에 밝혀질 수도 있다.

이와 같이 갈등징후를 네 가지 측면으로 구분함으로써 갈등징후는 '공개—은폐'와 '적극적—소극적'을 한 차원으로 하고 '언어—비언어'를 또 한 차원으로 하여 〈표 2-4〉와 같이 정리할 수 있다.

〈표 2-4〉 갈등징후

	공개/적극적	은폐/소극적
언어	언어적 공격 - 반대 의견 - 비판 - 모욕적 표현, 비방 - 비난 - 막말(killer phrases) - 욕설 - 분쟁 - 논박 - 토 달기 - 반증 - 완고한 자기주장	회피 - 비꼬기, 빈정, 어색한 유머 - 주제 전환, 핑계 대기 - 자신 대신 사람은… 우리는… - 불안조장 - 폄하 - 비꼬기 - 부인 - 예, 그렇지만…(방어적 말투) - 변죽 - 경시하기 - 허튼 농담 - 밀고 - 형식적 친절
비언어	흥분/불안 - 무시 - 관계단절 - 왕따 - 거절 - 공격행동 - 언행 불일치 - 반대 행동 - 폭력 - 태업, 거절, 파업	철회/무기력 - 불편 - 흥미상실 - 형식주의 - 필요한 것만 함 - 무관심 - 제안하지 않기 - 지각, 서신 소통 - 준법투쟁 - 결근, 질병, 화병, 우울 - 불평, 초과근무

특히 은폐된 갈등징후는 간과하거나 잘못 인지하기 쉽다. 예를 들어, 무관심, 질병, 지각을 갈등이 아닌 다른 이유로 인지할 수 있다. 갈등징후를 인지함으로써 갈등을 처리하거나 예방할 수 있다. 따라서 다양한 갈등징후를 민감하게 포착하는 것은 갈등해결의 출발점

이다. 대표적인 갈등징후를 살펴보면 다음과 같다.

- 저항, 거부: 갈등상대방의 일을 방해하기 위해 의식적으로 또는 무의식적으로 작업을 미룬다거나 중요 정보를 전달하지 않는다.

- 철회, 무관심: 일할 동기가 약해지고 성취 욕구가 저하된다. 마음속으로 사표를 준비한다.

- 적대성, 공격성, 과민: 꾹 참은 분노를 갑자기 분출한다.

- 음모, 소문: 음모하거나 소문을 퍼뜨려 상대방을 방해하고 제삼자를 자기편으로 끌어들인다.

- 고집, 무분별: 공감능력이 떨어지고 상대방의 문제와 의견을 수용하지 못한다. 자기주장만 내세우고 상대방의 이해관계는 고려하지 않는다.

- 의례적, 과잉동조: 갈등에서 부하 조직원은 상사에게 의례적이고 지나치게 동조적이다.

- 신체적 증상, 질병: 갈등은 두통, 소화장애, 불면증 등의 신체적 반응으로 나타나며, 그 결과 결근과 이직이 증가한다.

Deutsch(1976)는 대화, 인지, 태도 그리고 공동목표 등 네 가지 측면에서의 갈등징후를 구분하고 그들 간 상호작용의 결과로서 갈등증후군(conflict syndrome)을 강조한다([그림 2-6 참조]). 그에 따르면, 갈등징후들은 상승작용을 통해 더 강해지거나 서로 승강이를 벌이기도 한다. 관계 또는 집단에 어떤 징후가 보이면 머지않아 다른 징후들도 가세한다. 징후를 알게 되면 갈등을 적기에 인지하고 저감시킬 수 있다.

갈등징후는 갈등이 있음을 알리는 첫 번째 신호로서 갈등예방 시스템이 작동하는 계기가 된다. 초기에 사소해 보이는 불화가 갑자기 완전한 갈등으로 돌변하는 경우가 많다. 갈등을 처리하기 위한 기본 원칙은 갈등을 조기에 파악하는 것이다. 갈등징후는 적절한 조치를 취할 기회를 제공한다.

갈등징후는 또한 갈등을 약화시킬 수 있는 계기가 된다. 갈등은 전진하기도 하지만 후퇴하기도 한다. 갈등증후군을 이루는 각 요소들, 즉 대화, 인지, 태도 그리고 공동목표는 각기 다른 방향으로 갈등을 고조시키거나 약화시킨다. 갈등을 저지하거나 약화시키는 방법은 열린 대화를 하고, 편견이나 인지왜곡을 제거하며, 신뢰할 수 있는 조치를 취하고 공동목표를 강구하는 것이다.

4) 갈등 특성

갈등은 다음과 같은 특성을 지닌다(Berkel, 2005).

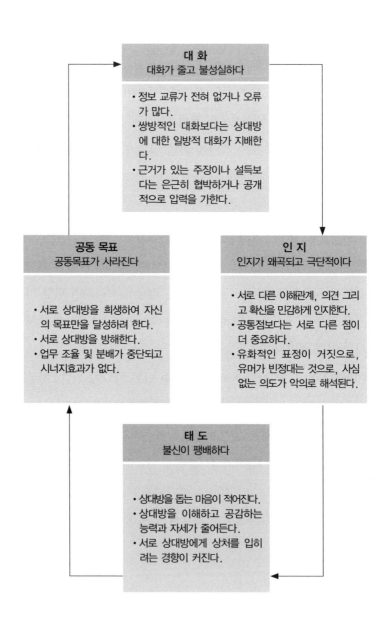

[그림 2-6] 갈등증후군(Deutsch, 1976)

· 갈등은 장해물, 즉 문제가 있다는 신호다. 갈등은 행동을 방해하고 방향을 바꾸도록 한다.

· 갈등은 감정을 동반한다. 갈등상황에서 우리는 긴장감, 압박감, 분노, 흥분, 두려움, 불안을 느낀다.

· 갈등은 역동적이고 고조되는 경향이 있다. 갈등은 확대되고 강도도 세어진다.

· 갈등은 해결책을 요구한다. 우리는 갈등으로 인한 긴장을 무시할 수 없다. 그 긴장은 어떻게 해서든 해소되어야 한다. 그래야 일상으로 되돌아갈 수 있다.

이 같은 갈등의 특성은 갈등관리에 있어 시사하는 바가 크다.

· 갈등에 빠진 사람은 감정적으로 흥분하고 긴장한다. 따라서 의도적으로 갈등을 활용하려는 사람은 갈등을 계획대로 주도해 나가는 방법뿐 아니라 감정을 조절하여 갈등을 통제하는 방법을 익혀야 한다.

· 조직의 변화를 촉발하기 위해 의도적으로 갈등을 자극하는 사람은 감정적 소모가 클 것임을 알아야 한다. 성과는 단지 전략만이 아니라 갈등을 감정적으로 관리할 수 있는 갈등당사자의 능력에 달려 있다. 조직관리에서 이 점이 과소평가되면 저항에 부딪힌다. 이는 갈등을 지속적이고 효율적으로 활용해야 하는 구조적 또는 정책적 사업에서도 중요하다.

· 갈등을 성공적으로 처리하기 위해서는 스트레스를 견딜 수 있

는 능력이 전제되어야 한다. 회복탄력성(resilience)이 높으면 일
상적 장애를 차질 없이 극복할 수 있고 갈등을 적절히 처리할 수
있다.

· 감정적 경험은 갈등당사자에게는 당장의 스트레스지만 중장기
적으로 보면 갈등을 대담하게 이겨 낼 수 있는 기회다. 갈등은
긍정적 기능이 많다. 갈등이 기회가 되기 위해서는 그 긍정적 기
능을 자주 상기해야 한다.

· 갈등은 자유를 가능케 한다. 갈등에서 대립적인 요소들은 서로
충돌하면 점차 힘을 잃을 가능성이 높다. 이로써 사람은 그 대립
적 요소들로부터 자유로워진다.

5) 갈등 대상

무엇이 갈등 대상인가? 무엇이 이슈인가? 이에 대한 대답은 간단
하다. 모든 것이 갈등 대상이 될 수 있다. 비유적으로 말하자면, 실
질적 사안뿐 아니라 윤리, 가치 등 갈등 대상은 내용적으로 다양하다.

많은 학자들에 의해 갈등 대상이 체계적으로 분류되고 있다. 하
지만 중요한 사실은 갈등 대상이 갈등당사자의 정체성과 연관될수
록 갈등은 그만큼 더 어렵고 복잡하며 치열해진다는 점이다. 오늘
날 우리 사회에서 조직이 차지하는 비중은 더욱 커져 가고 있다.
Maslow(1958)의 욕구피라미드가 조직에도 적용되고 있고 조직의
인간관이 복잡한 인간관(complex man)(Schein, 1980)으로 변하면서
노동은 단순히 개인의 생존만을 위한 것이 아니라는 점이 강조되고

있다. 노동은 개인적으로는 자아실현의 욕구를, 사회적으로는 사회적 관계, 존중, 인정 등에 대한 욕구를 충족하는 데도 매우 중요하다.

갈등 대상을 명료하게 분류하는 작업은 쉽지 않지만 병원에서 환자의 질병을 치료하기 위해 먼저 병명을 진단하듯이, 갈등해결을 위해서도 가장 먼저 이슈와 갈등 대상이 규명되어야 한다. 이슈와 갈등대상이 같지 않다는 것은 갈등의 표면구조와 심층구조를 구분해 보면 금방 알 수 있다. 빙산에 비유하자면, 수면 위에 드러난 봉우리와 같이 외부에서 관찰할 수 있는 갈등의 맥락, 서로 충돌하는 갈등 당사자들, 그들의 행동과 입장 등이 이슈다. 수면 밑에는 갈등당사자의 목표, 이해관계, 관계 욕구 등의 갈등 대상이 숨어 있다.

갈등 사례

- 동시에 휴가를 낼 수 없는 두 직원이 휴가 계획을 짜고 있지만, 합의를 하지 못해 갈등하고 있다. 그래서 상사는 명령에 의한 해결 대신에 조정을 권유하였다. 조정 회의에서 휴가 계획으로 인한 갈등이 반복해서 발생한다는 사실이 밝혀졌다. 갈등의 핵은 업무 배분이 불분명하고 그로 인해 업무 성과를 높이기 위한 경쟁이 과하다는 것이다. 양측은 업무 성과를 높여 진급하고자 하는 마음이 크지만 진급할 자리는 하나뿐이어서 불안하기만 하다.
- A조직에서는 이미 신상품에 대한 광고가 개시된 상태에서 아무런 사전정보 없이 생산이 지연되고 있어 판매부서의 K과장과 L대리가 다투고 있다. 조정에서 원활하지 못한 정보 교환과 의사소통이 다툼의 원인으로 밝혀졌다. 몇 달 전 조직개편이 있었음에도

불구하고 이전 Y과장이 이들의 관계에 개입하고 있어 양측이 모두 어려움을 겪고 있었다. K과장은 상사로서의 역할을 수행하고자 하지만 L대리는 여전히 Y과장의 말을 따르고 있다. 이러한 위계 상황이 밝혀지고 업무에 대한 책임과 권한이 분명해지면서 문제가 풀렸고 K과장과 L대리는 원만한 관계로 협력할 수 있었다.

• 몇 주 전부터 사측과 노조가 임금인상을 놓고 팽팽히 맞서고 있다. 양측 모두 양보할 기색이 아니다. 표면적으로는 임금체계의 변경과 임금인상의 폭이 쟁점이다. 사측과 노조는 대표를 내세워 협상하기로 했지만, 양측의 대표들은 상대방에게 유하게 대하면 체면이 깎이진 않을까 하는 두려움을 갖고 있었다. 그리고 소속 동료들로부터 신뢰를 잃지 않을지 그리고 차기 선거에서의 낙선 가능성에 대해 고민하고 있었다. 이러한 고민과 두려움이 그들 행동의 실제 동기였다. 이것이 비공개로 열린 조정에서 처리되었고 양측이 합의한 결과는 언론을 통해 공표될 수 있었다.

이들 사례에서 보듯이, 갈등 대상을 밝혀내는 것은 쉽지 않은 일이다. 갈등당사자들은 표면적으로는 동일한 이슈를 놓고 다투는 것 같지만 심층구조를 보면 서로 다른 갈등 대상들이 깔려 있음을 확인할 수 있다. 갈등당사자 양측에 숨겨진 실제 이슈는 동일할 수도 있지만 매우 상이할 수도 있다. 중요한 것은 깊이 숨겨진 갈등실체는 빙산의 봉우리만 보고서는 알아내기 어렵다는 점이다. 하지만 모든 갈등이 규명하기 힘든 심각한 갈등실체를 내포하고 있는 것은 아니다. 조정의 주요 과제는 갈등당사자가 갈등의 심층구조를 이해하고 갈등해결을 위해 자신을 조금 더 개방하도록 하는 것이다. 개방적인

태도가 아니면 심층구조에 대한 이해는 제한적일 수밖에 없다.

5) 갈등전략과 갈등대응방식

갈등당사자가 갈등을 어떻게 처리하느냐는 개인적 생애를 통해 형성된 갈등에 대한 태도에 달려 있다. 갈등에 대한 태도는 두려움과 분노의 감정으로 대표된다. 갈등당사자는 두려움과 분노 사이에서 어떤 경향을 보이는가?

두려움	분노
방어적	공격적
반응행동	공격행동
도피	책임전가

[그림 2-7]에서 보듯이, 지각, 감정 그리고 동기는 행동, 즉 갈

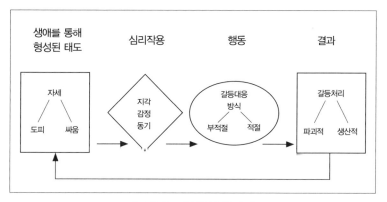

[그림 2-7] 갈등순환과정

등대응방식(conflict style)으로 나타나고 그 방식을 통해 갈등이 처리된다. 갈등처리의 성공 여부는 다시 갈등대응방식에 영향을 미친다. 이 과정을 통해 자기강화적 순환과정이 형성된다. 갈등순환과정은 갈등당사자뿐 아니라 제삼자에게 갈등을 진단하기 위한 기초를 제공한다. 제삼자는 갈등을 보다 더 객관적으로 분석할 수 있다. 제삼자의 관심은 갈등 결과보다는 갈등 과정에 있다. 과정보다 결과가 더 중요한 갈등당사자는 자신에게 유리한 결과를 얻기 위해 노력한다. 자신의 관찰만으로는 착각하기 쉽기 때문에 갈등을 포괄적으로 이해하기 위해서는 두 관점이 모두 필요하다. 즉, 자신의 경험에 대한 스스로의 성찰은 관찰자의 피드백을 통해 보완되어야 한다.

갈등당사자는 한편으로는 감정에 휩싸여 갈등에 대해 반사적인 반응을 하면서 다른 한편으로는 전략을 세워 의도, 평가 그리고 경험을 바탕으로 계획된 행동을 하기 위한 전술을 구상한다. 전술의 기능은 전략에 달려 있다. 갈등당사자의 전략은 자신도 의식하지 못하거나 상대방을 실망시킬 수 있지만 전술적 행동들을 하면서 재구성된다.

갈등에서 주로 쓰는 전략은 두 가지다.

· 포커전략(pocker stategy): 승과 패를 가르는 포커전략은 갈등이 일도양단식의 승패로만 종결될 수 있다는 신념에서 비롯된다. 즉, 나는 승리하기 위해 상대방에게 강제할 수밖에 없다는 것이다.

· 문제해결전략(problem solving strategy): 서로 원원하는 문제
해결전략은 갈등을 문제해결을 통해 해결될 수 있는 것으로 보
고 갈등 양 당사자에게 이익이 되는 해결책을 찾는 것이다.

〈표 2-5〉 갈등해결의 경쟁적 전략과 협력적 전략

구분	경쟁적 포커전략	협력적 문제해결전략
태도	· 나는 갈등을 내가 반드시 이길 수 있는 승부로 본다.	· 나는 갈등을 우리 공동의 문제로 본다.
의도	· 나는 나의 이해관계와 문제를 알고 있지만 공개하지 않는다. 말하지 않고 숨기기도 한다. · 나는 상대방에게 나의 요구를 강요하고자 한다. 나는 나의 목표를 관철시키고 말 것이다.	· 나는 나의 이해관계와 목표를 알고 있으며 상대방과의 대화에서 솔직히 밝힐 것이다. · 나는 나와 상대방이 모두 만족할 수 있는 해결책을 모색한다. 나는 공동의 목표를 추구하고 싶다.
행동	· 나는 힘의 차이를 부각시킨다. - 나는 처음부터 공동의 해결책에 관심이 없다는 것을 분명히 한다. - 나는 결코 상대방에게 의존하지 않는다는 것을 강조한다.	· 나는 힘의 균형이 이루어지도록 한다. - 나는 처음부터 공동의 해결책이 중요함을 강조한다. - 나는 우리가 서로 의존하는 사이임을 참고한다.
	· 나는 처음부터 상대방에게 나의 감정, 이해관계와 의도를 밝히지 않는다. 나는 감추고 상대방만 밝히라고 한다.	· 나는 처음부터 나의 요구 뒤에 있는 감정, 이해관계 그리고 의도를 전한다.
	· 상대방의 입장에 서지 않는다. 갈등을 개인화한다.	· 나는 경청하고 상대방의 입장에 서도록 노력한다.
	· 약속으로 상대방을 현혹한다. 상대방이 굴복하지 않으면 협박도 주저하지 않는다.	· 나는 상대방을 현혹하거나 협박하지 않는다.

행동	•속이 상하면 부정적인 감정을 표출한다. 앙갚음할 때까지 격한 감정을 억제한다(차가운 갈등).	•나는 부정적인 감정을 표현함으로써 감정이 상하지 않도록 한다. 격한 감정(분노, 조바심)을 표현한다(뜨거운 갈등).
	•나의 요구를 취소할 생각이 없음을 명백히 밝힌다.	•나는 내 요구가 최종안이 아님을 암시한다.
	•상대방이 양보하도록 하기 위해 친절한 척한다.	•나는 상대방에게 다가가 공동의 해결책을 찾도록 한다.

포커전략과 문제해결전략이 양극단에 있지만 갈등대응방식은 두 전략의 조합으로 형성된다. 갈등대응방식은 개인의 갈등에 대한 반응, 태도 그리고 전략을 의미한다. 일찍이 갈등의 심리적 요소에 관한 연구를 한 Blake와 Mouton(1964)은 갈등대응방식에 관한 이중관심모델(dual concerns model)을 제시하였다. 이 모델에 따르면 갈등대응방식은 자신에 대한 관심과 상대방에 대한 관심에 따라 네 가지로 구분된다([그림 2-8] 참조). 자신에 대한 관심이 중요한 갈등당사자는 자신, 자신의 관심사, 이해관계, 목표에 초점을 맞춘다. 자신을 위해 가장 좋고 많은 것을 갖고자 한다. 자신이 선호하는 대안이 상대방에 의해 받아들여져서 공동의 안으로 채택되기를 희망한다. 상대방에 대한 관심이 중요한 갈등당사자는 상대방과 평화적 관계를 중요시하여 상대방의 관심사, 이해관계, 목표에 초점을 맞춘다. 상대방이 잘되길 바란다. 상대방에 대한 책임감으로 인해 자신만의 이익보다는 양보나 합의가 더 중요하다.

현실적으로 자신에 대한 관심과 상대방에 대한 관심을 동시에 다

충족하기는 쉽지 않다. 따라서 두 관심 사이에 불안한 균형을 해소하기 위해 어느 한쪽을 더 선호히느냐에 따라 갈등에 대응하는 방식이 달라질 수 있다.

Blake와 Mouton 이후 자신과 상대방에 대한 관심에 영향을 미치는 개인적인 상황적 요인들에 대한 연구가 이루어지고 타협/절충이 더해지면서 개인 또는 집단이 갈등상황에서 취하는 대응방식은 크게 다섯 가지로 구분되었다(Rubin et al., 1994; Frank & Frey, 2002).

다섯 가지 대응방식을 소개하면 다음과 같다.

· 회피(avoiding): 자신과 상대방에 대해 낮은 관심을 보이는 회피는 자신의 이익과 상대방의 이익에 무관심한 대처방식이다. 회피는 어떻게 해서든지 갈등을 피하고자 하는 일반적인 인간의 기본 성향이기도 하지만, ① 대응할 시간이 없을 때, ② 문제해결의 가능성이 보이지 않을 때, ③ 상대방의 힘과 양보의 정도를 파악할 수 없을 때, ④ 문제해결의 가능성은 보이지 않고 문제의

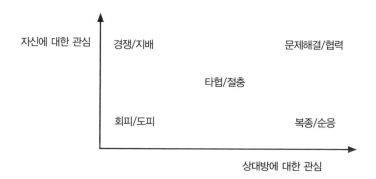

[그림 2-8] 이중관심모델(Rubin, Pruitt, & Kim, 1994)

핵심에 대한 파악도 어려우며 주위만 맴돌고 있을 때, ⑤ 상대
방으로부터 적당한 제안이나 양보가 없고 본인의 기대치를 훨씬
밑돌 때, ⑥ 여러 정황으로 미루어 볼 때나 서로의 갈등을 수면
밑으로 당분간 두는 것이 유리할 때, ⑦ 갈등당사자 서로가 갈등
자체를 모른 척하고 있을 때와 같은 경우에 사용된다.

· 복종(obliging): 자신에 대해서는 낮은 관심을, 상대방에 대해서
는 높은 관심을 보이는 복종은 자신의 이익은 희생하고 상대방
의 이익은 만족시키려는 방식으로, 순응(accommodating)으로
불리기도 한다. 복종은 ① 상대방의 논리에 설득당하였을 경우,
② 상대방의 논리에 100% 동의할 경우, ③ 애초부터 약속을 지
킬 생각이 없이 100% 양보하는 경우, ④ 단지 싸우는 것이 귀
찮아서 100% 양보하는 경우, ⑤ 상대방과의 관계가 무엇보다도
중요할 경우, ⑥ 불이익이 훨씬 많은 경우와 같이 주어진 환경이
나 자신이 처한 입지 등을 고려해서 자신이 약자의 위치에 있다
고 인식할 경우 선택된다.

· 경쟁(competing): 자신에 대해서는 높은 관심을, 상대방에 대
해서는 낮은 관심을 갖는 경쟁은 상대방의 이익을 희생시키면서
자신의 이익을 추구하는 방식으로, 지배(dominating)라고도 한
다. 경쟁은 ① 나의 힘이 상대방보다 우위임을 확신할 때, ② 나
의 논리가 상대방보다 우위임을 확신할 때, ③ 잃을 것이 없다고
판단될 때, ④ 상대방과의 관계가 중요하지 않거나, 최소한 나빠

지지 않는다고 생각될 때, ⑤ 신념이 확고할 때와 같이 상대방과의 관계를 전혀 고려치 않고 어떤 대가를 치르더라도 자신이 추구하는 목적을 달성하기 위하여 필요한 모든 조치를 취할 때 적용된다.

· 타협(compromising): 타협은 자신과 상대방에 대한 중간적인 관심을 의미한다. 즉, 상대방과의 관계나 서로 추구하는 목표에서 조금씩 손해를 보면서 상호 양보하는 선에서 협상하는 방식으로 ① 내 이익의 일부 손해를 감수할 때, ② 상대방과의 관계가 다소 소원해지는 것도 감수할 때, ③ 지금 다소의 손해를 감수하는 것이 장기적으로 이익이나 관계 면에서 유리하다고 판단될 때와 같은 상황에서 선택할 수 있는 전략이다.

· 문제해결(problem-solving): 문제해결은 자신과 상대방에 대해 높은 관심을 나타낸다. 즉, 자신과 상대방의 이익 모두를 만족시키려는 방식으로, 협력(collaborating)이라고도 한다. 이 방식은 상대와의 관계를 좋은 상태로 유지하면서 서로 원하는 목적을 100% 이상 확보하고자 하는 일종의 윈윈 방식으로 ① 문제해결의 능력이 있다고 믿을 때, ② 문제해결에 대한 추진력이 있을 때, ③ 모두가 100%의 만족을 할 수 있는 방법이 있다고 확신할 때, ④ 조정자를 구할 수 있을 때, ⑤ 나의 이익과 상대방의 이익, 그리고 나와 상대방과의 관계가 모두 중요할 때 선택된다.

Schwarz(2005)는 이들 방식에 덧붙여 조직에서 갈등을 제삼자에게 위임하는 것을 여섯 번째 갈등대응방식으로 제시한다.

· 제삼자에게 위임: 이 방식은 갈등을 제삼자에게 위임하는 것이다. 제삼자는 결정권한과 절차권한의 유무에 따라 구분된다. 결정권한을 갖는 제삼자로는 재판관과 중재인을 들 수 있고, 결정권한은 없고 절차권한만을 갖는 제삼자로는 직장 상사, 조정자, 모더레이터 등을 들 수 있다.

얼핏 보기에 이들 방식 중에 가장 이상적인 방식은 문제해결이고, 회피 또는 경쟁은 갈등을 건설적으로 해결하기에 부적절한 것으로 보일 수 있다. 하지만 다양한 갈등상황에서 각각의 대처방식에 대해 일률적인 판단은 쉽지 않은 일이다. 갈등 맥락, 내용, 이력, 당사자 그리고 상황적 조건을 감안하여 판단하여야 할 것이다. 여섯 가지 갈등대응방식은 각각 장점과 단점이 있다(〈표 2-6〉 참조). 상황에 따라 회피가 적절할 수도 있고 그 반대로 경쟁이 최선일 수도 있다

〈표 2-6〉 갈등대응방식의 장점과 단점(Kreyenberg, 2005)

갈등 대응 방식	장점	단점
회피	·에너지 절약, 고통 감소 ·위기 예방	·갈등 미해결, 단지 중단 상태일 뿐 ·학습효과가 없고 고통이 지속됨
	·적합한 상황 -해결방법이 없을 때 -상황을 진정시킬 필요가 있을 때	·부적합한 상황 -회피가 지속될 때 -갈등을 반드시 해결해야 할 때

복종	·수평적 · 수직적 분업 ·충돌 방시	·불평등한 관계의 고착화

	·적합한 상황
	 - 갈등 내용이 중요치 않을 때
	 - 상대방에 대한 관심이 더 중요
	  할 때
		·부적합한 상황
		 - 복종이 장기적인 전략일 때
		 - 장기적으로 창의적이고 수용가
		  능한 해결책이 필요할 때

경쟁	·상대방에 대한 승리 가능 ·적자생존을 통한 발전의 계기	·에너지 소진, 관계 악화로 인한 피해 ·발전 방해

	·적합한 상황
	 - 상대방과의 관계가 중요하지
	  않을 때
	 - 타협이 불가능한 상대방으로
	  부터 자신을 보호할 필요가 있
	  을 때
		·부적합한 상황
		 - 지속적인 관계의 유지가 중요할
		  때
		 - 결과의 동일성 확인이 중요할 때

타협	·상대방을 긍정적인 방향으로 움 직일 수 있음 ·부분적인 상호 이익이 가능	·불신 기조 ·절반의 해결과 절반의 관계유지

	·적합한 상황
	 - 대립이 첨예하고 시간적 여유
	  가 없을 때
	 - 구조적으로 공동의 해결책이
	  불가능할 때
		·부적합한 상황
		 - 지속적인 관계의 유지가 필요할
		  때
		 - 해결을 위한 개방적인 분위기
		  가 필요할 때

문제 해결	·창의적이고 안정적인 문제 해결 ·관계 유지 및 발전	·시간과 에너지 소비 ·해결책 실행을 위한 능력 필요
	·적합한 상황 - 새롭고 창의적인 해결책이 필 요할 때 - 해결 능력이 있을 때	·부적합한 상황 - 조속히 의사결정을 내려야 할 때 - 서로 폐쇄적이고 불신할 때

제삼자에 게 위임	· 제삼자의 관점에서 관찰과 해결 　책 모색 가능 · 책임감 없이 대화 지속 가능	· 갈등과 해결에 대한 책임감이 　없음 · 학습효과가 없음
	· 적합한 상황 　- 올바른 해결책이 있을 때 　- 상대방이 제삼자의 결정을 수 　　용할 때	· 부적합한 상황 　- 제삼자에게 위임을 장기적인 　　전략으로 삼을 때 　- 제삼자를 인정하지 않을 때

　실제적으로 갈등에 대처하기 위해서는 갈등 분석과 그 결과를 바탕으로 한 적합한 대응방식을 선택하는 것이 중요하다. 한 가지 대응방식만을 고집하는 개인 또는 집단에게는 이들 방식을 시의적절하게 활용할 수 있는 교육이 필요하다. 그 이유는 각각의 대응방식을 자유자재로 활용할 수 있는 정도에 따라 갈등의 긍정적인 측면도 충분히 이용할 수 있기 때문이다(Kreyenberg, 2005; Rubin, Pruitt, & Kim, 1994).

　이와 같은 갈등대응방식을 보면 갈등이 어떻게 전개될 것인지 그리고 어떻게 처리될 수 있는지를 간파할 수 있다. 다음에서는 갈등의 역동성에 초점을 맞춰 갈등 전개 과정을 갈등 고조의 측면에서 살펴보고자 한다.

7) 갈등 과정 및 고조

(1) 갈등진행경로

갈등은 장기간 중단되거나 변하지 않은 것처럼 보이는 경우도 있

지만 실제로는 정지된 갈등이란 없다. 모든 갈등은 역사를 가지고 있다. 과거 두 당사자 사이에서 시작된 갈등은 주위를 끌어들이고 정도가 약해지기도 강해지기도 하면서 그 특성과 형태가 변한다. 따라서 관찰된 갈등 형태는 그 관찰 시점에서의 특징만을 나타낸다. 관찰자가 있다는 것과 제삼자의 개입은 이미 갈등의 변화를 의미한다. 게다가 갈등은 고유의 역동을 지니고 있다. 그 역동은 갈등당사자들로 하여금 새롭게 방향을 바꾸고 적절한 해결책을 찾도록 한다. 이러한 갈등역동이 주는 해결압력은 일종의 에너지로서 갈등당사자에 의해 억제될 수도 있지만, 갈등당사자를 압도하여 반대로 그들을 지배하기도 한다. 다시 말해, 갈등당사자는 그 에너지를 통제해서 갈등을 해결하는 데 활용할 수도 있지만, 그 에너지가 분출되어 갈등당사자를 파괴시킬 수도 있다. 갈등의 진행경로는 시간적으로 과거, 현재, 미래로 구분하여 분석할 수 있다([그림 2-9] 참조).

· 현재 관찰: 현재 갈등상황은 어떤가? 어떤 이슈들이 있는가? 어떤 갈등당사자들이 연관되어 있거나 갈등사건에 관련되어 있는가?

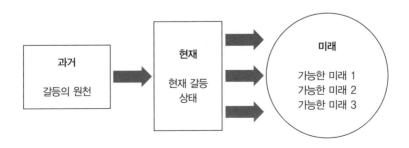

[그림 2-9] 갈등진행경로

· 과거 파악: 갈등징후는 언제 처음으로 나타났는가? 갈등이 오래 지속될수록 폭넓고 깊이 있는 개입이 이루어져야 한다. 언제부터 이해대립이 시작되었는가?

· 미래 예측: 현재 갈등상황을 관찰하면서 미래를 바라보는 것도 중요하다. 신뢰할 만한 시나리오기법(scenario technique)을 활용하면 갈등당사자의 행동이나 현재 대립이 앞으로 어떻게 발전할 것인지를 예측할 수 있다. 갈등당사자 중 한쪽이 강요하면 어떤 일이 벌어질 것인가? 입장이 좁혀지거나 외부에서 간섭하면 어떤 일이 발생할 것인가? 현재 긴장상태가 지속되면 갈등은 어떻게 발전할 것인가? 갈등이 다시 고조될 것인가? 아니면 갈등당사자들은 논쟁에 관심을 잃을 것인가?

물론 어떤 당사자는 갈등을 고조시킬 여건을 조성하여 갈등을 의도적이고 전략적으로 고조시킬 수 있다. 위험을 무릅쓰고라도 갈등을 가열시킬 수도 있지만 상대방의 반응을 임의적으로 정할 수는 없다. 쉽게 흥분하는 사람은 통제력을 잃는다. 갈등고조를 전략적으로 조절하기 위해서는 고조와 저감을 모두 할 수 있어야 한다. 고조와 저감 두 전략을 능숙하게 혼용할 수 있는 사람만이 갈등으로부터 지배받는 것이 아니라 갈등을 지배할 수 있다. 따라서 갈등당사자가 어떻게 대처하느냐에 따라 그 경로는 다양하게 나타난다.

(2) 갈등진행단계

갈등분석을 통해 갈등진행을 단계별로 구분할 수 있다. 각 단계는 갈등진행과정을 관찰하는 데 도움이 된다. 개인, 문화, 관계, 맥락, 갈등해결능력 등에 따라 갈등은 다양한 경로로 진행된다.

[그림 2-10]과 같이, 갈등은 실제로 네 단계로 진행된다(Kreyenberg, 2005).

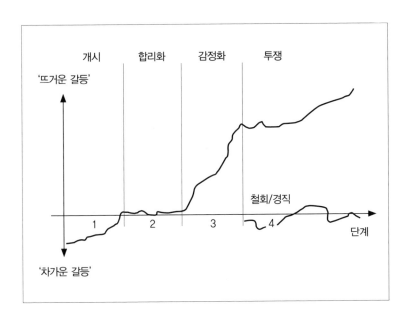

[그림 2-10] 갈등진행단계

단계 1: 개시

초기 단계에서 갈등은 일반적으로 잠복해 있거나 잠재된 상태로 가열된다. 예를 들어, 당사자 모두가 의식하지 못하거나 한쪽만 인

지한 불편함이나 구조적 모순은 이미 갈등을 예고한다. 아직 갈등으로 생각되지는 않지만 불쾌한 감정이 감지된다.

단계 2: 합리화

다음 단계에서 갈등은 은폐와 공개 사이에서 움직인다. 당사자 한 쪽 또는 양쪽에서 이상기후가 농후하다. 그럼에도 불구하고 당사자들은 싫은 내색을 하지 않으려 하고 문제해결 차원에서 논의를 통해 문제를 해결하고자 한다. 하지만 더 이상 전진하지 못한다. 열띤 토론을 벌이지만 은연중에 가시 박힌 말들이 오고 간다.

많은 경우 합리화 단계가 생략되고 곧바로 감정싸움이 벌어진다. 또는 반대로 감정 폭발 후에 합리화로 이어져 감정을 진정하거나 억제한다.

단계 3: 감정화

대개 갈등은 합리적인 논의를 통해 해결되지 않는다. 구조적이든 개인적이든 갈등의 근본 원인이 밝혀져 해소되지 않으면 좌절감이나 분노로 인해 팽팽한 긴장감이 더해 간다. 이 단계에서 특이한 점은, '뜨거운 갈등'을 의미하는 이미지(예: '뚜껑이 열린다.')와 감정이 섞인 언어(예: '이제 더 이상 참을 수가 없다.')가 주로 사용된다는 것이다. 감정적인 단계가 생략되면 곧바로 경직화 단계로 발전한다.

단계 4: 공개적 투쟁 또는 철회/경직

감정화 단계 마지막에 갈등은 '폭발'하여 본격적인 투쟁이 벌어진

다. 불꽃이 튀기고 목소리가 커진다. '비 온 뒤에 땅이 굳어진다.'는 속담처럼 폭발로 갈등이 해결될 수도 있다.

하지만 이런 폭발이 모든 상황이나 관계에서 가능한 것은 아니다. 예를 들어, 상사와 부하 사이에는 폭발이 불가능하다. 이런 경우에 폭발 에너지는 다른 방식으로 터질 수밖에 없다. 공개적인 대결이나 투쟁 대신에 내부파열(implosion), 즉 마음속에서 터지거나 만성적 질병이 되기도 한다.

내부파열은 갈등당사자의 심리적 철회를 의미한다. 즉, 내부파열이 되면 갈등당사자 중 한쪽은 냉랭한 상태로 침묵하거나 준법주의나 과잉적응과 같은 행동을 한다. 이렇게 얼어붙은 갈등은 상대방이 적극적으로 긍정적인 조치를 취하거나 온정적인 태도를 보여야만 해결된다.

내부파열이 없으면 갈등은 경직되거나 만성적인 상태로 지속된다. 이를 악물고 감정을 억제한 채 일을 한다. 경직되고 해결될 것 같지 않은 갈등은 흔히 조롱이나 빈정거림 등으로 표출된다. 폭발 이후에도 갈등이 완화되거나 아니면 대화나 해결로 이어지지 않고 또 다른 상처나 모욕으로 이어지면 갈등은 다시 경직될 수 있다.

(3) 갈등고조

갈등은 여러 요인으로 인해 발생하였다가 일련의 해결 과정을 거치면서 감소되거나 종국에는 완전히 소멸되기도 하지만, 경우에 따라서는 완전히 해소되지 않은 채 남아 있는 경우도 있고 다른 형태로 변형되어 다시 나타나기도 한다. 이처럼 갈등은 하나의 경로로만

진행되지 않는다. 갈등은 개인적 · 상황적 요소와 갈등당사자의 심리와 해결방법에 따라 다양한 경로로 진행된다(Krahè, 2001).

갈등고조 양상은 일반적으로 나선(spiral)에 비유하여 보복나선형과 보호나선형으로 구분된다(Glasl, 2003; Rapaport, 1976; Rubin, Pruitt, & Kim, 1994). 전자는 갈등 양 당사자가 상대의 위험한 공격행동에 대해 보복하고자 비난이나 분노로 반응하는 식으로, 후자는 상대의 위협적인 행동에 대한 두려움으로 자신을 보호하기 위해 반응하는 식으로 진행되는 갈등고조의 유형을 각각 의미한다. 이 두 유형의 예는 대부분의 갈등에서 쉽게 찾아볼 수 있다. 갈등상황에서 갈등당사자는 자신의 행동을 상대의 행동에 대한 불가피한 반응이라고 해석한다. 하지만 이러한 의미 및 경험 패턴은 한번 시작되면 중단되기 어렵다. 최악의 경우, 나선형으로 전개되는 갈등은 전쟁 등과 같이 첨예하게 고조됨으로써 모든 갈등당사자를 파멸시키고 무기력하게 하여 공멸상황으로 몰고 간다. 조직에서 공멸상황은 엄청난 비용과 피해를 낳는다(Disselkamp et al., 2004; Faller & Faller, 2014; Glasl, 2004; Regnet, 2007).

갈등고조를 상승기류에 비유하는 것은 널리 알려져 있고 이해하기도 쉽다. 하지만 이러한 비유로는 갈등 고조에 따른 갈등의 양적 · 질적 변화를 설명할 수 없다. 고조에 따른 변화 내용을 파악할 수 있다면 갈등의 '고조 상태'를 진단하여 그에 상응하는 효과적인 개입을 통해 더 이상의 고조를 예방할 수 있을 것이다. 갈등당사자도 고조상황에 적절히 대처할 수 있을 것이다. 이를 위해서는 교육이 필요하다. 그래서 고조 단계에 맞춰 전문조정자와 같은 제삼자가

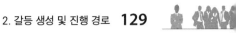

개입하는 것이 바람직하다(Glasl, 2003).

갈등이 고조되면 어떤 변화가 일어나는가? 질적으로 양적으로 어떻게 변형되는가? Glasl(2004)과 Rubin, Pruitt 그리고 Kim(1994)의 심리학적 갈등고조모델은 이들 질문에 대한 답을 찾는 데 적지 않은 도움이 될 것이다.

① 갈등고조와 질적 변화

Rubin, Pruitt 그리고 Kim(1994)은 갈등이 고조되면 질적으로 어떤 변화(transformation)가 보이는지 설명한다. 모든 갈등에서 반드시 질적 변화가 일어나는 것은 아니지만 대부분의 갈등에서 그 개연성은 매우 높다.

· 가벼운 것에서 강한 것으로: 갈등 초기 단계에서 갈등당사자는 자신의 이익을 주장하고 관철시키기 위해 비위를 맞추거나 설득하는 등 가벼운 수단을 동원한다. 갈등이 진행되면서 이러한 수단은 위협 또는 폭력 등으로 점차 더 강한 것으로 대체된다.

· 작은 것에서 큰 것으로: 갈이 점차 고조되면 새로운 이슈들이 첨가되면서 갈등당사자들은 점차 암흑의 구렁텅이로 빠져든다. 이슈들은 경중을 따질 수 없이 모두 중요한 것으로 간주된다. 또한 갈등이 고조되면서 갈등당사자는 필요한 자원들이 점차 많아지고 더 많은 에너지를 갈등에 투입하게 된다.

· 구체적인 것에서 일반적인 것으로: 이슈는 점차 증가하면서 일
  반적인 이슈로 바뀐다. 갈등 초기에 구체적이었던 갈등 내용은
  점차 일반적인 것으로 변한다. 따라서 짧은 시간에 갈등당사자
  들은 서로 양립할 수 없는 입장, 태도, 신념으로 대립하게 되고,
  이어서 상대방과의 관계까지 문제시된다.

· 이익 주장에서 자신의 승리와 상대방 피해 주기로: 갈등 초기에
  는 자신의 이익 추구와 유리한 결과가 중요하다. 하지만 갈등
  이 고조되면 이러한 개인주의적인 태도에서 점차 경쟁적인 태도
  로 바뀐다. 상대방보다 더 많은 이익을 보고 승리자가 되고자 한
  다. 자신의 목표만 중요해진다. 상대방에게 자신의 고통보다 더
  큰 고통과 피해를 주는 것이 목표가 된다.

· 소수에서 다수로: 갈등에 관련한 개인이나 집단이 점차 늘어난다.
  갈등 초기에는 갈등에 관련된 개인이나 집단이 제한적이지만, 갈
  등이 진행되면 갈등당사자는 더 많은 주위 사람들을 끌어들여 동
  맹을 맺고 상대방에게 대항하기 위한 전선을 구축하고자 한다.

이러한 변화를 이해함으로써 갈등 고조의 정도와 질적 변화를 파
악할 수 있으며, 적절한 조치로 갈등 고조를 예방할 수 있다.

② 논쟁, 승부, 투쟁
갈등을 저지하는 개입이 없으면 갈등역동은 갈등을 논쟁(debates),

승부(games), 투쟁(fights)의 세 단계(Rapaport, 1976)로 고조시킨다 ([그림 2-18]).

- 논쟁: 갈등이 시작되는 초기에는 대개 논쟁이 있기 마련이다. 즉, 갈등당사자들은 서로 다른 의견을 제시하면서 상대방을 말로 설득하려 한다. 갈등당사자들은 상대방에 대해 공통점을 가진 파트너로 간주한다. 이 단계에서는 모두 이기는 '승-승'이 가능하다. 논쟁을 통해 합의가 도출되지 않으면 갈등은 갈등당사자 중 한쪽을 자극한다. 그러면 그는 참을성을 잃고 말보다는 행동을 하게 된다.
  예: 프로젝트팀의 두 팀원이 신규프로젝트 추진일정이 비현실적이라고 한다. 팀에서 현실적인 방안을 놓고 언쟁이 벌어진다.

- 승부: 승부를 가르는 행동은 상대방으로 하여금 불리하게 행동할 수밖에 없는 상황으로 몰아가 체면을 깎기 위한 것이다. 예를 들면, 의도적으로 문제를 일으켜 주위 사람이나 상사가 알도록 하는 것이다. 이런 행동은 전략적으로 상대방을 무력화하여 꼼짝 못하도록 하기 위한 작전이다. 이 단계에서 상대방은 적이 된다. 서로 상대방을 이기려는 '승-패' 상황이 전개된다. 이기지 못할 경우, 전투를 통한 필승의 결의를 다진다.
  예: 두 직원이 대형 프로젝트 매니저 자리를 놓고 경쟁한다. 둘은 서로 계획적인 행동(예: 험담, 편짜기, 경영진과의 접촉 등)으로 상대방을 끌어내리려 한다.

· **투쟁**: 투쟁은 갈등을 종식시키는 마지막 수단이다. 투쟁은 처음에 정중한 방법(예: 재판)으로 시작된다. 하지만 이마저도 수포로 돌아가면 더 이상 주저할 게 없다. 상대방을 위협하고 불법적인 방법(예: 집단따돌림, 태업)으로 신체적 폭력까지 행사한다. 그 목적은 원수가 된 상대방을 굴복시키는 것이다. 극단적인 경우 자신을 희생해서라도 상대방을 제거하려 한다. 이 단계는 갈등 양당사자 모두 패자가 될 수 있는 '패-패' 상황이다.

예: 새로 부임한 젊은 사장이 새로운 판매 전략을 지시했지만 노련한 부장은 그 전략을 따르려 하지 않는다. 사장은 부장에게 타 부서로 옮기든지 아니면 퇴사할 것을 종용한다.

③ 갈등고조 9단계

세계적인 갈등연구가 Glasl(2004)은 가족, 조직, 국가 등에서 발생한 5천여 개 갈등 사례를 분석한 결과를 바탕으로 Rapaport (1976)의 세 단계 모델을 더 세분하여 갈등고조 9단계모델을 제시한다. 이 모델에 따르면 갈등은 9단계를 거치는 역동적 과정으로 고조된다. [그림 2-11]에서 보는 바와 같이, 갈등고조는 내리막길을 달리는 고속열차와 같다. 갈등당사자는 밑을 향하여 달리는 갈등에 엄청난 에너지를 소진한다. 하지만 자신과 갈등 진행을 통제할 힘은 점점 줄어든다. 갈등은 파국의 정점을 향하여 하강한다. 정점을 향해 달리는 갈등에 몸을 실은 갈등당사자는 경솔하고 비합리적인 행동 패턴을 보이며 결국에는 최후의 결전을 벌이는 투사가 되기도 한다. 그렇지만 갈등을 해결할 방안은 점차 줄어들고 행동의 여지도 점차 좁아진다. 갈등이 고조되면서 갈등당사자의 능력은 한계에 이르고 동조하던 개인 또는 집단이 이탈하면서 갈등은 극단적으로 고

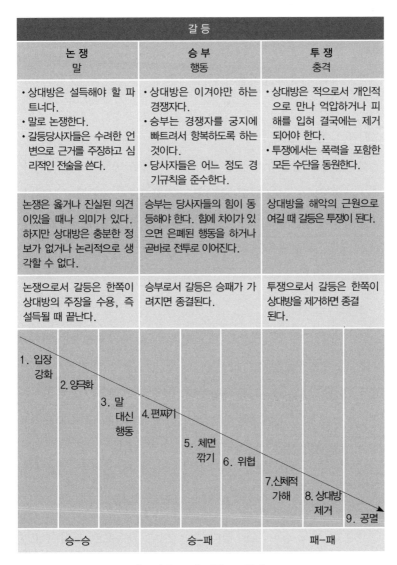

갈 등		
논 쟁 말	승 부 행동	투 쟁 충격
• 상대방은 설득해야 할 파트너다. • 말로 논쟁한다. • 갈등당사자들은 수려한 언변으로 근거를 주장하고 심리적인 전술을 쓴다.	• 상대방은 이겨야만 하는 경쟁자다. • 승부는 경쟁자를 궁지에 빠트려서 항복하도록 하는 것이다. • 당사자들은 어느 정도 경기규칙을 준수한다.	• 상대방은 적으로서 개인적으로 만나 억압하거나 피해를 입혀 결국에는 제거되어야 한다. • 투쟁에서는 폭력을 포함한 모든 수단을 동원한다.
논쟁은 옳거나 진실된 의견이 있을 때나 의미가 있다. 하지만 상대방은 충분한 정보가 없거나 논리적으로 생각할 수 없다.	승부는 당사자들의 힘이 동등해야 한다. 힘에 차이가 있으면 은폐된 행동을 하거나 곧바로 전투로 이어진다.	상대방을 해악의 근원으로 여길 때 갈등은 투쟁이 된다.
논쟁으로서 갈등은 한쪽이 상대방의 주장을 수용, 즉 설득될 때 끝난다.	승부로서 갈등은 승패가 가려지면 종결된다.	투쟁으로서 갈등은 한쪽이 상대방을 제거하면 종결된다.

1. 입장 강화
2. 양극화
3. 말 대신 행동
4. 편짜기
5. 체면 깎기
6. 위협
7. 신체적 가해
8. 상대방 제거
9. 공멸

승-승	승-패	패-패

[그림 2-11] 갈등고조단계

조된다. 단계가 높아질수록 상대에 대한 압박이 강해진다. 초반부에서는 기존의 신뢰관계를 바탕으로 외부의 조언 또는 개입 등을 받아들이려 하나, 후반부로 갈수록 독단적이고 극단적인 판단과 행동을 한다. 따라서 개입은 대화가 가능한 초반부에서 시도하는 것이 적절하다.

각 단계를 기술하면 다음과 같다.

단계 1: 입장 강화

갈등당사자 쌍방의 입장이 강해지면서 서로 충돌하고 긴장한다. 생각을 바꾸기도 하고 말실수도 한다. 긴장감으로 자유롭지 못하다. 당장 합의는 불가능하며 상대방에게 따져야 한다는 마음이 앞선다. 그러나 대화를 통해 해결책을 찾을 수 있다고 확신한다.

단계 2: 양극화

갈등당사자는 더욱 단호한 태도를 보인다. 자기주장만을 내세워 상대방을 일방적으로 설득하려 한다. 극단적 사고, 감정, 의지를 보이며 자신의 편을 들어 줄 제삼자를 찾는다. 흑백논리로 합리적인 것처럼 주장한다. 상대방의 말과 자신의 주장이 뒤섞이며 상대방보다 우위에 서기 위해 입씨름한다.

단계 3: 말 대신 행동

이제 더 이상 말이 필요 없다.'는 식으로, 행동으로 보여 주고자 한다. '우리-감정', 의견 표현, 공감능력이 약해지면서 상대방의 행동에 대한 오해가 커진다. 갈등이 구체적인 행동으로 드러나기 시작한다. 상대방을 폄하하고 그의 약점을 주위에 알린다. 시비조 말투와 신경전이 본격화된다.

단계 4: 편 짜기

갈등은 내용에서 관계로 옮겨 간다. 갈등해결에 대해 회의적이고 오직 승패에만 집중한다. 자신과 자신의 행동에 대해서는 긍정적인 이미지를 갖지만 상대방에 대해서는 적이미지(enemy image)를 갖는다. 갈등과 관련 없는 타인들에게 자신의 행동의 정당성을 알리고 도움을 청하며 편 짜기를 한다.

단계 5: 체면 깎기

더 이상 신뢰할 수 없는 상대방을 공개적으로 비난하고 약점을 폭로함으로써 난처하게 만든다. 악마와 같은 상대방에게 모든 책임을 돌리고, 복수, 반칙, 피장파장식의 행동을 한다. 모욕, 폭력, 좌절과 고립의 정도가 급속히 높아진다.

단계 6: 위협

사실 문제를 떠나서 남은 것은 오직 상대방에 대한 위협뿐이다. 올가미에 걸린 듯 서로 자신이 만든 막다른 골목에 내몰린다. 스트레스는 최고조에 달하고 감정을 제멋대로 표현한다. 물리적 힘을 과시하고 폭력을 행사하고자 하며, 자제력을 잃고 비합리적인 행동을 한다. 이제 갈등은 자체 동력으로 전진하기 때문에 아무도 통제할 수 없다. 삶이 갈등에 휩싸여서 더 이상 벗어날 길이 없다.

단계 7: 신체적 가해

상대방은 자신을 지키기 위한 '표적물'일 뿐이다. 상대방을 이길 수는 없지만, 생존에 충격을 줄 만큼의 신체적 피해를 가하는 것이 곧 승리이자 최상의 목표다. 갈등당사자 간 대화는 완전히 단절되고 일방적인 통보만 있을 뿐이다.

단계 8: 상대방 제거

상대방을 제거하는 데 자신의 모든 것을 바친다. 상대방의 가족, 조직 등 모든 것이 공격의 대상이다. 주위를 의식하지 않으며 자신을 희생해서라도 상대방을 제거하려 한다. 윤리나 도덕 따위에는 아랑곳하지 않는 인면수심의 상태가 되지만 자신의 생명만은 유지하려 한다.

단계 9: 공멸

상대방을 제거하기 위해 기꺼이 자신의 목숨도 바치는 전면전을 벌인다. 더 이상 돌이킬 수 없는 최악의 상황이 된다. 상대방과 함께 죽는 것이 한 가닥 희망이다.

Glasl(2003, 2004)은 갈등고조 9단계를 세 단계로 구분하고, 각 단계에서 가능한 갈등처리방법을 다음과 같이 제시한다.

·승-승 단계(1~3단계): 갈등당사자 쌍방이 스스로 갈등을 해결할
수 있는 상황이므로 의사소통 훈련을 통해 자율적으로 모두가
수용할 수 있는 상생의 해결책을 강구할 수 있다.

·승-패 단계(4~6단계): 당사자 일방이 상대방의 희생을 담보로
하여 승리하는 제로섬 게임(zero-sum game)만 가능한 상황이
다. 갈등은 당사자의 자력으로 저지될 수 없을 만큼 고조된다.
갈등을 해결하기 위해서는 제삼자의 개입이 필요하다.

·패-패 단계(7~9단계): 당사자 모두가 패자가 될 뿐이다. 상대방
'원수'를 완전히 제거하는 데 주력한다. 제삼자의 도움이 불가
능하다. 파국을 막는 방법은 외부 권력의 개입이다.

갈등고조 9단계모델은 모든 갈등 영역과 차원에 적용 가능하다.
일반적으로 갈등이 고조되면 9단계를 거치지만, 그렇다고 모든 단계
가 필연적인 것은 아니다. 갈등당사자는 각 단계에서 적절히 대처할
수 있다. 단계를 뛰어넘을 수도 있고 위아래로 넘나들거나 특정 단
계에 머물러 소강 상태를 보이기도 한다. 갈등 양 당사자가 동일한
단계에 있을 수도 있고 또 서로 다른 단계에 있을 수도 있다. 하지만
마지막 단계로 갈수록 극단화되는 경향이 나타난다.

이 모델의 가장 큰 장점은 각 단계를 포괄적으로 자세히 기술하고
있다는 것과 제삼자가 갈등고조의 정도와 이력을 이해하는 데 유용
한 사고도구(thinking tool)로 활용할 수 있다는 것이다.

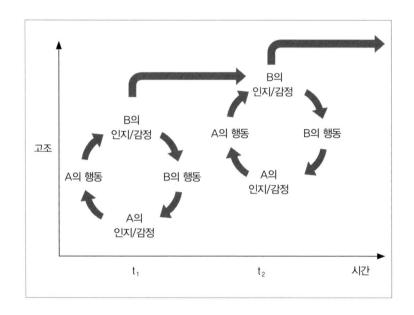

[그림 2-12] 악순환고리

(4) 악순환고리

갈등고조의 가장 큰 원인은 서로 상대방 탓을 하고 자기방어적인 언쟁을 하면서 공격과 역공격을 주고받는 이른바 보복의 '악순환' 고리에 있다([그림 2-12] 참조). 악순환고리는 갈등당사자 간 상호작용에서 표출되는 과거 경험과 자극-반응 행동으로 형성된다. 그 과정은 다음과 같다.

A는 적대적이든 좋은 의도이든 말이나 행동을 한다. B는 A의 행동이 자신의 이해관계를 위협한다고 인지하고 분노한다. 분노는 자신을 방어하기 위해 에너지를 동원하는 것이다. 분노의 에너지는 문제해결을 위해 건설적으로 사용되지 않으면 회피나 강압이라는 자

기방어적인 행동으로 이어진다. 이러한 행동은 위험한 상황에서 무의식적인 생존전략이다. 하지만 A가 B의 행동을 의도적이라고 인지하고 분노해서 역공을 가하면 A, B 모두 스스로 빠져나올 수 없는 끝없는 보복의 악순환고리가 형성되어 패배를 인정하는 것 외에는 멈출 수 없는 상황이 된다.

공격과 역공, 힘겨루기를 통하여 서로 강요를 하게 되면 감정은 고조되어 보복으로 이어지거나 심지어는 폭력으로 진전되는 악순환을 낳는다. 또한 대화를 중단하고 서로 피하는 것은 관계를 약화시키거나 소원하게 함으로써 관계의 단절을 초래하기도 한다. 보복의 악순환고리는 갈등에서 가장 전형적이고 보편적인 상호작용의 한 형태다.

갈등당사자는 관찰한 사실에 의미를 부여하여 실재를 구성한다. 따라서 자신이 피해를 입었다고 하는 문제도 구성된 것이다. 객관적인 문제란 존재하지 않는다. 문제란 주관적이다. 갈등당사자에게 고통스러운 문제라도 상대방에게는 전혀 다르게 보일 수 있다. 기존의 의미가 변하지 않으면 문제도 변하지 않는다(Berkel, 2005; Haberleitner, et al., 2009).

갈등당사자는 문제가 발생하면 상대방에게서 그 원인을 찾는다. 무엇이든 찾아내어 자의적으로 원인이라고 규정하고 이를 제거하기 위해 힘을 쏟는다. 문제를 해결하기 위해서는 '상대방이 변해야 한다.'는 것이다. 그 일념으로 칭찬, 설득, 징벌 등 온갖 방법으로 상대방을 변화시키려 한다. 하지만 변화의 압력은 또 다른 압력을 낳는다. 압력을 느끼면 누구나 저항하기 마련이다. 결국 갈등 양 당사자는 모두 좌절감에 빠지게 된다.

체계론적 관점에서 보면, 사람은 자기 자신만을 변화시킬 수 있다. 물론 자신의 행동을 변화시킴으로써 주위 사람의 행동에 간접적으로 영향을 미칠 수 있다. 하지만 상대방이 받을 영향은 예견할 수도 계획할 수도 없다. 갈등당사자는 상대방의 행동, 즉 외부로부터의 자극에 늘 같은 방식으로 반응하는 경향이 있다(자극-반응의 자동성). 이로부터 악순환고리가 생긴다. 갈등당사자는 자신의 행동이 상대방에게 특정한 느낌과 반응을 불러일으켰다는 사실을 의식하지 못하기 때문이다. 하지만 문제의 원인은 상대방에게만 있는 것이 아니다. 갈등당사자 자신에게도 원인이 있다.

악순환고리에 빠진 갈등당사자는 모두 자신이 유일한 희생자라고 생각한다. 상대방도 갈등으로 인한 희생자임을 고려하지 못한다. 자신만이 옳다는 생각에 상대방의 행동을 부정적으로 보고 이에 투쟁을 선포하거나 합리화하기까지 한다. '범인' '원인 제공자' '문제아'는 언제나 상대방이다.

악순환고리는 고유한 역동을 지니고 있다. 과거에 쌓인 불미스러운 사건들로부터 생성된 역동 에너지는 "자라보고 놀란 가슴, 솥뚜껑 보고 놀란다."는 말처럼 갈등에서 그 위력을 발휘함으로써 악순환을 더 강화시킨다.

악순환고리에 빠진 갈등당사자는 흔히 "상대방이 ……하니, 나도 ……할 수밖에 없다."고 한다. 잘못은 늘 상대방에게 있다. 자신의 모든 행동은 상대방의 '악한' 행동에 대한 반응일 뿐이다. 시작은 늘 상대방이 했다.

"상황이 더 나빠진다."고도 한다. 갈등당사자는 자신이 할 수 있는 행동만 했을 뿐이리고 생각하기 때문에 동일한 행동을 반복하고 그 빈도도 점차 증가한다. 상대방의 반응도 변하지 않고 빈도만 점점 더 늘어난다. 서로에 대한 적대적 행동이 더 격해지면서 더 깊은 악순환고리에 빠진다.

"그 사람과는 늘 똑같다."고도 한다. 반복되는 악순환 속에서 계속 돌고 돈다. 악순환고리는 끊기 어렵다. 서로 상대방의 행동에 문제의 원인이 있다고 생각하며 그 원인을 제거하기 위해 자신의 행동을 계속 강화한다. 서로 불신이 크기 때문에 대화도 되지 않는다. 시간이 갈수록 상황은 더 악화된다.

갈등당사자 모두 문제에 책임이 있기 때문에 단순히 각자의 통찰만으로는 아무것도 변화시킬 수 없다. 제삼자만이 악순환을 중단시킬 수 있다. 제삼자는 갈등당사자들로 하여금 악순환을 인식하고 분석하도록 도와줄 수 있다. 이에 성공하면 갈등 양당사자는 자극-반응의 모델에서 벗어나 다른 행동을 할 수 있다. 다른 행동으로 인해 상대방의 반응도 달라지면 악순환 고리가 끊어질 수 있다. 서로 상대방의 행동에 긍정적으로 반응하면 '선순환고리'가 형성된다.

(5) 갈등고조기제

악순환은 대칭적(symmetrical)이거나 상호보완적(complementary)이다. 대칭적 악순환에서는 갈등 양 당사자가 동일한 행동을 한다. 예를 들어, 갈등당사자 일방이 협박하면 상대방도 협박으로 맞선다. 상호보완적 악순환에서는 갈등 양 당사자의 행동이 서로 보완적으

로 행해져서 강화된다. 이러한 역동은 조직에서 반복해서 비판하는 상사와 이에 대해 점점 더 의기소침해지는 부하직원 사이에서 볼 수 있다(Watzlawick, Beavin, & Jackson, 2000).

이러한 악순환고리에서 긴장을 유발하고 갈등을 고조시키는, 이른바 심리사회적 고조기제(escalation mechanism)는 다양하다(Glasl, 2004; Kreyenberg, 2005). 대표적인 고조기제를 살펴보면 다음과 같다.

· 일반화(generalization): 갈등당사자는 갈등주제를 확대 해석함과 동시에 상대방과 그의 행동을 선택적으로 인식한다. 편협한 인식으로 고정관념에 빠져 상대방의 일부 특징만으로 일반화해서 오해와 갈등주제가 더욱 커진다. 상황이 점차 불분명하고 복잡해지면 모든 문제의 원인을 단순화하려 한다. 단순화는 긴장이 고조되는 복잡한 갈등상황에서 더 강하게 나타난다. 갈등당사자는 자신의 입장을 더욱더 강하게 내세우며 사실과 주장을 혼합하여 상대방을 설득하려 한다. 또한 마음의 문을 닫는다.

· 구두점 찍기(interpunction): 구두점 찍기는 행동과 반응의 악순환을 의미한다. 갈등당사자 각자는 자신은 단지 상대방의 행동에 대해 반응할 뿐, 자신이 먼저 자극적인 행동을 한다고는 생각지 않는다. "나는 다른 방도가 없다. 상대방의 공격에 맞서거나 나를 보호할 뿐이다." 갈등의 객관적인 원인을 찾기보다는 책임소재를 찾는다. 답을 찾을 수 없는, 끝없는 '네 탓' 식의 질

문을 Watzlawick, Beavin, 그리고 Jackson(2000)은 구두점 찍기 문제라고 성의한다.

· 투사(projection): 투사는 자신의 성격적 약점 또는 결함과 행동 방식을 부인함으로써 긴장을 억누르는 것이다. 상대방의 나쁜 성격이나 약점을 보게 되면, 일종의 보상으로 상대방을 공격하고 갈등 대상으로 삼는다. 상대방이 모든 문제의 원인이다. 갈등이 부정적으로 진행되는 것은 모두 상대방 탓이다. 상대방이 일으킨 문제는 부각시키고 자신의 과실은 감추고 잊으려 한다

· 적이미지(enemy image): 적이미지는 갈등이 사실 차원에서 관계와 심리 차원으로 전환되는 역동을 의미한다. 갈등당사자는 실질적인 갈등주제보다는 상대방을 공격하는 데 전력을 쏟는다. 문제의 원인을 상대방의 성격 때문이라고 단순화하여 상대방을 고정관념적으로 인식한다.

· 자기충족적 예언(self-fulfilling prophecy): 자기이행적 예언은 단순한 현실주의(naive realism)와 연관된 인식의 주관성을 일컫는다. 갈등당사자는 세계와 사회적 사건에 대한 자신의 생각이 객관적 실재와 일치하므로 상대방도 자신과 동일하게 세계를 인식해야 한다고 생각한다. 타인에 거는 기대를 중심으로 한 사고가 인식과 행동을 결정한다. Glasl(2004)의 '비관적 기대'에 대한 설명에 따르면, 갈등당사자는 상대방의 활발한 행동에 대해

자신의 자의적인 비관적 기대에 맞춰 협박으로 해석하고, 자신의 판단이 전적으로 옳다는 확신 속에 상대방에게 역협박으로 반응한다. 이에 대해 상대방이 협박을 운운하면, 비록 상대방이 협박할 의도가 없었더라도 자신의 애초 비관적 기대가 확증된 것으로 간주한다.

· 퇴행(regression): 갈등이 고조되면 갈등당사자는 성숙한 행동보다는 미발달단계로 회귀하여 사춘기적인 유치한 행동을 하게 되는 퇴행을 보인다. 갈등이 고조되면 갈등당사자는 발전이 아니라 퇴보한다.

· 유령(demonized) 영역: 행동을 감정적으로 통제하기 어려운 갈등당사자의 행동은 의도한 결과를 낳기도 하지만 의도하지 않은 부작용을 유발하기도 한다. 의도한 것과 의도하지 않은 것 모두 다시 자신의 행동에 영향을 미친다. 상대방의 행동을 왜곡하여 경험하고 해석하기 때문에 새로운 상황에 맞는 반응을 해야 한다고 믿는다. 하지만 역동적인 심리사회적 과정에 매몰되어 있는 상대방의 입장에서 보면, 그 '반응'은 갈등의 확산에 다름 아니다. 이러한 갈등당사자 사이의 악순환과정은 쌍방 모두가 책임지지 않는 유령 영역이 된다.

이와 같은 고조기제들을 그대로 두면 갈등은 빠르게 자체 동력으로 움직이기 때문에 통제하기 어려워진다. 갈등이 이들 기제에 의해

고조된다는 것은 갈등처리를 하는 데 있어서 반드시 고려되어야 할 사항이다. 이들 기제를 이해하고 갈등의 자체 동력을 끊고 그 속에 숨은 에너지를 갈등처리에 활용하는 것이 중요하다.

8) 갈등 결과 및 영향

갈등은 수많은 갈등에피소드를 통해 종결될 때까지 진행된다. 진행결과는 〈표 2-7〉과 같이 세 측면에서 살펴볼 수 있다.

〈표 2-7〉 갈등 결과 및 영향

결 과	과 정	영 향
신념과 변화	갈등당사자가 신념, 태도 그리고 행동을 바꾼다. 갈등당사자는 상대방의 의견을 수용하거나 새로운 의견을 따른다.	· 해결: 실질적으로 갈등이 해결되어 더 이상 반복되지 않는다.
승과 패	한쪽은 이기고 다른 쪽은 진다. 승과 패는 실제 삶이 아니라 승부에서 이루어진다. 즉, 승자는 적을 만들고 패자는 복수를 다짐한다. 따라서 승패에 따른 결과는 현재 힘의 관계 내에서만 한시적으로 유효하다.	· 규제: 원칙에 따라 승패 또는 무승부가 가려지면서 갈등이 종결된다. · 봉합: 잠정적으로만 종결된 갈등은 재발될 수 있다. · 반복: 한 당사자가 결과를 수용하지 않거나 형식은 다르지만 내용은 같은 '가짜 갈등'으로 다시 시작된다.
피해 확인과 새로운 시작	전면전 이후에 생존자는 피해를 파악하고 새로운 시작을 도모하는 길밖에 없다.	· 상대방이 없기 때문에 고통(피해 또는 손실)을 마음속으로만 해소할 수 있다.

갈등의 결과와 영향은 갈등당사자의 심리사회적 특성, 즉 갈등을 내면적으로 또는 상대방과 함께 해결할 수 있는 능력에 달려 있다. 따돌림 피해자 경우처럼 관찰자의 관점에서 보면 종결된 갈등이지만 갈등당사자의 내면에서 계속 지속될 수 있다.

3. 감정, 공정성 그리고 갈등

앞에서 기술한 갈등 고조 9단계를 보면 갈등이 얼마나 빠르게 질적으로 변화하는지 그리고 감정들이 어떻게 작용하는지 알 수 있다. 감정이 제외된 갈등은 생각조차 할 수 없다. 따라서 이 절에서는 갈등에서 감정의 작용과 그와 연관된 공정성의 의미에 관해 살펴보고자 한다.

1) 갈등과 감정

앞에서 언급하였듯이(54쪽) 갈등을 '뜨거운 갈등'과 '차가운 갈등'으로 구분하는 것은 갈등에서 감정이 차지하는 부분이 크기 때문이다(Glasl, 2004). 감정의 골이 깊어지면 갈등은 점차 치열해져 감정 그 자체가 문제시되는 경우가 많다. 감정이 격해져 흥분한 상태에 있는 갈등당사자는 비합리적이고 예상하기 어려운 행동을 하며 매사를 부정적으로만 생각하는 경향을 보인다. 따라서 일각에서는 조직 갈등을 관리하는 데 있어 감정이 격해지면 갈등을 억제하거나 해결하기 어려우므로 감정을 아예 배제시켜야 한다는 주장도 있다. 즉, 갈등은 문제에 충실해서만 처리되어야 한다는 것이다.

하지만 학문적으로나 실제 일상에서 보면, 감정이 인간의 체험과 행동을 구성하는 본질적인 요소임은 틀림없다. 인지와 감정 그리고 이 둘 간의 관계를 둘러싸고 의견이 분분하지만, 감정이 인간의 행위에 매우 중요한 의미를 지닌다는 것에는 의심할 여지가 없다(Merten, 2003; Otto, Euler, & Mandl, 2000). 최근에는 감성지능(emotional intelligence)과 같은 감정 관련 개념들이 일상적으로 사용되고 있다 (Goleman, 1995; Schulze, Freund, & Roberts, 2006). 물론 이들 개념에 대해서는 적지 않은 논쟁이 있지만, 감정 관련 서적이나 교육 프로그램이 성시를 이루고 있다. 감정은 일상에서와 같이 갈등에서도 배제할 수 없다. 그렇다면 감정을 어떻게 처리할 것인가?

감정은 갈등과 떼어 놓을 수 없는 갈등의 핵심 요소임을 인식하고 수용하는 것이 감정 처리를 위한 출발점이다(문용갑, 2011; Fisher et al., 2002; Lewicki, Saunders, & Minton, 2007). 갈등과 감정의 관계를 살펴보면(Jones & Brinkert, 2008) 다음과 같다. 첫째, 갈등은 감정적으로 규정된다. 즉, 갈등을 야기하는 특별한 사건은 감정을 유발하는 사건이기도 하다. 예를 들어, 상대가 나의 일을 방해한다고 인식하거나 목표와 현실 사이에서 감지하는 차이는 감정을 유발한다. 감정과 갈등을 유발하는 조건은 동일하기 때문에 우리가 갈등 상황에 놓였다는 것은 우리가 감정적으로 자극받았다는 의미이기도 하다. 어떤 상황을 갈등이라고 규정해 주는 감정적 반응이 일어나기 전까지는 우리는 스스로 갈등상황에 있다는 것을 깨닫지 못한다. 둘

째, 감정은 가치관을 반영한다. 우리가 특정한 감정을 느낀다는 것은 가치관의 영향을 받은 것이고, 우리의 가치관은 감정으로 드러난다. 우리가 감정적으로 되는 것은 사소한 사안이 아니라 옳고 그름, 좋고 나쁨, 부당과 정당 등 가치와 관련된 사안 때문이다. 셋째, 감정은 정체성을 반영한다. 갈등상황을 인식하고 자신의 감정을 이해하기 위해서는 내가 누구인지를 이해하는 것이 무엇보다 중요하다. 자신에 대한 인식이 부족하면 감정적 경험도 하지 못한다. 감정적인 문제를 해결함으로써 자신의 정체성은 좀 더 명확해질 수 있다. 넷째, 감정은 권력관계를 나타낸다. 감정은 권력과 사회적 지위에 영향을 받고 영향을 미치기도 한다. 감정은 현재의 관계뿐 아니라 과거의 관계를 이해하는 데 중요한 역할을 한다. 특히 동료 간 갈등에서 감정은 둘 사이에 존재하는 권력과 사회적 지위에 대해 이해할 수 있는 실마리가 된다. 그런 감정을 이해하면 갈등해결의 가능성도 높아진다. 당사자들이 자신들의 관계를 어떻게 규정하고 있는지도 감정을 통해 알 수 있다. 관계의 지속 여부도 감정에 따라 달라진다.

갈등상황에서 감정은 억지로 억누른다고 해서 사라지는 것이 아니다. 억누르면 오히려 더 강해지고 조절하기 어려워진다. 조절되지 않고 제멋대로인 감정이 어떠한 결과를 초래하는지는 앞에서 언급한 갈등고조 9단계모델에서 짐작할 수 있다.

갈등에서 감정의 중요성을 인식한다는 것은 감정을 참고 억누른다는 뜻이 아니다. 오히려 자아성찰을 통해 감정을 건설적으로 처리해서 갈등해결에 유용하게 활용하는 것이 중요하다. 갈등조정에서도 갈등당사자는 자신의 감정을 스스로 풀 수 있어야 한다. 조정자가 감정을 이해해 주면 갈등당사자는 조정자와 조정 절차를 신뢰할 뿐 아니라 공동으로 해결책을 찾고 싶은 마음이 생긴다.

조정에서는 감정을 방해요소로 배제하거나 무시할 것이 아니라 그 의미를 이해하고 처리한다. 감정 속에는 갈등을 이해하는 데 필요한 많은 정보들이 들어 있다. 〈표 2-8〉에 따르면, 인지적 감정모델에서 상황과 자신의 행동에 대한 주관적 평가에는 반드시 감정이 개입된다. 갈등당사자의 감정에서 그의 관심사와 욕구를 파악할 수 있다. 감정의 강도는 갈등당사자가 입은 피해의 정도를 나타낸다. 이러한 점들을 인지적 측면에서만 다루려 한다면 곧바로 한계에 부딪칠 수밖에 없다. 갈등당사자는 대개 자신의 관심사와 욕구를 분명하게 표현하지 못하기 때문이다. 조정자는 갈등당사자로 하여금 자신의 감정적 반응에 대해 스스로 성찰할 수 있도록 도

〈표 2-8〉 인지적 감정모델

구 분	특 징
경험	모든 감정은 고유의 경험적 속성을 지닌다. 분노는 슬픔이나 즐거움과 다르게 느껴진다.
인지	감정은 인지, 즉 자극 상황에 대한 평가 및 인식에 근거한다. 감정은 개인의 동기가 중요하며 그 동기 이면에는 어떤 평가가 숨겨져 있는지에 대한 정보를 담고 있다.
표현	감정은 몸짓, 얼굴 표정, 말투, 근육 움직임 등을 통해 고유한 방식으로 표현된다.
신체 변화	감정은 특정의 신체적 변화를 수반한다.
행동 유발	감정은 특정 행동을 유발한다. 불안과 공포는 도피적 행동을, 분노는 공격적 행동을 유발한다.

와주어야 한다. 감정에 대한 자아성찰을 통해 마음 저변에 깔린 속
내와 관심사가 밝혀지면, 이후 조정과정에서 관점 바꾸기와 상대화
(relativization)가 수월해질 수 있다. 감정은 본질적으로 주관적이다.
따라서 감정은 갈등해결을 위한 중요한 열쇠가 될 수 있다.

감정은 경험, 인지, 표현, 신체변화 그리고 행동 촉진의 다섯 가
지 요소로 구성된 증후군이다(문용갑, 2011; Frijda, 1987; Schmidt-
Atzert, 1996). 이들 요소 중 행동 촉진은 갈등과 관련하여 특히 중요
하다. 감정을 보면 행동과 그 안에 내포된 인지를 쉽게 이해할 수 있
다. 갈등당사자가 두려움을 가지고 반응했다면, 그 행동은 그가 자
신의 관심사가 피해 보고 있다고 생각하고 있으며 그 피해에 대해
어떻게 대처할지 불안해 한다는 것을 나타낸다(문용갑, 2011).

갈등당사자가 상대방 또는 조정자와 감정에 대해 대화하기란 쉽
지 않은 일이다. 조정이 서로 신뢰하고 편안한 분위기에서 진행된다
고 하더라도 감정을 주제로 대화하기는 쉽지 않다. 감정에 대해 말
하는 것이 왜 그토록 어려운 것일까?

일상생활이나 직장생활에서 우리는 자신의 감정에 대해 터놓고
이야기하지 않는다. 감정을 말하는 것은 일단 거북하고 꼴불견일 뿐
아니라 듣는 상대가 자신을 심리적으로 나약하고 민감한 사람으로
보고 얕보거나 속일 수도 있다고 생각한다. 감정과 그 속에 있는 관
심사에 대해 말한다는 것은 상대가 어떻게 반응할지 혹시 상대가 그
것을 이용하지 않을지 모르는 상태에서 자신을 완전히 노출시키는
것과 같다고 생각한다.

우리는 감정적으로 건설적인 대화를 나누는 것이 낯설기 때문에

시도조차 하지 않으며 그러다 보니 악순환에 빠진다. 준비되지 않은 상태가 불안을 촉발시켜 감성이 주제가 되는 것을 아예 회피하게 되고, 그러다 보면 다시 시도하지 않게 되어 감정적 대화 상황을 더욱더 회피하게 된다. 그 결과 자신의 감정을 표현하는 것은 점점 더 어려워진다. 심리학에서는 여러 감정들을 몇 가지 기본감정으로 환원하기도 하지만(Merten, 2003; Reisenzein, 2000), 감정을 표현하는 용어는 분노, 두려움, 격분, 기쁨, 슬픔, 자부심, 죄책감, 무기력, 시기, 질투, 수치심, 근심, 안심 등으로 수없이 많다(Rosenberg, 2007). 하지만 우리가 일상적으로 사용하는 감정 개념은 얼마 되지 않는다. 그리고 갈등상황에 대해서는 사회적으로 기쁨이나 즐거움과 같은 긍정적 감정보다는 분노나 슬픔과 같은 부정적 감정에 더 많은 관심을 보인다(Klappenbach, 2006).

상황이 이러한지라 최근에는 대화나 갈등관리훈련에서 감정이 강조되고 있다. 훈련을 통해 자신의 감정을 표현하고 상대와 그 감정에 대해 건설적으로 대화하고 상대의 감정에도 민감해지도록 하는 것이다. '나-메시지' '적극적 경청' '비폭력 대화'(Rosenberg & Seils, 2004) 등은 감정에 주안점을 둔 훈련방법이다.

2) 갈등과 공정성

감정과 함께 공정성 또한 갈등과 관련이 깊은 핵심 요소다. 우리는 갈등상황에서 "불공정하다!"는 말을 흔히 듣는다. 갈등당사자가 불공정하다고 생각하면 냉랭했던 갈등은 불붙은 듯 치열해진다. 이

때 감정은 불공정성으로 인한 피해의 증표다. 예를 들어, 격분 감정
은 상대가 규범이나 공정성 기준을 위반했으니 무조건 모든 책임을
져야 한다는 것을 나타낸다. 부당한 것이 시정되어야 하고 다시 공
정성을 회복해야 한다는 뜻이다. 격분한 당사자가 보이는 행동은 다
양하다. 불문에 붙이거나 달리 해석할 수도 있고 비난하거나 보복
또는 징벌을 할 수도 있다(문용갑, 2011; Deutsch, 2000b; Mikula &
Wenzel, 2000).

이렇듯 구체적인 상황에서 공정성은 객관적이거나 규범적인 기준
에 따라 정해지는 것이 아니라 주관적인 경험이다. 사람들 사이에서뿐
아니라 개인적으로도 공정성에 대한 평가가 다르기 때문에 공정성을
다루는 것은 쉽지 않은 일이다. 공정성에 대한 평가는 맥락, 관계 그
리고 대상에 따라 주관적으로 내려지기 때문에 다양할 수밖에 없다.

정의 또는 공정성 연구

정의(justice)는 전 사회적인 수준에서의 올바른 도리나 질서를 실
천하고 유지하는 것으로서 규범적 · 철학적 연구의 대상이다. 이에
비해, 공정성(fairness)은 개인적 수준에서 느껴진 공평하고 올바
른 것을 의미한다는 점에서 차이가 있다. 초기 심리학적 연구에서
는 형평(equity)을 정의와 동일한 개념으로 사용하였고, 나중에 주
로 조직심리학자들이 공정성을 정의와 병용하면서 경험적으로 연
구하기 시작하였다. 따라서 경험적 · 심리학적 연구에서 정의와 공
정성은 동일한 의미로 사용되고 있다.

심리학에서는 그동안 주관적 공정성에 대한 연구가 체계적으로 이루어져 왔다. 그 덕택으로 우리는 언제 어떤 공정성 있는 판단을 하며 그 판단은 우리의 행동에 어떻게 영향을 미치는지를 분석할 수 있게 되었다. 공정성은 내용에 따라 크게 분배공정성, 절차공정성, 상호작용공정성으로 구분된다(문용갑, 2011).

(1) 분배공정성

분배공정성은 분배에 대한 주관적 평가를 의미한다. 분배 대상은 상품, 의무, 권한, 명예, 위험, 이익, 손해 또는 건강과 아름다운 미와 같은 특성 등 다양하다. 분배에 대한 평가는 우선 수혜자 단위가 중요하다. 예를 들어, 수혜자는 조직 전체가 될 수도 있고, 또는 단지 개별 부서나 직급 혹은 조직구성원 개인이 될 수도 있다.

분배 원칙 또한 중요한 문제다. 부서 조직원들에게 성과급을 어떻게 분배할 것인지와 같은 문제가 대표적인 예다. 관련 문헌에 따르면 분배공정성의 원칙은 다양하다(Deutsch, 1975).

· 동등 분배 또는 기회균등
· 능력에 따른 분배
· 필요에 따른 분배
· 소속 또는 연공서열에 따른 분배
· 지위에 따른 분배

분배원칙이 여럿인 만큼 분배유형도 다양하고 복잡하다. 분배원

칙을 적용함에 있어서 주관성과 다양성으로 인해 불공정성 문제들
이 발생할 여지가 크다.

(2) 절차공정성

절차공정성은 분배결정을 내리기 위해 활용되는 절차의 공정한
정도를 의미한다(Bierhoff, 1992). 갈등상황에서 공정성에 대한 생각
들이 충돌하면 당사자들은 의사결정 절차의 공정성에 관심을 쏟는
다. 절차공정성에 관한 연구들에서 많은 절차공정성의 원칙들이 규
명되었다. 이들 원칙은 의사결정을 위한 제삼자 개입 절차에도 그
의미가 크다. Leventhal(1980)에 따르면, 절차공정성은 여섯 가지
요인에 의해 결정된다.

· 절차가 모든 당사자의 관심을 고려하였는가?
· 절차가 편견으로부터 독립적인가?
· 절차가 사람과 시간에 대해서 일관성이 있는가?
· 절차가 사실적이고 검증 가능한 주장과 정보에 기초하고 있
  는가?
· 절차가 잘못된 결정을 수정할 기회를 허용하는가?
· 절차가 사회의 윤리적 · 규범적 기준에 부합하는가?

감정과 마찬가지로 공정성의 문제 또한 복잡하기 때문에 갈등을
처리하는 데 있어서 공정성을 배제하자는 주장도 적지 않다. 하지만
이러한 주장은 설득력이 없다. 왜냐하면 갈등당사자가 느끼는 불공

정성을 빼놓고는 갈등을 완전히 처리할 수 없기 때문이다.

(3) 상호작용공정성

상호작용공정성은 절차가 시행되거나 분배가 결정될 때 조직원 간에 이루어지는 상호작용의 질에 따라 달라지는 공정성의 지각으로서 한 사람이 다른 사람을 어떻게 대하는가에 관한 것이다. 예를 들어, 상사가 부하직원을 대할 때 적절하고 필요한 정보를 공유하고 존중하여 성의 있게 대우하면 상호작용공정성은 높아진다. 상호작용공정성은 조직구성원 간 관계가 공정성 지각에 중요한 영향을 미친다는 점을 강조하는 것으로서, 의사결정 절차의 질보다 당사자 간 사회적 교환과정에 주안점을 둔 것이다.

Colquitt 등(2001)에 의하면, 상호작용공정성에는 두 가지 측면이 있다. 첫째, 정보적 공정성으로 특정인이 진실성을 가지고 일이 잘 못되어 갈 때 적절하게 지적해 주는가 하는 것이다. 정보가 어떻게 전달되는가는 상호작용공정성 지각에 영향을 미친다. 둘째, 흔히 개인 간 공정성이라고 하는 것으로 한 사람이 다른 사람을 대할 때 존중과 품격을 가지고 대우해 주는가를 말한다.

상호작용공정성의 주요 요인으로는 진실성, 존중, 질문의 우선순위, 정당화 등을 들 수 있다(Bies & Moag, 1986). 인간은 다른 사람과 상호작용할 때 속이지 않고 진실성이 있어야 하며 정확하고 현실적인 설명을 필요로 한다. 그리고 정중하고 존중받는 방식으로 대우해 줄 것을 기대한다. 질문의 적절성도 공정성 지각에 중요한 사항이다. 개인 간 관계에서 상황에 적절치 않은 질문을 받았다고 느끼

면 불공정하다고 지각하는 경향이 있다. 마지막으로, 불공정한 대우가 발생할 때 또는 결과가 부정적일 때 그것에 대한 합리적 이유를 설명하는 것이 중요한데, 이것이 근거의 정당화다. 개인 간 상호작용에서 불공정성으로 인한 부정적 반응은 이해할 수 있는 설명(정당화)이 있으면 축소되거나 제거될 수 있다(Bierbrauer & Klinger, 2001; Mikula & Wenzel, 2000).

이와 같이 분배, 의사결정 절차 그리고 상호작용과 관련된 공정성의 의미와 그 복잡성 그리고 갈등상황에서 갈등당사자의 공정성에 대한 민감한 반응은 갈등조정에서 공정성의 중요성을 반영한다.

갈등에서 공정성의 기능은 다음과 같다.

· 갈등유발 기능: 조직원들이 서로 다른 공정성 원칙을 적용하면 갈등이 발생할 수 있다. 성과급을 분배할 경우, 평등원칙을 적용할 것인지 아니면 능력원칙을 적용할 것인지를 놓고 갈등이 발생할 수 있다. 조직원들이 분배원칙에 합의하였다 하더라도 그 원칙을 실제로 어떻게 적용할 것인지에 따라서도 갈등은 발생할 수 있다. 예를 들어, 능력원칙을 적용하기로 합의하였더라도 어떤 능력을 평가할 것이지를 놓고 대립한다.

· 갈등유지 기능: 공정성에 대한 서로 다른 평가로 갈등은 계속 유지된다. 공정성에 대한 판단이 단지 주관적인 것이 아니라 윤리적인 주장이 되어 논쟁의 대상이 되면 갈등은 또 다른 다툼을 유발한다. 공정성에 대한 판단이 윤리적이거나 실질적인 성격을

띠면 치명적인 주장이나 킬러 프레이즈를 하기도 한다. 예로, 자신의 의견은 윤리적으로 옳기 때문에 상대가 굴복하여야 한다는 경우다.

· 갈등해결 기능: 공정성의 주관성과 다양성, 공정성 위반 또는 불공정성에 대해 논의할 수 있으면 갈등도 해결할 수 있다. 이를 위해서는 제삼자의 지원이 필요하다.

· 해결책 수용 기능: 공정절차효과(fair procedure effect)처럼 공정성 위반과 판단을 건설적으로 처리하면 갈등당사자들은 공동으로 마련한 해결책을 흔쾌히 수용할 것이고, 그 결과 미래 갈등도 예방할 수 있다.

· 정당화 기능: 많은 갈등에서 볼 수 있듯이, 공정성 판단이 상대방의 정당한 요구나 피해를 거부하거나 자신의 책임을 회피하고 상대방이 입은 피해를 정당화하는 기능을 하게 되면 적절한 대처가 쉽지 않다. 따라서 공정성에 대한 주관적인 평가와 공정성 위반 여부의 문제는 조정에서 반드시 다루어야 할 주제다. 이 주제를 배제하고서는 갈등을 근본적으로 해결하기 어렵다.

3) 직장과 갈등

지금까지 갈등의 기본 요소들에 대해 알아보았다. 여기서는 갈등이 발생하는 직업세계의 특성에 관해 살펴보기로 한다. 일반적으로 직장과 조직적 맥락에서 갈등은 어떤 특징을 보이는가?

(1) 직장의 특성

직장은 노동이 행해지고 갈등이 발생하는 복잡한 장이기도 하다. Maslow(1958)에 따르면, 조직에서 개인의 동기는 다섯 가지 욕구의 위계(〈표 2-9〉 참조)에 따라 순차적으로 생겨나며 그 욕구를 충족시킴으로써 일하려는 동기가 생겨난다. 욕구는 개인 행위의 원동력이다. 욕구의 충족은 곧 생활이 최적 상태에 있음을 의미한다. 욕구가 충족되면 삶의 의미를 찾고, 그 의미는 삶의 즐거움과 미래에 대한 안전감을 준다. 의미, 즐거움 그리고 안전감이 없는 삶은 상상할 수 없다. 따라서 사람은 충족되지 않은 욕구를 충족하는 데 주력한다. 마찬가지로, 관계에서 욕구가 충족되지 않고 갈등이 생기면 관계는 약화된다.

욕구위계이론은 논란의 여지가 많지만 직장에서 노동과 욕구 그리고 갈등의 상호 연관성을 이해하는 데 커다란 도움이 된다. 예를 들어, 노동을 통한 임금 및 생계문제가 해결되지 않거나 그로 인해 다른 욕구들이 충족되지 않으면 개인은 내적 갈등을 겪게 되고, 타인의 욕구와 충돌하면 개인 간 갈등으로 비화될 수 있다. 그리고 개인의 욕구와 조직의 욕구가 충돌할 경우 개인 내적 갈등뿐 아니라 개인 간 또는 개인과 조직 및 집단 간 갈등이 발생할 수 있다. 복잡하게 얽혀 있는 갈등이라도 거슬러 올라가면 결국에는 어떤 행태로든 인간의 욕구 충족이 원인이다. 욕구 충족은 개인이 직업활동과

〈표 2-9〉 Maslow의 욕구위계

욕구 단계	내 용
5단계 자아실현 욕구	자신의 능력을 충분히 개발하고 최대한 발휘하고 싶어 하는 욕구
4단계 존중 욕구	자신에 대한 높은 평가와 타인으로부터 존경받고 싶어 하는 욕구
3단계 사회적 욕구	가족, 친구, 동료 등과 정서적 유대를 맺고, 조직, 부서, 집단 등에 소속되어 귀속감을 느끼고 싶어 하는 욕구
2단계 안전 욕구	위험요소로부터 자신을 보호하거나 정신적 · 육체적으로 자신을 안전하게 지키려는 욕구
1단계 생리적 욕구	생명 유지, 의식주, 성 등에 대한 욕구

노동을 포기할 수 없는 이유이자 심리적 만족의 근원이다. 현대사회에서 직장이 지닌 물질적 · 심리적 영향력을 통해 노동이 개인의 정체성 형성에 차지하는 비중을 가늠할 수 있다.

노동의 의미는 조직구성원 개인을 바라보는 관점의 변화에서 쉽게 찾아볼 수 있다(Schein, 1980; Ulich, 2001).

· 경제적 인간: 고전적 인간관에서 보는 개인은 경제 원리에 따라 합리적으로 행동하는 경제인(economic man) 또는 호모 에코노미쿠스(homo economicus)로서 경제적 유인에 의해 행동하고 개인적 이익의 극대화를 추구하는 존재이므로 노동은 부를 축적하고 돈을 벌기 위한 수단일 뿐이다. 따라서 관리자는 공식조직, 경제적 유인, 통제 등에 의한 능률적 업무수행을 중요시하고

근로자의 사기에 대한 책임은 부차적이다.

· 사회적 인간: 사회적 인간(social man)관에 따르면, 개인의 핵심 동기는 경제적 이익이 아니라 사회적 욕구다. 인간에게는 업무 자체보다 업무수행 과정에서 맺는 인간관계, 사회관계 내지 동료관계가 더 중요하다. 따라서 관리자는 구성원의 욕구에 관심을 가져야 하며 인정, 소속감, 일체감, 안정감, 만족감, 참여의식 등과 같은 감정을 중요시하고 소집단의 기능을 적극적으로 활용해야 한다.

· 자아실현적 인간: 인간중심적 심리학의 발전과 함께 부각된 자아실현적 인간(self-actualizing man)관에 따르면, 개인은 자신의 능력과 자질을 최대한 생산적으로 활용하고자 하는 자아실현의 욕구와 성취의 욕구를 가지고 있으며 자율적으로 자기규제를 할 수 있다. 따라서 관리자는 조직원에게 동기를 부여하거나 통제하는 자가 아니라 일에 대하여 긍지와 자부심을 가지고 보람을 느낄 수 있도록 촉진자 또는 촉매자로서의 역할을 수행하여야 한다.

· 복잡한 인간: 복잡한 인간(complex man)관에 따르면, 개인은 경제적 이익, 사회적 욕구, 자아실현 이외에 더 많은 욕구와 잠재력을 지닌 복잡하고 다양한 존재이며, 인간의 욕구는 환경과 시간의 흐름, 사회경제적 배경, 나이, 지위 등에 따라 달라진다.

따라서 관리자는 진단자로서 조직구성원의 다양한 능력과 욕구를 감지할 수 있는 감수성과 진단 능력을 지녀야 하며, 개인의 특성과 개인차를 고려하여 유연성 있는 관리전략을 세워야 한다.

이러한 직장의 특성을 고려해 볼 때 두 가지 점에 주목할 필요가 있다. 첫째, 노동은 자아를 위해 매우 중요하며 욕구 충족을 위해 필수적이다. 노동이 정체성과 밀접한 관련이 있는 한, 개인은 노동을 쉽게 포기할 수 없다. 따라서 직장에서 갈등이 발생하면 곧바로 생명과 기본적 안전에 대한 두려움, 체면을 잃거나 소외된다는 두려움, 존중받지 못한다는 두려움, 실패에 대한 두려움 등을 갖게 된다. 둘째, 노동은 개인의 복잡하고 역동적인 욕구들과 밀접하게 연관되어 있다. 따라서 갈등이 발생할 경우 일괄적으로 유인책을 쓰거나 위협적으로 처리하는 것은 결코 적절한 해결책이라고 볼 수 없다. 보다 생산적인 해결책은 '복잡한 인간관'에 입각하여 상황마다 다양하고 복잡한 욕구들을 고려하는 데서 그 실마리를 찾을 수 있다. 직장에서 발생하는 갈등에 대해서는 구체적이고 적절한 대처가 필요하다. 이를 위해서는 조직의 특성에 대한 이해가 필요하다.

4) 사회체계로서 조직

조직의 특성 중에 하나는 '복잡하다.'는 것이다. 조직은 복잡하기 때문에 갈등이 발생할 경우 적절히 대처하기 어렵다. 조직의 복잡성을 면밀히 파악하기 위해서는 조직을 여러 요소들과 그들 간의 관계로 구성된 사회체계(social system)로 바라보는 체계론적 접근 (systemic approach)이 필요하다. 체계론적 접근의 핵심 요소를 간략히 정리하면 다음과 같다(Bähner, Oboth, & Schmidt, 2008).

· 개인: 개인(person)은 체계를 구성하는 요소다. 갈등이 발생하면 우선 누가 체계에 속하고 누가 갈등당사자인지 그리고 누가 갈등에 관련되어 있는지를 파악한다. 당사자 또는 관련자는 체계 전체에 대하여 하위체계를 형성할 수 있다. 체계요소로서 개인은 여러 하위체계에서 주어지는 역할들을 수행한다. 따라서 갈등상황에서는 갈등당사자가 조직에서 어떤 역할들을 맡고 있고 그 역할은 어떻게 연관되어 있는지가 밝혀져야 한다.

· 주관적 의미: 사회체계의 요소로서 개인은 상황에 대해 주관적인 상을 갖고 자신의 잣대로 행동한다. 개인들이 갖는 다양한 상들은 서로 일치할 수도 있지만 갈등상황에서처럼 서로 어긋날 수도 있다. 개인의 사물에 대한 의미 해석은 현실상황과 체계의 발전을 결정짓는다. 따라서 갈등상황에서는 어떤 의미가 더 옳고 진실이라고 말할 수 없다는 점이 감안되어야 한다. 사회적 구성주의(social constructivism)에 따르면, 모든 해석은 저마다 타당하고 '옳은 것'으로서 사회적 실재를 구성한다.

· 규칙: 모든 사회체계는 규칙에 의해 규율된다. 규칙은 사회체계에서 개인들이 무엇을 해야 하고 할 수 있으며 또 할 수 없는지

를 규정한다. 규칙은 명시적이고 경우에 따라서는 문서화(예: 업무규징)할 수 있지만 대부분 암시적이고 외부에서 알아차리기 힘들다. 명시적이고 암시적인 규칙들은 개인의 행동에 영향을 미친다. 그리고 체계의 발전에 순기능적일 수 있지만 역기능적일 수도 있다. 갈등을 처리하는 데 있어 체계는 변화가 필요한 수많은 역기능적 규칙들과 맞서게 된다. 이러한 역기능적 규칙의 예로는 '객관적 사실 중시' '갈등 없는 회사' 등을 들 수 있다.

· **상호작용구조**: 주관적 해석에 기반하고 있는 상호작용구조는 사회체계의 한 요소인 개인들이 어떻게 서로 영향을 미치는지를 나타낸다. 조직 내 개인 간 관계에 의해 생성되는 반복적인 행동 패턴과 상호작용구조는 보이지 않는 영향력을 발휘한다. 갈등을 처리하기 위해서는 이러한 상호작용구조가 먼저 규명되어야 한다. 하지만 조직의 상호작용구조는 권위체계 및 권력과 밀접하게 연관되어 있기 때문에 규명 작업이 쉽지 않다.

· **체계 환경**: 체계 환경은 조직체계의 경계 밖에 있는 물리적 환경과 규범, 가치, 규칙, 작업장, 기술, 개인 등 체계에 직간접적으로 영향을 미치는 모든 것을 포함한다. 체계는 항상 변화하는 환경과 교류하지만 그 영향에 대해서는 자기 고유의 방식대로, 즉 자기지시적(self referential)으로 처리한다. 경쟁상황에 처한 조직은 늘 시간의 제약 속에서 지속적으로 의사결정을 해야 한다. 따라서 비용효율성은 조직의 내부 기준이 아니라 체계 환경과

〈표 2-10〉 조직체계와 가족체계 비교(Kreyenberg, 2005: 198)

조직체계	가족체계
임무와 기능수행을 지향	사람과 관계를 지향
조직구성원 교체 가능	안정적 구조, 가족구성원의 기능 대체 불가
이차적 대화, 업무를 위한 교류가 목적	일차적 대화, 관계 그 자체가 목적
제삼자 또는 수단을 통한 간접 대화	대면적 직접 대화
목표 설정의 예측 가능성	가족 유지의 예측 불가능성
개방적 집단	폐쇄적 집단

관련하여 분석되어야 한다.

· 발전: 체계 환경과 같이 사회체계도 시간의 흐름 속에서 발전한
다. 사회체계는 과거와 함께 미래를 향해 발전한다.

이와 같은 조직체계는 가족체계와 비교해 보면(〈표 2-10〉 참조) 그
특성을 더 잘 이해할 수 있다.

조직은 사회체계로서 고유의 특성을 지니고 있다. 하지만 조직에
서 갈등이 발생하면 갈등당사자와 관련자들은 가족체계의 논리를
조직체계에 적용하는 오류를 범하는데, 그 이유는 가족체계 논리가
조직체계 논리보다 더 익숙하기 때문이다. 조직에서 근본적이고 지
속 가능한 갈등처리를 하기 위해서는 가족체계와 조직체계 간의 차

이를 인식하고 조직에 대한 자기성찰이 필요하다. 이를 통해 조정의 부수적 효과(73쪽)로서 조직의식(organization consciousness)도 발전하게 된다.

요소보다 관계와 전체를 강조하는 체계론적 관점에서 보면, 갈등은 조직에 해악이고 작업과정을 가로막는 장해물이 아니다. 그 이상의 것이다. 다양한 가치, 배경, 지식, 문화를 가지고 서로 상호작용하고 있는 조직구성원들이 상이한 목표, 희소한 자원, 이질적 집단을 형성하고 있기 때문에 갈등은 일상적인 것이며 불가피한 것이다. 체계론적 관점은 우리의 사고의 옳고 그름을 가르는 흑백논리로부터 탈출하는 데서 출발한다. 대립하는 두 당사자는 서로 자신의 권리를 요구한다. 각자의 권리가 어느 정도인지를 정의하고 누구의 권리가 더 우세한지를 판단하여 승패를 결정하면 두 당사자의 정당한 욕구는 등한시될 수밖에 없다.

체계론적 관점에서는 서로 다른 견해를 정당한 이해관계로 수용하고 서로 다른 입장들을 판결을 통해 분리하는 것이 아니라 하나로 통합한다. 이러한 점에서 갈등조정은 체계론적 갈등처리방법으로 인정받고 있다.

갈등조정과 관련하여 조직체계의 특성을 살펴보면 다음과 같다 (Bähner, Oboth, & Schmidt, 2008).

· 체계는 살아 있는 유기체다: 체계를 구성하는 모든 요소들은 서로 영향을 미치며 의존적이다. 한 요소의 변화는 체계 전체를 움직이게 한다. 예를 들어, 하위체계들은 한 요소의 변화가 주는

부담이 과중하면 불편한 반응을 보이고 성과도 예전과 비교해 줄어들 수 있다.

갈등조정을 위한 질문: "최근에 외부에서 조직에 영향을 미친 변화가 있었는가?"

· 체계는 균형을 유지한다: 체계는 자율적으로 존속하고자 한다. 모빌을 예로 들면, 한 곳에 힘을 가하면 전체가 변한다. 하위체계들은 자동적으로 반응하며 균형잡을 전략을 구사한다. 하지만 그 전략은 비생산적이고 갈등을 유발할 수 있다. 갈등은 체계의 변화와 발전에 대한 욕구를 나타내는 증상이다.

갈등조정을 위한 질문: "그 증상으로 어떤 문제가 미해결되었고 그 문제로 어떤 발전의 욕구가 있는지 알 수 있는가?"

· 체계는 증상을 위임한다: 팀은 전체 조직체계의 하위체계다. 즉, 팀 내 갈등은 항상 더 큰 체계 맥락에서 존재하고 또 거기서 관찰된다. 팀이 전체 조직을 위해 갈등을 해소하는 경우도 있다. 갈등을 해결하기 위해서는 전체를 바라보는 눈이 필요하다. 이는 유능한 의사가 아픈 부위를 치료할 뿐 아니라 신체 전체도 살피는 것과 같다. 증상을 처리하는 것에서 근원적 갈등을 처리하는 것으로 방향을 바꾸는 것이다.

갈등조정을 위한 질문: "원래 갈등은 어디에서 시작되었는가?"

· 갈등은 떠돌아다닌다: 경영진에서 발생한 갈등이 해결되지 않으

면, 그 갈등은 위계상 경영진보다 낮은 곳으로 '위'에서 '아래'로 옮겨 간다. 그래서 갈등으로 조직개발이 이루어지는 경우도 있다. 조정자나 갈등당사자는 갈등상황을 보면 전문적 진단을 하지 않더라도 갈등의 근원지가 다른 곳임을 알 수 있다.

갈등조정을 위한 질문: "갈등이 어디서 발생했는지 밝혀지면 당신에게 설명해도 되겠습니까?"

· 승자―패자 관계는 시소게임과 같다: 승자와 패자가 가려지지 않은 관계에서는 승리를 위한 싸움이 지속되므로 체계는 긴장상태에 놓인다. 하위체계들이 윈윈 관계를 이루면 체계의 긴장은 완화된다. 하지만 갈등당사자 양측이 동시에 윈윈 관계를 보지 못하면 각자 생존을 위한 싸움은 계속된다. 갈등을 해결하는 데 있어 가장 중요한 것은 체계의 균형을 잡을 수 있는 윈윈 해결책을 찾는 것이다. 윈윈 해결책은 갈등당사자 A가 자신의 욕구를 위해 갈등당사자 B가 어떤 도움을 줄 수 있는지 생각하는 것이다.

갈등조정을 위한 질문: "시소게임이 어디서 행해지고 있는가? 누가 도움이 필요한가? 어떻게 윈윈 해결책을 찾을 수 있는가?"

· 체계도 욕구가 있다: 체계는 살아 있는 유기체이자 하위체계로서 인정, 효율, 안전, 충성 등의 욕구를 가지고 있다. 개인이 바뀌어도 체계의 욕구는 변하지 않는다. 체계는 자신의 욕구 충족을 위해 구성원들에게 역할을 부여한다. 체계의 감정과 분위기는 조직구성원들에게 전이될 수 있다.

갈등조정을 위한 질문: "하위체계는 어떤 욕구를 가지고 있는가?"

· 갈등조정은 '지렛대'로 작용한다: 갈등조정은 균형 잃은 모빌과 같은 체계의 균형을 잡아 주는 '지렛대'와 같다. 갈등을 해결하기 위해서는 체계 내에서의 움직임이 아니라 체계 곁에서 자극하는 것이 중요하다. 즉, 체계 밖의 독립적인 제삼자의 개입이 중요하다. 따라서 갈등을 해결하기 위한 지렛대가 필요할 경우에는 조정자와 같은 제삼자가 개입할 수 있다.
갈등조정을 위한 질문: "갈등해결을 위한 지렛대를 어디서 찾아야 할 것인가?"

4. 갈등분석

관리자 또는 조정자가 제삼자로서 갈등에 개입한다는 것은 그 자체로서 이미 갈등에 영향을 미친다는 것을 의미한다. 갈등당사자와의 첫 만남에서부터 시작된 개입은 갈등에 영향을 미친다. 의사가 환자가 여러 징후를 보이더라도 정확한 병명과 원인분석 그리고 치료방법을 선택하듯이, 복잡한 조직갈등에 대해서도 먼저 개입을 위해서는 갈등유형, 갈등원인 그리고 해결방법을 위한 전문적인 분석이 필요하다.

여기서는 앞에서 살펴본 이론적 요소들을 바탕으로 갈등을 분석할 수 있는 실제적 분석틀을 제공하고자 한다. 이를 위해서는 관찰

자의 시각과 갈등당사자의 시각이 필요하다. 우리는 먼저 관찰자로서 갈등분석자의 시각에서 시작할 것이다. 갈등에는 항상 감정이 개입되므로 갈등당사자의 경험이 매우 중요하다. 그 경험은 역동적이고 과정적 구조를 지니고 있다. 갈등분석 절차는 갈등과정으로부터 시작하여 갈등이 발생한 맥락(조건)으로 이어진다.

갈등과정은 갈등에피소드를 통해 이해할 수 있다([그림 2-14] 참조). 갈등은 시작에서부터 종결되기까지 일련의 에피소드들로 진행된다. 하나의 갈등에피소드에서 머물러 장기화되면 만성적 갈등이 된다.

갈등진단은 먼저 상황이 표출된 갈등인지 아니면 '갈등과는 상관없는 유해한' 상황인지를 구분하는 것에서 출발한다. 관리하여야 할 갈등으로 판단될 경우 갈등진단은 갈등과정의 각 단계에 대한 체계적인 질문을 통해 이루어진다(〈표 2-9〉 참조). 갈등진단을 통해 맥락의 영향을 파악함으로써 갈등과정에 대한 이해를 넓힐 수 있다. 관찰자는 갈등과정 및 맥락으로부터 획득한 정보를 토대로 한 진단에 따라 적절한 개입을 할 수 있다.

갈등당사자를 상대로 한 갈등인터뷰를 통해 갈등을 심층적으로 이해를 할 수 있다. 갈등진단을 위한 갈등인터뷰는 이미 개입의 시작이다.

· 갈등에피소드: 갈등에피소드의 과정은 [그림 2-13]와 같다

· 갈등진단: 갈등진단을 위한 질문(〈표 2-11〉 참조)은 갈등을 개

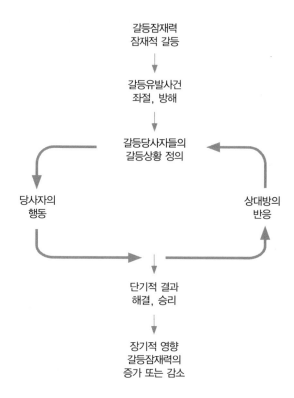

[그림 2-13] 갈등에피소드 – 과정으로서 갈등

관하고 갈등의 역사, 특징 그리고 역동을 밝히는 것이 목적이다. 질문은 각 항목에 따라 늘리거나 줄일 수 있다. 앞에 세 항목은 과정에 관한 것이고 뒤에 세 항목은 맥락에 관한 것이다.

〈표 2-11〉 갈등진단을 위한 기본틀

1. 이슈: 무엇 때문에 갈등하는가?
- 갈등당사자들이 서로 주장하는 것은 무엇인가?
- 갈등당사자들이 서로 원하는 것은 무엇인가? 원하는 것 뒤에 숨겨진 이해관계는 무엇인가?
- 갈등당사자들의 공동 이슈는 무엇인가?
- 갈등당사자들은 갈등을 어떻게 경험하고 있는가? 각 당사자에게 갈등은 얼마나 중요한가?
- 이슈들은 어느 정도 실질적인가? 감정적인가? 아니면 가짜인가?

2. 갈등과정: 갈등은 어떻게 전개되었는가?
- 갈등은 무엇으로 유발되었는가?
- 갈등을 격렬하게 또는 약하게 만든 '결정적 사건'은 무엇인가(갈등고조)?
- 현재 갈등상황은 어떠한가? 갈등이 장기화되고 있는가?
- 갈등은 어떻게 표현되고 있는가? '차가운 갈등' 혹은 '뜨거운 갈등'

3. 행동: 갈등당사자들은 어떻게 행동하는가?
- 갈등당사자들은 서로 상대방에게 어떤 영향을 미치고 있는가?
- 갈등당사자들은 서로 상대방을 조종하려하는가? 아니면 정직하게 증거를 들어 옥신각신하는가?
- 갈등당사자들 간에 어떤 행동-반응 패턴이 보이는가?
- 갈등당사자들은 주로 어떤 태도 또는 대응방식을 보이는가? 관망만 하고 있는가 아니면 어떤 행동을 취하는가?
- 갈등당사자들은 서로 토론하는가? 서로 상대방에 대해 대응하는가 아니면 서로 대결하는가?
- 갈등당사자들이 계속 갈등하는 것은 무엇 때문인가? 합의하였다면 무엇 때문인가?
- 갈등당사자들이 양보할 수 있는 것은 무엇인가?

4. 갈등당사자: 누가 갈등당사자인가?
- 갈등당사자는 개인인가, 집단인가, 조직인가 아니면 집합체인가?
- 개인이면, 그 배후에 어떤 집단이 있는가?
- 집단이면, 실권자는 누구인가? 그 실권자는 갈등에 어떻게 개입하는가?
- 조직이면, 조직 내 대화, 권력 그리고 의사결정구조는 어떠한가?
- 갈등당사자들은 조직적으로 어떤 관계에 있는가? 상하관계, 동료관계?
- 갈등당사자들은 상대방에 대해 어떻게 느끼는가? 우월감/열등감, 강함/약함
- 구조적인 관계와 기대가 서로 일치하는가?
- 관계는 어떤 원칙으로 이루어지는가? 평등? 공정? 필요성?
- 갈등당사자들은 자신의 지위에 따라 무엇을 요구할 수 있는가?

5. 기대: 갈등당사자들은 갈등을 통해 무엇을 원하고 무엇을 두려워하는가?
  - 갈등은 갈등당사자들에게 불가피한 것인가? 합의는 가능한가?
  - 갈등으로 어느 쪽이 이익을 보는가? 갈등당사자, 제삼자 아니면 조직?
  - 갈등으로 어느 쪽이 불이익을 보는가? 갈등당사자, 제삼자 아니면 조직?
  - 갈등이 해결되지 않고 지속되면 어느 쪽에게 이로운가?
  - 조직 내 갈등관리제도 및 기구는 어떤 역할을 하고 있는가?
  - 갈등당사자들은 갈등 종결을 위해 지금까지 한 자신의 노력에 대해 어떻게
    평가하는가? 갈등당사자들은 각각 어떤 노력을 했는가? 그 효과는 무엇인가?
  - 갈등당사자들은 갈등을 해결할 수 있기를 바라는가? 아니면 희망까지 포기
    했는가?

6. 갈등 결과 및 영향
  - 갈등은 처리, 즉 종결되었는가? 일시적으로 종결되었는가 아니면 완전히 종
    결되었는가?
  - 갈등은 어떤 이유로 재발할 수 있는가?
  - 갈등당사자들은 갈등결과를 어떻게 극복할 것인가?
  - 갈등으로 갈등당사자 또는 조직이 얻은 것은 무엇이고 잃은 것은 무엇인가
    (득과 실)?
  - 갈등당사자들은 미래 갈등을 다르게 처리할 것인가?

· 갈등인터뷰: 갈등당사자를 대상으로 한 갈등인터뷰 가이드(〈표
2-12 참조〉)는 갈등진단 기본틀에 기초한다. 항목 별 질문과 함
께 관리자, 조정자 등 제삼자가 인터뷰를 구조화할 수 있는 방
법들도 제시되었다.

〈표 2-12〉 갈등인터뷰 가이드

1. 이슈: 무엇 때문에 갈등하는가?

질문	방법
- 무엇 때문에 갈등하는가? - 갈등에 대해 어떻게 생각하는가? - 목표가 무엇인가? - 힘들게 하는 것(방해, 화, 자극)이 무엇인가? - 공동 이슈가 있는가? - 서로 다른 이슈는 무엇인가? - 이밖에 중요한 것이 있는가?	카드질문 - 질문하고 설명하도록 한다. - 서로 요약하도록 한다. - 공통점과 차이점을 구분한다. - 이슈를 유형별로 카드에 정리한다. - 이슈를 중요도에 따라 나열한다.

2. 갈등진행: 갈등이 어떻게 고조되었는가?

질문	방법
- 갈등이 어떻게 발전하였는지 기술하도록 한다. - 갈등이 언제 시작되었는가? 그 이유는? - 현재 상태는 어떠한가? - 갈등을 고조시킨 사건이 있었는가? - 어떤 행동이 갈등을 일으켰는가? - 어떤 상황들이 갈등을 고조시켰는가? - 당장 어떤 조치가 있어야 하는가?	갈등당사자들이 자신의 의견을 기술한다. - 상대방은 주요 단어를 적는다. - 상대방의 말에 대해 답하면서 자신의 감정을 표현한다. - 관계에서 새로운 규칙을 정하도록 한다.

3. 갈등당사자: 누가 갈등당사자인가?

질문	방법
- 갈등당사자는 누구인가? 개인, 집단, 집단에 대항하는 개인 - 어떤 편에 서려 하는가? - 상대방을 어떻게 보는가? - 주요인물이나 핵심집단은 누구인가? - 간접적으로 갈등에 관여하거나 영향을 미치는 사람은 누구인가?	대화 - 질문과 응답, 토론, 결과 도출 - 각자 자신이 요구하는 이유를 밝힌다. - 상대방의 요구에 대해 수용하는 것과 수용하지 못하는 것을 구분한다. - 요구사항 및 제안에 대해 토론하고 차이점을 줄여 간다

- 갈등당사자 사이에는 어떤 의존관계가 있는가? - 역할기대가 있는가? - 갈등당사자는 상대방을 압박하기 위해 어떤 제재를 할 수 있는가? - 갈등당사자들은 지위상 어떤 것을 요구하는가? - 그런 요구를 하는 이유는 무엇인가? - 상대방이 하는 요구 중에 어떤 요구는 인정하는가?	- 서로 접근할 수 있는 사안들을 요약한다. - 앞에서 말한 쟁점들과 비교 검토한다.

4. 갈등에 대한 태도: 갈등당사자의 소망과 두려움

질문	방법
- 갈등당사자는 전체 상황을 어떻게 판단하는가? - 대립상황을 어떻게 보는가? 　① 불가피해서 합의가 불가능하다. 　② 불가피하지만 합의가 가능하다. 　③ 피할 수 있지만 합의는 불가능하다. 　④ 피할 수 있고 합의도 가능하다. - 갈등당사자는 갈등이 언제 종료될 것으로 보는가?	토론 - 개인적 공격을 저지하거나 즉시 개입하여 합의된 규칙에 따라 대화를 나눈다. - 지엽적인 사안은 제외한다.

5. 갈등해결: 갈등을 어떻게 종료시킬 것인가?

질문	방법
- 갈등당사자들은 다음 행동을 위해 어떤 전략을 구상 중인가? - 갈등당사자들은 갈등으로 인해 어떤 이익을 보는가? 그 이익을 합의안에 어떻게 반영할 것인가? - 갈등을 약화시키거나 해결하기 위해 무엇을 할 것인가? - 양보하거나 수용할 수 있는 것은 무엇인가?	갈등당사자들은 개별질문에 따라 작업한다. - 갈등당사자들은 카드에 답을 적고 서로 발표한다. - 각 당사자는 개인적으로 어떻게 협력할 수 있는지 밝힌다. - 갈등당사자들과 다음 사항에 대해 작업한다.

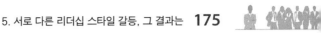

| - 갈등해결을 위해 어떤 시도를 하였는가?
- 시도한다면 의미가 있겠는가?
- 갈등을 생산적으로 이끌기 위해 당장 어떤 것을 시작할 수 있는가?
- 해결책으로서 구체적으로 어떤 것을 제안하겠는가?
- 합의안 이행 여부를 누가 어떻게 관리할 것인가?
- 합의안을 이행하지 않을 경우 어떤 조치를 취할 것인가?
- 앞으로 서로의 발전을 위해 무엇을 바라는가? | ① 서로 공통점은 무엇인가?
② 서로 다르지만 서로 양보하여 타협할 수 있는 것은 무엇인가?
③ 서로 달라서 합의가 불가능한 것은 무엇인가?
- ①과 ②에 우선 집중하고 ③은 차후로 미룬다. |

5. 서로 다른 리더십 스타일 갈등, 그 결과는

갈등하는 A와 B는 과거 한 팀이 되어 서로 믿고 도와주는 사이였고 A는 2~3년 내에 정년퇴임을 할 것이므로 두 사람이 각자의 업무를 명확히 하고 서로 협조적인 대화가 되면 문제는 해결될 것처럼 보였다.

경영진은 인사담당이사로 하여금 A, B 두 사람과 대화해서 문제를 해결하도록 지시하였다. B는 자신의 관리영역만 명확히 하면 재무에 관해서는 관여하지 않기로 하였다.

A도 관리영역의 구분에 대해서는 찬성하였지만 마케팅 관련 예산기획에 대해서는 양보하지 않았다. 두 달여 동안 몇 차례 협상이 이루어졌고 서로의 입장이 좁혀지는 것 같았지만, A는 마케팅 관련 예산기획에 대해서는 완강한 입장을 보였다.

결국 경영진은 A에게 월말까지 휴가를 갖도록 하고 연말에 퇴임하도록 결정하였다. 경영진은 이 방법 말고 갈등을 해결할 방법을 찾지 못했다. 갈등당사자가 협상할 준비가 되어 있지 않으면 갈등은 해결될 수 없다.

고전적 갈등관리방법

이 장에서는 조직에서 고전적 갈등관리방법과 관리자의 갈등에 대한 고전적 태도를 소개하고, 갈등과 관련한 권력 현상에 대해 알아본다. 그리고 네 가지 갈등관리 유형—격리 중심 갈등관리, 과업 중심 갈등관리, 개인 중심 갈등관리, 통합적 갈등관리—을 간단히 기술하고, 각각의 장단점을 살펴본다.

1. 영업팀 갈등

A는 생필품 생산업체의 여성 지역영업소장이다. B는 중앙영업본부장이다. A는 오래전부터 중앙으로부터 인정받지 못하고 이용당하고 있다고 느끼고 있다. 최근 영업소장 회의에서 두 사람은 크게 다투었다. B가 신상품 카탈로그를 소개하자 A가 불만을 쏟아 냈다.

A: 지역소장으로서 말씀드리건대, 우리는 이미 우리 지역에 맞는 신상품 홍보물을 제작하였고 고객에게도 배포했습니다. 이 지역 고객에 대한 홍보는 우리가 자체적으로 할 수 있습니다.

B: 미안하지만 각 지역마다 따로 홍보물을 제작하면 통일성이 없어

오히려 고객들이 회사에 대해 혼란스러워할 수 있습니다.

A: 본부 때문에 지역이 자유롭게 영업할 수 없습니다. 우리가 이 지역 고객의 욕구를 더 잘 파악할 수 있습니다. 본부에서 보낸 홍보 CD에 실린 그런 형식적인 문구로는 이 지역 고객에게 어필할 수 없습니다.

B: 그건 당신이 홍보에 대해 제대로 이해하지 못한 것이 까닭이 아닐까요. 당신은 본부의 의도에 대해 좀 더 이해하려는 노력이 필요합니다. 돈은 그냥 버는 게 아닙니다.

A: 말씀을 들으니 본부장님은 이상론자인 것 같습니다. 하지만 지역 사정에 대해서는 전혀 들은 적이 없으셨던 것 같군요. 회사 비전을 좀 보십시오. 우리 회사는 24시간 고객과 함께한다고 하지 않습니까? 본부는 고객에 대해 교과서 같은 말만 합니다. 우리는 홍보라인을 지역 사정에 맞게 재구축해야 합니다.

B: 당신은 판매직원입니다! 홍보 라인은 본부 소관이니 우리에게 맡기십시오. 한번 생각해 보시죠. 각 지역마다 자체적으로 홍보하면 비용이 세 배가량 늘어날 것입니다. 누가 이 비용을 감당한단 말입니까?

A: 예, 이제 분명해졌습니다. 본부장님이 우리가 하고자 하는 것을 도울 것인지 아니면 다른 사람을 찾든지 결정하십시오. 저는 더 이상 말하고 싶지 않습니다.

2. 조직 내 갈등관리와 조직 간 갈등관리

먼저 조직갈등을 조직 내 갈등과 조직 간 갈등으로 구분하고 각
갈등에 대한 고전적 갈등관리방법을 살펴보고자 한다. 조직 간 갈등
은 감정적 요인보다는 대개 법적 문제로 발생한다. 갈등 초기에는
갈등당사자 간 교류가 거의 없기 때문에 개인적 관계는 별다른 역할
을 하지 않는다. 하지만 다툼이나 논쟁이 길어질수록 개인적 요소가
차지하는 비중도 점차 커진다. 조직들이 서로 의존적인 관계가 아닌
경우에 방해요소가 지속되면 거래관계는 단절된다. 국제적인 갈등
에서 복잡한 법적 문제가 불거지는 경우 갈등당사자들은 대개 변호
사에게 조언을 구하거나 아예 갈등처리를 일임한다.

이에 비해 조직 내 갈등은 대개 처음부터 관계문제와 관련이 깊
다. 조직 내 갈등에서 실질적 문제는 보통 개인적인 원한이나 감정
을 동반한다. 가장 심각한 조직 내 갈등은 갈등상황이 장기간 지속
되는 가운데 갈등당사자 간에 대화가 불가능한 경우다. 조직 간 갈
등과는 달리, 조직 내 갈등당사자들은 계속해서 함께 업무를 수행해
야 하기 때문에 협력할 수밖에 없다. 조직 내 갈등은 부서 내에서 소
규모로 또는 부서 간에 중규모로 발생한다(Glasl, 2004).

3. 갈등관리방법

갈등관리방법은 크게 능동적 방법과 수동적 방법으로 구분된다 (Gleason, 1997). 수동적 갈등관리방법은 갈등이 심각할 정도로 확대된 상태에서 사후처방 차원에서 처리하는 것이다. 더 이상 협력할 수 없는 갈등당사자들은 자신에게 유리하면 갈등을 제삼자에게 위임하여 처리하도록 하거나 아예 무시해 버린다(Constantino & Merchant, 1996).

이에 비해, 갈등의 징후를 미리 포착해서 예방적 조치로 갈등을 처리하거나 조기에 갈등을 파악해서 적절한 방법으로 해결하는 것이 사전예방 차원의 능동적 갈등관리방법이다. 갈등은 창조적인 논의를 통해 지속 가능하고 혁신적이며 실효성 있는 대책을 강구할 수 있는 기회다(Gleason, 1997).

4. 조직 간 갈등관리

1) 대표적인 갈등 영역

조직 간 갈등은 다음과 같은 여러 영역에서 발생할 수 있다.

· 조직 설립

· 조직합병과 조직승계

· 상품 및 서비스 불량

· 대형 프로젝트

· 무역관계

· 보험 관련 논쟁

· 장기채무관계

· 저작권 및 특허권

· IT 프로젝트

· 건축 및 설비 프로젝트

· 채무상환 재조정

2) 고전적 갈등관리방법

일반적으로 조직에서 갈등이 발생하면 경영진은 협상을 통해 해결하고자 한다. 하지만 협상이 실패하면 갈등은 '발원지'를 떠나 법무부서로 위임된다. 법무부서는 협상이 실패한 갈등을 관리하게 된다. 법무부서로 위임하는 이유는 아주 간단하다. "우리는 갈등을 해결할 수 없다. 더 이상 이 갈등에 신경 쓰고 싶지 않다."

법무부서는 협상이 실패한 갈등을 놓고 골몰하며 다시 한번 협상을 통해 해결책을 찾고자 한다. 하지만 실패 전력이 있는 협상은 녹록하지 않다. 그 협상마저 실패하게 되면 법무부서는 골칫덩어리가 되어 버린 갈등을 외부 변호사에게 위임하고 더 이상 신경 쓰지 않아도 되니 홀가분해하기도 한다. 그렇다면 외부 변호사는 과연 협상을 할 수 있는가? 감정만 격해져 자기 입장만 고집하거나 구구한 변명만 늘어놓다 보면 협상 분위기는 험악해지고 갈등은 점차 고조된다. 변호사 역시 가능한 한 원만하게 해결하고자 하지만 법률적 전문성만으로는 감당하기 버거워 결국에는 판사에게 일임한다.

판사는 조직 간 갈등에 대한 책임 '위임 사슬'의 맨 끝자리에 위치한다([그림 3-1] 참조). 갈등당사자가 1심 판결에 불복하여 항소하면 갈등 사건은 상위 2심, 3심 판사에게 위임된다. 더 이상 위임할 수 없는 3심까지 가서 시간, 금전, 에너지가 모두 소진된 상태에서 최종적으로 종결된다. 그렇다고 갈등은 과연 해결된 것일까? 패소한 당사자는 판사의 결정을 흔쾌히 진리로 수용할 것인가? 판사의 판결 이유를 듣고 법원을 나서는 갈등당사자들은 대개 그 정반대의 모습이다. 판결을 도저히 수긍할 수 없다.

[그림 3-1] 갈등 책임 위임 사슬

최종 판결 이후에 위임 사슬은 '책임 추궁'의 과정으로 거꾸로 돌아간다. 패소한 변호사는 법원의 '잘못된 해석'을 원망하고, 법무부서는 변호사를 견책하고 해당 경영진은 갈등을 법조인에게 일임하지 않고 다른 방법을 썼더라면 더 잘 해결되었을 것이라고 후회한다. 법적 소송의 대안으로 중재를 선택하는 경우가 많다. 하지만 중

재에서도 갈등은 제삼자의 권위적인 결정으로 종결된다. 중재 결정은 법률에 근거하기 때문에 갈등당사자의 이해관계, 관심사, 욕구 등을 전혀 반영하지 못한다(Lionnet & Lionnet, 2005).

5. 조직 내 갈등관리

조직 내에서 발생하는 갈등은 부서 간 갈등부터 노사 갈등, 상사―부하 갈등, 동료 사원 간 갈등에 이르기까지 다양하다.

흔히 조직 내 갈등은 조직의 역기능, 오해, 잘못된 의사소통, 리더십 부족 등의 결과로 간주한다. 이러한 생각에는 조직을 '가족'처럼 관리자의 성격, 충성심, 영감 등에 의해 좌우되는 것으로 보는 시각도 깔려 있다.

사실 조직은 집단 또는 개인의 이익으로부터 많은 영향을 받는다. 이 점에서 조직갈등은 기능적이고 또 많은 경우에 필연적이기도 하다. 스트레스 없이 화합이 잘되는 부서는 오히려 무감각해져서 변화의 필요성을 인식조차 하지 못하고 창의성, 혁신, 생산성 등도 감소할 수 있다(Buchanan & Huczynski, 1997; Gleason, 1997).

1) 기업그룹과 주주 차원의 갈등

(1) 갈등 영역
기업그룹 차원의 갈등은 소속 조직들 사이의 단순한 마찰부터

법적인 공방, 정책적 이견까지 다양하다. 갈등은 종종 그룹 본사
와 소속사들 사이에서도 발생한다. 예를 들어, 주변 소속사들은 중
앙 그룹본사가 해체되거나 축소되어야 한다고 주장한다. 하지만 이
에 대해 그룹본사는 범그룹 차원에서 존립의 필요성을 강조한다
(Schwarz, 2005). 기업그룹 갈등은 주로 구조조정, 소속 조직의 이윤
율 저하, 생산 절차 또는 조직정책 변화 등에 의해 야기된다.

주주 또는 주주와 경영진 사이에 발생하는 갈등은 경영전략, 경영
방침 등에 대한 엇갈린 견해에서 비롯된다. 이익분배, 자본금 증가
와 감소, 현금보유 또는 추가지불금, 투자, 사장 선임, 시장 개척, 소
액 주주 권한 등을 둘러싼 갈등도 발생한다. 이들 갈등으로 상대에
대한 오해와 불신 그리고 감정적 대립까지 불거진다. 신뢰 기반이
무너지면 상대의 이해관계는 아랑곳하지 않고 자신의 주장만을 관
철하려 한다(Duve, 2007).

(2) 고전적 갈등관리방법

조직 간 갈등과는 달리, 기업그룹 또는 주주 차원의 갈등은 법적
소송까지 가지 않는다. 조직 유형(주식회사, 유한회사, 합명회사, 합자
회사)과 조직 차원(중앙, 주변)에 따라 갈등은 상위 조직 또는 모조직
의 명령에 의해 처리되거나 조직 소유주에 의해 해결된다.

주주 차원의 갈등이 점차 고조되면 한편으로는 비협조적인 주주
배제, 사장 또는 이사 해고, 강제 주식몰수, 회사 파산 등으로 진행
되고, 다른 한편으로는 결정무효소송, 결정취소와 같은 분규가 뒤따
른다.

2) 조직 차원의 갈등관리

(1) 전형적인 조직갈등

흔히 집단갈등은 조직합병, 불명확한 책임분담, 집단역동적인 과정, 경영진의 권력, 잦은 이직 또는 과도한 조직목표 등으로 인해 발생한다. 조직갈등으로는 위계상 동등한 위치에 있는 부서 간 갈등 또는 경영진 간 갈등뿐 아니라, 상하위계, 예를 들어 상위 경영진과 하위 부서 사이에 발생하는 갈등 등이 있다(Schwarz, 2005).

(2) 고전적 갈등관리방법

조직갈등에 대해서는 법적인 처리방법이 없다. 그래서 조직의 집단갈등은 흔히 집단에 속한 구성원의 개인갈등으로 진행되며, 대개 경고, 해고와 해고취소요구 등과 같은 방법이 동원된다(Budde, 2003). 그 결과 본래 집단갈등은 개인갈등으로 변질되면서 처리되지 않고 그대로 남게 된다.

특히 경영 차원의 조직갈등이 외부에 알려지면 심각한 조직의 수치일 뿐 아니라 조직의 이미지 실추이며 조직신뢰는 물론 조직가치도 동반 하락한다. 이러한 이유로, 경영갈등은 대개 '사적인 문제'로 치부되어 암암리에 처리되거나 다른 사건과 함께 묻혀 버리기도 한다(Kolb & Bartunek, 1992). 갈등을 처리하기 위해 많은 비용을 들여 외부 전문가에게 자문을 받기도 한다.

3) 직장갈등

직장에서 갈등이 발생하면 업무분위기가 경직되고 불안과 함께 환자 증가, 생산력 감소, 사기 저하, 관계 훼손, 전직 또는 해고 등이 늘어난다. 따라서 조직관리를 위해 직장갈등(workplace conflict)을 가능한 한 조기에 파악하는 것이 매우 중요하다.

(1) 개인 차원의 직장갈등

직장갈등은 서로 다른 문화와 가치, 개인적 선호나 혐오, 직장 또는 가정에서의 불만, 성격 차이, 성 차이 또는 지위 차이 등 다양한 요인에 의해 발생한다.

우선, 개인의 행동 또는 업무성과를 둘러싼 회사 측과의 갈등, 상사와의 갈등을 생각해 볼 수 있다. 이들 갈등의 원인은 의견 차이 또는 상사에 대한 도발, 무단 지각이나 결근과 같은 부적절한 행동, 열등감 또는 우월감, 권력 또는 지위 상실에 대한 불안 등에서 찾을 수 있다. 목표와 업무내용이 불분명하거나 개인에 대한 평가가 불공정하거나 업무가 과도하거나 아이디어가 무시되거나 할 때 흔히 상사와의 갈등이 발생한다.

집단따돌림 또는 성희롱 등과 같은 집단 또는 개인 차원의 가해로 인한 동료갈등은 조직의 심각한 갈등잠재요소다. 피해자가 가해자에게 반격하면 갈등은 점차 고조되어 결국에는 당사자의 해고로까지 이어진다. 그리고 심한 경우에는 한발 더 나아가 노사관계의 신뢰 기반이 깨지고 치열한 갈등은 다른 조직원들로 확대되면서 외부에 공개되어 또 다른 분규로 번지기도 한다. 해고와 관련된 분규는 제삼자가 개입하게 되고 법적 소송으로 발전하기 쉽다.

우리나라에서는 종업원 30인 이상 사업장에는 근로자의 고충을 청취하고 이를 처리하기 위하여 노사를 대표하는 3명 이내의 고충 처리위원을 두어야 한다(「근로자참여 및 협력증진에 관한 법률」 제26조, 제27조). 고충처리위원이 근로자로부터 고충사항을 청취한 경우에는 10일 이내에 조치 사항과 그 밖의 처리 결과를 해당 근로자에게 통 보하여야 하며 고충처리위원이 처리하기 곤란한 사항은 노사협의회 의 회의에 부쳐 협의 처리하도록 규정하고 있다(같은 법 제28조). 따 라서 고충처리위원과 고충처리절차 수립은 법적 의무사항이다. 하 지만 이 제도는 매우 공식적이어서 근로자 중심의 자율적 고충해결 이 어려운 구조이며, 고충처리에 대한 이해부족과 불이익 처분의 두 려움 그리고 조정 절차의 부재 등으로 활용도가 낮다.

(2) 집단 차원의 직장갈등

집단 차원의 직장갈등은 해고 조치로 해결될 수 없다. 사용자 측 과 노동조합은 쉽게 갈라설 수 없는 관계다. 근로자와 사용자 측은 미래를 위해 협상으로 해결책을 찾도록 압력을 받는다.

노사갈등은 조직 내에 노동조합이 조직되어 있고 노사 간 임금교 섭이나 단체교섭에서 합의를 도출하지 못하고 단체행동으로 들어갈 때 당연히 나타날 수 있는 결과다. 노사갈등이 경제에 미치는 손실 이 막대하다는 것은 갈등의 경험을 통해 노사 모두가 알고 있는 사 실이다. 그러나 갈등을 효과적으로 예방하고 생산적인 노사관계를 형성하여 경쟁력을 높이는 방법은 실제적으로 쉬운 일이 아니다. 우리나라는 기업별 교섭체제가 있고 노사당사자 간 단체교섭이 결렬되면 노동위원회에 분쟁조정을 신청하여 조정하지만 조정 성공률이 낮기 때문에 제도적으로 분규를 예방하기 어려운 구조로 되어 있다. 대개 교섭이 결렬되면 노사갈등이 심화되어 제삼자 조정이 어렵고 쟁의행위를 하기 전에 조정신청을 해야만 법적 절차로 간주하기 때문에 조정을 통한 교섭타결이 어렵다(원창희, 2003).

(3) 고전적 갈등관리방법

직장갈등은 보통 소송이나 중재 등으로 처리된다. 이러한 처리 과정에서는 수많은 상호작용이 이루어지고, 갈등당사자 간에는 부적절한 대화나 행동으로 갈등이 점차 고조된다.

① 조직개발

조직 개편, IT 시스템 도입, 가족조직에서의 세대교체, 조직전략 개선 등으로 발생할 수 있는 갈등을 처리하기 위해 조직에 조직개발 컨설턴트가 개입한다.

조직개발은 계획적인 조직변화를 위한 체계적이고 장기적인 프로그램이다. 조직개발의 목적은 조직변화를 지원하고 완성해서 기술적 · 경제적 · 인적 혁신을 이루는 데 있다. 이러한 프로그램은 조직 전체 차원에서 이루어지므로 모든 조직 부서와 구성원들이 관여한다. 이 점에서 조직개발은 학습조직(learning organization)과 밀접한 관련이 있다.

변화는 조직원들을 불안하게 만든다. 조직개발과정에서 발생하는 대표적인 조직갈등은 업무, 책임, 자원의 배분에 대한 불만과 관련이 깊다. 따라서 갈등관리 없는 조직개발은 생각조차 할 수 없다 (Senge, 1990).

② 노사갈등조정제도

노동쟁의의 조정절차는 [그림 3-2]에서 보듯이, 노조와 사용자 사이의 교섭이 결렬되어 쟁의가 발생되면 노동위원회에 조정신청을 해야 한다. 일반사업의 경우 10일간의 조정기간 내에 근로자위원, 사용자위원, 조정담당공익위원 각 1인으로 구성된 조정위원회에서 갈등조정을 하게 된다. 이때 근로자위원은 사용자가, 사용자위원은 노동조합이 추천하는 자를 지명해야 한다. 공익사업의 경우 15일간 의 조정기간 내에 특별조정위원회에서 갈등을 조정한다. 조정위원 회에서 갈등조정이 되지 못하고 결렬될 경우 쟁의행위를 개시할 수 있는데 노사당사자 간에 합의가 있거나 단체협약에 근거하여 노사 어느 일방이 신청하는 경우에 중재에 회부될 수 있다. 이 경우 다시 15일간 쟁의행위가 금지된다. 중재위원회는 노동위원회의 조정담당 공익위원 중 관계당사자의 합의로 선정된 3인으로 구성된다. 갈등 조정과 달리 중재는 중재안의 수락 여부가 당사자의 의사에 맡겨지는 것이 아니며 노사는 당연히 이를 수용해야 한다.

이 제도는 최근에 갈등조정을 통한 합의도출이 증가하고 있지만, 대개는 갈등조정이 실패하거나 지도하는 수준에 머무는 경우가 많아서 노동위원회의 갈등조정 역할이 한계를 보이고 있다. 그것에

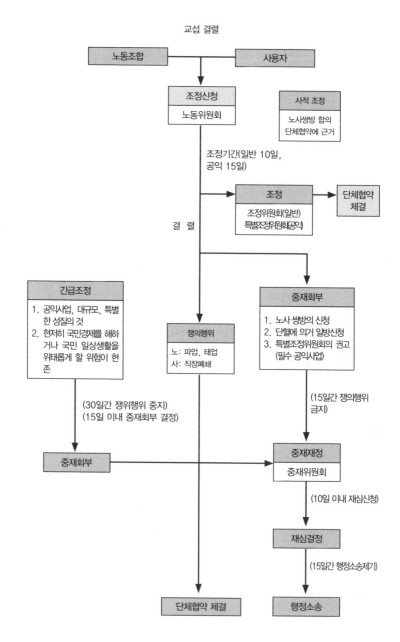

[그림 3-2] 노사갈등조정절차(원창희, 2003: 24)

는 몇 가지 원인이 있다. 첫째, 우리나라는 단체교섭이 결렬된 후에야 비로소 갈등조정을 할 수 있도록 하는 사후적 조정제도를 채택하고 있고, 조정전치주의에 입각하여 모든 쟁의발생 사업장은 강제로 갈등조정을 신청하여 공적인 갈등조정을 받도록 하여 노사당사자의 자율적 해결을 위한 사적 갈등조정이 어렵다. 둘째, 많은 근로자가 갈등조정제도는 단체행동권을 침해한다는 피해의식을 가지고 있으며, 합의 수준에 대한 노사 간 기대가 크다. 셋째, 갈등조정의 시작 시점이 쟁의 발생 이후로 되어 있어서 조정신청 전 협상단계에서 노사가 불신과 대립 상태에 있는 경우 갈등조정이 적기를 놓칠 수 있다. 넷째, 조정위원들이 대부분 비상근으로 되어 있어 조정위원회 구성과 예비조정이 어렵다(원창희, 2003).

6. 갈등에 대한 고전적 태도

고전적 조직에서는 갈등현상을 대체로 소홀히 취급하여 왔다. 그 이유는 갈등을 대하는 다음과 같은 태도에 있다.

· 갈등은 사용자와 근로자 간 이해관계와 목표의 충돌이다.
· 갈등은 생산 및 작업 과정을 가로막는 방해요소다.
· 갈등은 권력투쟁 또는 미시정치(micro-politics)로서 합리적인 관리의 대상이다. 갈등은 조직에 해악이고 생산성을 저하시키는 장해이므로 신속히 제거되어야 할 대상이다.

조직구성원 대부분은 여전히 갈등에 대해 이러한 부정적인 이미지를 가지고 있다. 여기서는 고전적 갈등관리방법에 대해 좀 더 자세히 살펴보고자 한다.

1) 자본과 노동

조직이 성장하면 사용자와 근로자 모두에게 이득이 돌아간다는 것에 대해서는 모두 동감하지만, 그 결과를 어떻게 나누어 가지는가에 대해서는 노사갈등이 생기게 된다. 자본주의 사회에서 노사갈등은 가장 오래되고 대표적인 사회갈등 중에 하나다. 노사갈등은 자본주의적 사회분업의 시작과 함께 등장했으며 많은 변화를 겪으면서 아직까지도 지속되고 있다. 자본주의 사회에서 공업화는 빈곤을 척결하고 소득의 증대를 가져오기도 하였지만, 한편으로는 많은 심각한 사회적 갈등과 대립을 증가시키고 있다. 특히 노사갈등은 사회불평등이 심화되고 정치 및 경제 영역에서 다양한 세력들이 각축을 벌이는 가운데 자본주의체제를 위협하는 주된 요소가 되었고 그 심각성은 점차 증대하고 있다. 경제, 정치, 사회, 문화 등 사회 전 영역에서 다양한 이해집단들의 상반된 관점, 의견, 요구 등으로 인한 충돌은 노사갈등과 맞물려 경쟁갈등은 물론이거니와 다양한 유형의 분배투쟁을 초래하고 있다(Matis, 1988).

마르크스(Marx)의 이론에 따르면, 노사갈등은 자본주의 사회에서 피할 수 없는 어려운 사회현상이다. 사용자의 이윤 추구를 기본 원리로 하는 자본주의 사회에서 잉여가치 창출은 사용가치(노동력의 투

입으로 창출되는 가치)가 교환가치(임금유형으로 지급되어야 하는 가치)
보다 커야 가능하다. 그러므로 사용자와 근로자 사이에 이해관계는
필연적으로 서로 대립할 수밖에 없고 잉여가치 창출을 위해 근로자
의 임금을 줄여야 하는 사용자는 궁극적으로 근로자와 갈등할 수밖
에 없다(Morgan, 2002).

근로자는 자신의 노동력을 사용하는 자본가에 대항하기 위한 수
단으로 노동조합을 만들고, 고용안정, 노동조건개선, 임금인상, 복
리증진 등 권익 신장을 위하여 자위적이며 대항적인 활동으로 국가
및 사회 전체에 대한 영향력을 행사하기 위한 노동운동을 펼친다.
근로자의 권익 신장을 위한 대표적인 쟁의행위는 집단적으로 한꺼
번에 작업을 중지하는 파업 또는 스트라이크다. 이에 대해 사용자
측은 노동조합이 쟁의행위를 개시한 경우 사업장으로부터 근로자를
축출하고 임금의 지급을 면하기 위하여 작업장을 폐쇄(lock out), 어
용노조를 설립하거나 해고, 위협 등을 행한다.

노사 양측의 이러한 투쟁방법은 노사갈등을 더욱더 고조시키며
서로에 대한 피해, 폭력, 해고, 폐업 등의 결과뿐 아니라 사회적으
로 더 큰 문제를 야기하기도 한다. 이에 대해 정부는 노동조합의 활
동을 인정하고 합법화하며 사회보장제도를 수립하고 근로자 보호를
위한 법을 제정하기도 한다.

(1) 노사관계와 노사갈등

1987년 이전까지 우리나라의 노사관계는 일방적인 우위를 점한
사측의 절대적인 결정권에 대해 근로자가 절대적으로 복종해야 하

는 절대적 노사관계나 종속적 노사관계에 가까웠다. 이는 근로자의 세력이 미약하였고, 국가 또한 친경영자적인 노동정책을 실시하였기 때문이다. 그런데 이러한 절대적 · 종속적 노사관계는 1987년 여름의 소위 '근로자 대파업' 이후 근로자들이 더 이상 굴종과 침묵이 아닌 집단적 대결과 주장으로써 자기이익을 확보하려는 데 대한 저항이 급증하면서 노사가 서로 상대의 입장을 정당한 것으로 인정하고 모든 문제를 대등한 관계에서 교섭하고 조정하는 경쟁적 또는 대등적 노사관계로 변화되기 시작하였다.

이러한 노사관계의 변화를 반영하듯, 6 · 29 민주화선언 이후 노동조합의 결성과 단체행동이 보다 자유롭게 보장되면서 1980년대 후반 노사갈등이 극심하게 유행하다가 그 후 1990년대까지 점차 줄어들어 어느 정도 안정을 보였다. 이는 노사갈등이 노사 모두에게 커다란 피해를 입힌다는 값진 교훈을 통해 노사갈등 억제에 노력해 온 결과로 보인다. 그러나 1990년대 말 IMF 금융위기를 맞이하여 조직이 도산하고 구조조정 심화로 정리해고의 보편화에 따른 실업자 양산과 함께 다시 노사갈등이 급증하기 시작했다. 최근 IMF 금융위기의 회복 후의 보상심리, 구조조정, 고용불안, 비정규직, 정치사회개혁, 노사 간 사회문화와 가치관의 차이, 노사갈등 사전예방 체계의 미비 등으로 노사갈등과 분규가 끊이지 않고 있다(유홍준, 원혜욱, 2005).

노사갈등은 갈등을 바라보는 사용자 측의 시각을 반영한다(장동운, 2004). 많은 관리자들은 조직이 단 하나의 권위구조와 충성구조를 가지며 모든 구성원은 공통의 가치와 이해관계를 공유하며 공통의 목표로 통합된 인간집단이라고 간주한다. 이러한 시각에서 보면, 조직 경영권이나 의사결정권과 같은 경영전권은 합법적이고 합리적인 것이므로 모든 구성원이 수용하여야 한다. 그것에 대한 반대는 공식적인 것이든 비공식적인 것이든 간에 비합리적인 것이다. 따라서 노사갈등은 비합리적인 것일 수밖에 없으므로 경영자는 권위주의적이거나 가부장적인 방법으로 처리하고자 한다. 강제력의 사용은 경영권의 합법적인 행사다. 경영전권이 지닌 합법성을 굳게 믿는 경영자는 각종 의사결정에 관해 종업원의 동의를 얻어 내야 할 필요성을 전혀 느끼지 못한다.

노동조합은 외부에서 조직 내부로 침입하여 종업원들의 충성심을 놓고 사용자와 경쟁하는 존재다. 경영자들이 의사결정과정에서 종업원의 이해관계를 고려하고 있으므로 노조가 종업원들의 이익을 보호하기 위해 달리 해야 할 역할이 없다. 따라서 노조가 경영 의사결정에 개입하는 것은 시대착오적인 발상이며, 그래서 노조는 항상 늘 기피하여야 하고 비난받아야 할 대상으로 치부된다.

노동조합 또한 노사갈등을 부정적인 관점에서만 보려는 경향에서 아직도 벗어나지 못하고 있다. 노사 간에 필연적으로 발생하기 마련인 갈등은 무조건 없애야 한다는 획일적인 시각을 고집하고 합리적인 노사관계, 노사화합을 강조하는 입장만을 취하고 있다.

(2) 노사갈등해결시스템

[그림 3-3]에서 보듯이, 노사갈등은 두 가지 절차를 통해 해결될 수 있다(박현미, 2009). 하나는 조직의 내부시스템을 통한 절차다. 내

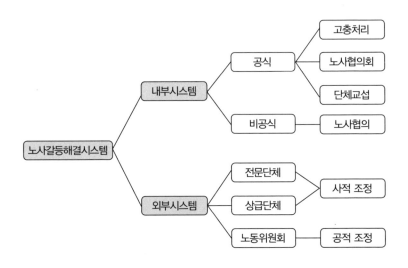

[그림 3-3] 노사갈등해결시스템(박현미, 2009: 74)

부시스템은 공식시스템과 비공식시스템으로 나뉘는데, 전자는 고충 처리, 노사협의회, 단체교섭 등을 꼽을 수 있고 후자는 노사협의를 들 수 있다. 다른 하나는 외부시스템을 통한 갈등해결 절차다. 외부 시스템은 노동위원회 등 공적 갈등조정기구와 노조의 상급단체, 전 문단체 등 사적 갈등조정기구로 나눌 수 있다.

그러나 실제로 노사갈등이 발생하면 극히 일부만이 상급단체나 노동위원회, 전문단체 등 외부 노사갈등해결시스템의 도움을 통해 해결되고 있다. 그 이유는 마땅한 담당기관이 없거나 노사자율로 해 결해야 할 갈등사안들이 더 많기 때문이다. 파업조차 노동위원회가 작동하지 않는 경우가 적지 않다. 대부분의 노조는 노사갈등이 발 생했을 때 가능한 한 사업장 내에서의 자체 해결을 모색한다. 그리고 노사갈등이 노사자율로 해결해야 할 쟁점들로 인해 더 많이 발생하고 있다. 그러나 현재 노사가 사업장 내에서 노사갈등을 처리할수 있는 기제들은 실제 일상적인 노사갈등을 제대로 처리하지 못하고 있는 실정이다. 따라서 공식적인 제도보다는 자질 있는 갈등처리담당자(예: 조정자) 양성과 함께 노사 관련 일상적인 갈등을 예방, 처리, 사후 관리하는 자치적인 갈등관리시스템 구축이 절실하다(박현미, 2009).

2) '기계조직'의 장애요소로서 갈등

갈등은 조직에 해악이고 생산성을 저해하는 것이므로 즉시 제거되어야 한다고 보는 시각은, 조직은 기계이고 조직원은 부품처럼 생각하는 기계론적 조직관에서 비롯되었다(Scholz, 1997; Morgan 2002). 기계론적 조직관은 1990년대까지 득세하였고 경제적 성장과 함께 물질적 부를 가져다주었다. 오늘날에도 여전히 많은 조직들이 기계론적 조직관을 근간으로 조직을 운영하고 있다.

기계론적 조직관에 따르면, 조직은 조직구조(organizational structure)와 운영구조(operational structure)를 두 축으로 하여 작동한다. 상하위계를 기반으로 하는 조직구조는 조직의 '척추'로서 공식적인 근로관계를 규정한다. 모든 구성원은 기계의 부품처럼 위계구조에 따라 상사의 명령을 따른다. 갈등이 발생하면 결정권한을 가진 상사와 그의 결정에 복종하는 부하의 관계가 갈등해결의 기본 기제로 작용한다.

운영구조는 가치창출 과정을 조절한다. 현대적 조직의 공정관리

(process management)는 컴퓨터 기술에 힘입어 신속하고 효율적이기 때문에 가치창출을 최적화할 수 있다.

이 관점에 따르면, 갈등은 조화로운 공정을 가로막는 바람직하지 못한 것이므로 가능한 한 조기에 제거되어야 할 대상이다. 즉, 갈등은 조직의 안전, 안정 그리고 유지를 위협하는 해악이므로 무조건 척결되어야 한다.

위계구조는 '갈등은 있어서는 안 된다.'는 신념을 뒷받침하는 체계다. 조직에서 갈등이란 있을 수 없으며, 만약 발생한다면 조직에 해악이므로 즉시 제거하고 재발하지 않도록 규칙을 강화해야 한다. 그래도 갈등이 발생하면 그 원인은 '문제 조직원'이 자신의 업무를 제대로 처리하지 않아서 발생한 것이므로 기계 부품 같듯이 그 조직원을 새로운 조직원으로 교체하여 근원적으로 해소되어야 한다. 갈등의 근원이 조직원 개인이 아닌 경우에는 규칙, 시설, 자원 등에서 갈등의 근원을 찾아 제거하거나 새로운 것으로 교체한다.

위계구조를 강조하는 기계론적 관점에서는 장애가 되는 갈등 자체나 조직원 사이의 관계 그리고 의사소통의 감정적 측면은 중요하지 않다. 직업활동에 관련한 개인적 이해관계와 그로 인한 대인관계도 관심 밖이다. 대인관계의 감정적 측면은 생산과정을 방해하는 요소이므로 위계구조에서 강조되는 객관적 사실에 비해 사소한 것일 수밖에 없다. 위계구조를 중심으로 하는 조직체계에서 구성원들은 실제로 서로 함께 작업하는 존재이기보다 기능을 위해 서로 연결된 기계의 부품에 불과하다는 것이다. 하지만 이러한 위계적 조직원리는 현실과 동떨어진 추상적 관념일 뿐이다(Buchinger, 1988).

고전적인 조직관리에서는 조직을 위계적 조직원리에 따라 관리만 잘하면 만사형통이므로 별도로 갈등관리를 할 필요가 없다. '갈등처리'는 단지 경영을 위한 '보조수단'일 뿐이다. 관리자의 주요 임무는 생산에 필요한 요소들을 기능적으로 조율하는 것이다. 갈등이 발생하면 갈등당사자는 물론이고 승패도 안중에 없다. 단지 조직 전체의 일치와 조화만 원만하게 이루어지면 된다. 이를 위해서는 사실관계에 대한 진실이 밝혀져야 하고, 갈등당사자의 의지와는 상관없이 그 진실에 따라 조직 차원의 결정이 내려져야 한다.

(1) 고전적 갈등해결방법

조직은 갈등이 없는 상태가 가장 이상적이다. 갈등은 조직을 해치는 바람직하지 못한 위험요소이므로 가능한 한 조속히 제거되어야 한다. 따라서 갈등 그 자체에 대한 근원적 처리보다는 오로지 갈등의 원인이나 표면적인 쟁점만 제거하는 데 초점을 맞춘 위계적이고 '구조화된' 단순한 해결방법이 선호된다. 그 방법들은 다음과 같다 (Wagner & Hollenbeck, 1992).

· 상위목표와 공동목표 설정: 조직에서 개인이나 집단이 목표 추구로 인해 갈등할 경우에 관리자는 상위목표를 제시하고 갈등당사자는 그 상위목표에 우선순위를 두고 각자의 목표를 달성하도록 한다. 협동하지 않고 갈등하는 경우에는 공동목표를 명확히 제시하여 협동의 필요성을 강조한다. 이를 위해 종업원 간 상호의존성을 갈등의 근원으로 보고 새롭게 정의하기도 한다.

· 위계질서의 명료화: 위계질서를 새롭게 정립하거나 강화하여 결정권한과 책임소재를 분명히 하여 권력다툼이 효과적으로 종료되도록 한다.

· 자원의 증대: 재원, 인력, 장소, 권력, 정보 등의 자원을 둘러싼 경쟁은 종종 갈등의 원인이 된다. 자원이 풍부해지면 서로에 대한 상호의존성이 감소하므로 갈등을 근원적으로 제거할 수 있다. 예를 들어, 공간이 부족하면 보다 넓은 사무실로 이사를 하고 인력이 부족하면 조직원을 충원하여 갈등을 해결할 수 있다.

· 완충장치 설정: 조직원 간 의사소통을 물리적 완충장치를 이용하여 형식화하면 갈등의 빈도와 가능성을 줄일 수 있다. 그 예로, 많은 음식점에서는 서빙 종업원이 손님이 주문한 음식을 주방에 전하는 데 구두로 하지 않고 주문서나 전자노트패드 등을 이용한다. 이 완충장치로 의사소통이 구두에서 전자 방식으로 바뀌면 갈등도 감소한다.

· 조직원 교체 또는 새로운 팀 구성: 직위에 적합한 새로운 인원을 선발하여 훈련시키거나 팀을 새로 구성하여 기존의 근로관계와 의존관계를 바꾸어 놓는다. 이로써 해당 갈등은 제거될 수 있지만 또 다른 불화로 새로운 갈등이 발생할 수 있다.

이와 같은 갈등해결방법은 갈등을 신속하게 제거하는 장점이 있지만, 유사한 갈등이 다른 곳에서 또다시 발생할 수 있는 위험을 내포하고 있다. 유사한 갈등이 재발한다는 것은 곧 문제의 원인은 그대로 두고 징후만 제거하였다는 것을 의미한다. 조직은 고유의 삶을 사는 자율적인 사회체계다(161쪽). 하지만 기계론적 조직관에서는 이 점을 간과하기 때문에 갈등관리방법도 미흡할 수밖에 없다. 이것이 근본적인 단점이다.

3) 권력투쟁과 미시정치로서의 갈등

갈등은 대체로 권력투쟁과 미시정치와 관련이 깊다(98쪽). 표출된 갈등 저변에 권력적 이해관계 또는 정치적 의도가 깔려 있으면 공정한 갈등관리가 쉽지 않다.

조직에서 의견 충돌이나 불화는 조직의 위계구조에 따라 처리될 수 있기 때문에 관리자나 구성원들도 갈등은 발생하면 안 되는 것으로 생각한다. 갈등이 발생한다는 것은 조직의 공식적 위계구조가 제대로 기능하지 않는다는 것을 의미한다. 그러면 왜 위계구조가 갈등을 해결해야 한다고 기대하는 것일까? 그 이유는 문제가 발생하면 항상 그 문제의 해결을 담당하는 상위 부서나 기구가 있다고 믿기 때문이다.

위계적인 조직체계에서는 위계구조가 협력뿐 아니라 동시에 경쟁도 유발하기 때문에 항상 갈등과 긴장을 야기한다. 공동업무를 수행하기 위해서는 조직원들이 협력해야 하지만 종종 자원 부족, 동료에 대한 시기, 승진경쟁 등으로 서로 대립하기도 한다.

상위 지위로 올라갈수록 경쟁은 더 치열해지고 승진을 둘러싼 갈등은 승자보다 패자를 더 많이 만들어 낸다. 다양한 개인들과 집단들이 서로 권위와 권한 그리고 영향력을 행사하는 위계구조하에서는 승진을 향한 치열한 경쟁이 벌어진다(Morgan, 2002).

위계구조로 인해 협력과 경쟁이 동시에 요구되는 역설적 상황에서는 권력이 개입한다. 그러면 권력은 무엇인가? 간단히 말해, 권력은 다른 사람의 저항에도 불구하고 자신의 의지나 목표를 성취할 수 있는 능력이다(Sandner, 1990).

미시정치적 관점에서 보면, 조직은 일종의 정치적 투쟁의 장이다. 조직에서 개인과 집단은 자신의 이해관계와 욕구를 충족시키기 위해 공식적 또는 비공식적 권력을 행사한다. 하지만 미시정치는 대개 음흉한 행동, 음모, 이권 다툼, 간계, 비양심적인 마키아벨리즘 등과 같은 부정적 의미로 쓰인다.

미시정치에 대한 부정적인 시각에는 권력에 대한 부정적인 태도가 내포되어 있다. 실제 조직에서 권력 없이는 어떤 일도 불가능하다. 권력은 물리적인 일을 할 수 있는 에너지와 같다. 권력 현상으로서 정치는 모든 활동의 출발점이다. 조직에서도 질서를 위해 일상적 정치가 필요하다. 질서는 간단히 이루어지는 것이 아니다. 계속 생산되어야 하고 이를 위해서는 권력이 필요하다.

4) 권력 행사

권력 행사로 갈등이 해결되는 것은 아니다. 잠시 지연시키거나 억

제할 뿐이다. 그렇지만 예나 지금이나 권력 개입은 대표적인 갈등처
리방법이다. 이러한 현상을 이해하기 위해 몇 가지 권력 개입방법을
살펴보면 다음과 같다(Sandner, 1990).

· 공식적 권한의 행사: 권한은 조직의 규범에 의하여 정당성이 승
  인된 권력이다. 상대가 권력행사자의 영향력 행사권을 인정하고
  그에게 추종해야 할 의무가 있다고 생각하는 것을 바탕으로 하
  는 권력이다. 예를 들어, 상사가 관리자로서 부하직원에게 행사
  하는 정당한 권력을 의미한다. 권력의 정당화란 권력 행사는 안
  정된 권력관계를 위해 필요한 것임을 상대방이 인정한다는 것을
  뜻한다. 갈등이 발생하면 대부분의 관리자는 자신의 권한으로
  갈등을 종결시키려 한다. 그 갈등을 다시 거론하는 것은 상사의
  권위에 도전하는 것과 다름없다.

· 희소자원에 대한 통제: 조직의 존립은 필요한 자원(예: 돈, 재료,
  기술, 인력 등)의 공급에 달려 있다. 자원에 대한 통제력은 권력
  의 중요한 원천이다. 자원 확보와 대체자원 개발은 건설적인 갈
  등관리방법이다.

· 조직의 구조, 규칙, 규정의 활용: 조직의 구조, 규칙, 규정은 임
  무수행을 위해 필요한 합리적인 수단으로서 의식적으로 활용할
  수도 있지만 의식적으로 거부될 수도 있다. 구조, 규칙, 규정에
  대해 잘 알고 있는 사람에게는 이것들이 권력의 중요한 원천이

다. 구조, 규칙, 규정은 관리자뿐 아니라 피관리자에게도 중요한 권력이다.

· 의사결정 절차 통제: 조직의 의사결정 전략이나 정책에는 중요 의사결정을 방해하는 구성원 또는 특정 이익집단을 대변하는 구성원들을 제외시키는 것도 포함된다. 의사결정 전략이나 정책은 의사결정의 전제 조건, 내용 그리고 목표에 따라 달라져야 한다. 고도의 의사결정 체계인 조직에서 의사결정 절차에 영향을 미치는 개인이나 집단은 조직의 목표, 비전, 사업 등 주요 사안에도 상당한 영향력을 행사한다.

· 전문가의 지식 및 정보 독점과 통제: 전문가에게는 전문지식이 권력의 원천이다. 전문가 권력은 컨설턴트, 심리치료사, 변호사 등이 행사한다. 전문가 권력은 전문성과 상관없는 분야에까지 영향을 미치는 후광효과(halo effect)를 나타내기도 한다. 조정자 또는 갈등관리자는 협상 과정에 관한 전문가다. 따라서 자신의 권력이 오용되고 있는지에 대해 성찰하여야 한다.

· 경계 통제: 경계는 조직의 구성요소들 또는 조직과 환경을 분간하는 한계를 의미한다. 개인은 경계에 서서 조직 구성요소들 또는 조직과 환경 사이의 상호교류를 감시하고 조종함으로써 적지 않은 권력을 획득할 수 있다. 예를 들어, 사장 비서는 사장의 회의 대상, 시간, 내용 등을 결정하는 문지기 기능(gatekeeper function)을 수행함으로써 사장의 상황 판단에 적지 않은 영향을 미친다.

· 예측 불가능한 일에 대한 대처 능력: 조직을 이루는 다양한 요소들 사이의 상호의존이 필수적인 조직체계에서 한 요소에서 발생한 장애 또는 중단 사태는 조직 전체에 영향을 미친다. 업무 흐름을 정상적으로 되살릴 수 있는 능력을 가진 구성원에게 이러한 장애 또는 중단 사태는 권력과 지위를 획득할 수 있는 기회다. 예를 들어, 오늘날 조직에서는 컴퓨터와 관련된 문제들을 해결할 수 있는 IT 전문가의 권력이 과거에 비해 더 커졌고 지위도 향상되었다.

· 기술 지배력의 확보: 예나 지금이나 기술 지배력은 중요한 권력 수단이다. 이 권력 수단은 환경을 통제하고 조작하는 데 사용되었다. 예를 들어, 사업주는 컨베이어시스템 같은 기술 도입을 통해 생산과정에 대한 권력을 갖게 되었다. 하지만 이에 대항하기 위한 파업, 태업, 공장폐쇄 등 근로자의 쟁의행위도 계속되고 있다.

· 사회적 네트워크 구축: 조직에서 혈연, 지연, 학연 등에 의해 구축된 친인척관계, 친구관계, 선후배관계 등의 네트워크는 비공식적인 권력이다. 그 한 예로, 사장의 부인과 대학교 동기동창인 직원은 회사에 막대한 권력을 행사하고 있으며 그의 권력을 약

화시키는 것은 쉽지 않은 일이다.

· 반대 조직 형성: 조직에서 한 집단이 권력을 잡게 되면 반대 집단은 반대 조직을 형성하여 권력의 균형을 이루고자 한다. 노동조합이 그 대표적인 예다. 근로자집단은 '약자'이지만 반대 조직을 만들어 사용자 측과 권력의 균형을 이룬다.

· 상징과 의미의 관리: 조직에서 현실을 상징적으로 다시 정의하고 남들이 그 현실을 수용하도록 하는 것도 권력을 획득하는 방법이다. 예를 들어, 대형 사무실, 고급 자동차는 권력을 상징하고 또 실제 권력으로 작용한다.

갈등은 여러 유형의 권력을 통해 처리된다. 하지만 권력으로 갈등이 해결되는 경우는 많지 않다. 권력만으로는 갈등의 원인을 처리할 수 없기 때문이다. 신속한 의사결정과 조직의 구조적 안정성 확보를 위해 권력 행사로 갈등을 처리하고자 할 경우에는 기회 상실, 해고자 및 징계 문제, 좌절감 등과 같은 미해결 갈등으로 인한 비용을 감수할 수밖에 없다.

5) 권력의 기능

조직에서 권력 행사는 부정적인 면도 있지만 긍정적인 면도 있다. 권력 개입 없이는 신속한 대응, 시기적절한 의사결정, 공동목표에

의 집중 등이 불가능하다. 한 예로, 경쟁사의 광고에 대처하거나 적대적 제휴에 맞서야 하는 상황에 직면한 조직은 조직의 위계구조를 바로 세워 신속히 대응하고 조직 내 부정적 입장이나 의견을 강하게 억제하거나 시정토록 해야 한다.

"권력은 부패하기 쉽고 절대 권력은 반드시 부패한다."라는 말은 권력의 부정적인 면을 간파한 역사학자 Acton 경의 명언이다. 권력은 부정적인 면을 지니고 있다(Neuberger, 1996). 권력과 미시정치는 모든 조직에서 나타나는 일반적이고 필연적인 현상이지만, 비밀리에 개입하고 암암리에 행사되는 권력과 미시정치는 부정적인 결과를 초래할 수밖에 없다. 부정적인 결과는 소문, 불투명한 의사결정, 구성원들의 무력감, 좌절감 등의 문제를 야기한다.

여기서 제시하는 새로운 갈등관리방법, 특히 조정은 갈등당사자들이 자신들의 갈등을 직접 공개적으로 투명하게 해결하고 권력관계도 파악하여 모두가 수용하는 해결책을 강구하는 데 이바지할 것이다.

7. 갈등관리유형

조직에서 갈등관리는 크게 네 가지 유형([그림 3-4] 참조)으로 구분할 수 있다(Proksch et al., 2004).

갈등관리는 갈등당사자를 격려할 것인가 아니면 통합할 것인가 그리고 중점을 사람과 사실 중에 어디에 둘 것인가에 따라 다음과

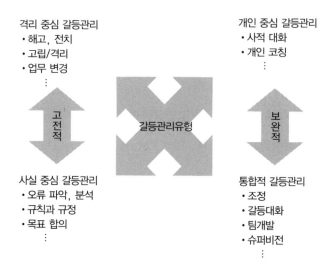

격리 중심 갈등관리
· 해고, 전치
· 고립/격리
· 업무 변경

개인 중심 갈등관리
· 사적 대화
· 개인 코칭

고
전
적

갈등관리유형

보
완
적

사실 중심 갈등관리
· 오류 파악, 분석
· 규칙과 규정
· 목표 합의

통합적 갈등관리
· 조정
· 갈등대화
· 팀개발
· 슈퍼비전

[그림 3-4] 갈등관리유형

같이 나눌 수 있다.

· 격리 중심 갈등관리
· 사실 중심 갈등관리
· 개인 중심 갈등관리
· 통합적 갈등관리

격리 중심 갈등관리와 사실 중심 갈등관리는 갈등의 원인을 사람
이나 객관적 조건에서 찾아 그 근원을 제거함으로써 갈등을 처리하
는 고전적 갈등관리에 속한다. 최근에는 갈등당사자와 갈등역동에
중점을 둔 새로운 갈등처리방법들이 부각되면서 개인 중심 갈등관

리나 통합적 갈등관리가 주목받고 있다.

각 갈등관리 유형에서 강조하는 갈등처리방법은 모두 갈등을 적극적으로 처리하기 위한 개입방법이다. 이에 비해, 일상적으로 많이 활용되고 있는 침묵, 부인, 상사에 위임, 회피 등과 같은 비개입적인 방법으로 처리될 경우, 갈등이 억압되거나 미진한 상태에서 봉합된다. 그렇게 누적된 갈등은 조직 전체를 뒤흔들 폭발력을 가질 수 있다. 따라서 여기서는 이러한 비개입적인 방법에 대해서는 논하지 않는다.

1) 격리 중심 갈등관리

앞에서 언급하였듯이, 조직을 일종의 기계로 보는 기계론적 관점에서 갈등은 기계의 고장과 같아서 그 근원은 기계 부품과 같은 갈등당사자 개인이다. 따라서 갈등은 원인이 되는 당사자를 분리 또는 격리하는 단순한 방식으로 제거될 수 있다. 조직에서 자주 사용하는 방법으로는 해고 또는 전보조치 등을 들 수 있다. 이들 방법으로 갈등을 신속하게 제거할 수 있다. 갈등당사자 이외에 갈등과 관련된 사람들도 퇴직하거나 스스로 고립됨으로써 갈등에서 멀어질 수 있다. 경우에 따라서는 갈등 양 당사자나 관련자의 관심을 갈등에서 다른 쪽으로 돌리게 함으로써 갈등을 해결하기도 한다.

이들 방법은 오래전부터 조직에서 흔히 볼 수 있는 고전적인 것으로서, 특히 개인의 행동이 조직문화에 맞지 않거나 조직 입장에서 '긴급조치'가 필요한 경우에 쓰이는 것이지만, 갈등의 원인을 개인에게 돌려 격려하는 것만으로는 갈등을 성공적으로 해결하기 어렵다. 오히려 격려로 인해 소송으로 번지면 갈등은 더 치열해지거나 더 큰 피해를 유발할 수 있다. 또한 제거된 당사자가 조직에 필요한 인물이거나 속죄양이 되면 더 큰 대가를 치를 수 있다.

유사한 갈등이 반복해서 발생한다는 것은 조직체계의 구조적인 문제로부터 비롯되었다고 볼 수 있다. 구조적인 문제는 개인이 아니라 개인이 맡은 역할과 조직체계의 기능과 관련이 깊다. 예를 들어, IT부서장이 2년 동안 3명이나 교체되었다면 문제는 개인이 아니라 조직의 구조에 있다고 볼 수 있다. 이런 경우에는 통합적 갈등관리로 문제를 근원적으로 해결하는 것이 필요하다. 이를 위해 관리자나 갈등담당자가 통합적 갈등관리에 대해 알고 있는 것은 지속적인 해결책을 찾는 데 중요한 자원이 된다.

2) 사실 중심 갈등관리

고전적인 기계론적 관점에 따르면, 갈등의 또 다른 원인은 규칙, 시설, 자원 등 조직의 조직적 또는 기술적 요소에 있다. 사실 중심 갈등관리는 고장 난 기계부품처럼 제대로 작동하지 않은 조직적 또는 기술적 요소를 문제로 규정하고 그에 대한 해결책을 찾는 것이다. 예를 들어, 갈등이 발생하면 기계의 고장 부위를 찾듯이 먼저 업무, 업무 간 관계 등에 관한 규칙에서 조직의 오작동 요소를 찾아 분석한 다음, 정상 작동을 위해 새로운 규칙을 제정하여 동일 또는 유사 갈등의 재발을 방지한다. 예를 들어, 명령 체계를 새롭게 하거나

의사결정 절차 기준을 개정하여 그 기준에 맞춰 업무가 진행되도록 한다. 규칙, 조직도, 업무흐름도 등의 개정을 통해 조직원 간 협력을 효과적인 방법으로 재조직화하는 것이다. 아울러 형식과 절차를 정해 갈등이 특정 수준이나 범위를 벗어나지 않도록 관리하기도 한다.

자원을 늘리는 것도 사실 중심 갈등관리의 전형적인 방법 중 하나다. 자원을 둘러싼 논쟁이나 마찰은 갈등을 유발하는 가장 큰 원인 중 하나다. 자원이 풍부하면 당사자 간 상호의존성이 줄기 때문에 갈등의 근원을 제거할 수 있다. 예를 들어, 공간 부족이 갈등의 원인인 경우에는 대형 사무실로 이전하거나, 관리부서의 지원이 부족한 경우에는 인력을 충원하여 갈등을 해결한다.

이들 방법은 규칙이 불분명하거나 기준 또는 경계 설정이 문제일 경우에 효과적이며 갈등당사자들이 직접 논쟁할 필요가 없다는 것이 커다란 장점이다. 하지만 실질적 문제가 미해결된 상태로 은폐되거나 심각한 개인적 또는 조직문화적 갈등으로 번지는 경우에는 이 방법들이 효과적이지 못하다.

모든 상황에 통하는 규칙이란 존재하지 않는다. 규칙을 분명히 하면 오히려 반항을 불러일으킬 수도 있다. 예를 들어, 라인조직과 프로젝트조직 사이에, 생산부서와 관리부서 사이에, 생산과정의 경계 지점들 사이에 불화가 생길 수 있다. 그 이유는 행동 및 의사결정의 원칙들(예: 고객중심 대 품질중심)이 서로 양립할 수 없기 때문이다. 갈등은 그 자체의 원인이 처리될 때 최선의 해결책을 찾을 수 있다.

3) 개인 중심 갈등관리

개인 중심 갈등관리는 갈등당사자가 자신의 갈등을 사적으로 처리하는 것으로서 대화, 코칭 등이 그 방법이다.

갈등당사자는 조직적 차원이 아니라 개인적 차원에서 동료로부터의 조언이나 상대방과의 대화를 통해 설득, 사과, 화해, 용서, 강압, 공격, 정치적 타결 등의 방법으로 갈등을 해소한다. 하지만 이들 방법이 실패하면 대개 상사나 외부인 등의 제삼자가 개입하여 갈등을 통제하고 공개적인 충돌을 막기 위해 갈등 양 당사자에게 보상을 주어 무마하거나 강제력을 동원하는 방법으로 위협하여 갈등을 억누른다. 또한 갈등당사자들을 옳고 그름, 선과 악의 잣대로 평가 또는 판단하여 가해자-피해자의 구도하에 대립이나 반목을 해소하려 한다. 이런 방법은 고전적인 승패 전략으로서 상대방을 희생시키거나 배제함으로써 자기가 원하는 것을 얻기 위함이다. 승패 전략에서는 어느 한쪽은 목적을 이루지만 다른 한쪽은 반드시 실패한다. 사회의 질서와 안전을 목적으로 하는 법적 판결도 이러한 일도양단의 승패 원리에 기초한다. 다수원칙의 방법도 승패 전략이다. 하지만 조직에서 모든 갈등에 대해 승패의 원리를 적용할 수 없다. 조직갈등은 통상 개인의 성격뿐 아니라 조직 여건, 관례, 권력구조 또는 부족한 자원 등 많은 요인들에 의해 발생하기 때문이다.

많은 경우 갈등당사자 각자에게는 갈등상황을 이해하고 화를 가라앉히고 자신의 마음을 충분히 표현할 수 있는 대화가 필요하다. 이를 위해서는 사적인 코칭이 커다란 도움이 된다. 조직이 아니라 갈등당사자가 사적으로 의뢰한 코치와 함께 갈등에 대한 최선의 대응책을 마련하는 것이다.

이러한 갈등대처방법은 갈등당사자가 사적으로 적절한 대응책을 강구할 수 있다는 장점이 있지만, 상대방과 함께 조직 차원의 공동 해결책을 찾을 수 없다는 것은 단점이다.

4) 통합적 갈등관리

통합적(integrative) 갈등관리는 조직 차원에서 갈등당사자들이 문제에 관한 직접 대화를 통해 공동 해결책을 강구하는 데 주안점을 둔다. 갈등대화(conflict communication), 갈등코칭(conflict coaching), 팀개발(team development), 갈등조정 등이 대표적인 방법이다. 갈등당사자들이 직접 만나 대화를 통해 장애요소를 제거하고 공동의 해결방안을 찾고 아울러 갈등당사자 관계까지 회복하거나 개선하는 것이 이들 방법의 공통점이다.

공동의 목표를 정하는 것도 하나의 방법이다. 공동의 목표는 갈등당사자 자신에게도 유익하기 때문에 상반된 입장을 좁히고 서로 협력할 수 있다. 다시 말하면, 많은 갈등의 전제 조건인 상호의존성을 새롭게 정립하는 것이다.

가장 간단한 방법은 갈등당사자가 스스로 상대방과 직접 만나 건설적인 갈등대화를 하는 것이다. 그러나 갈등당사자 간 직접 대화는 갈등해결을 위한 출발점이 될 수도 있지만, 만약 서로 자신의 입장만을 주장하게 되면 갈등은 오히려 미해결된 상태로 더 고조될 수 있다. 이러한 위험 상황에서는 중립적인 조정자의 도움이 필요하다.

통합적 갈등관리의 가장 큰 장점은 조직 차원에서 갈등당사자들이 자발적으로 갈등을 처리하는 것이다. 갈등의 원인을 제거하고 문제의 해결책을 강구하는 것이다. 이 방법은 갈등해결뿐 아니라 조직의 대화풍토와 문화 개선, 응집력 강화 등의 부수적 효과도 크다. 통합적 갈등관리를 위해서는 문제를 처리할 수 있는 충분한 시간과 함께 조직 차원에서의 제도적 · 정책적 지원이 필요하다.

8. 현대적 갈등관리

일반적으로 수익증대, 기술개발, 환경의 적응, 사회적 책임, 시장확대 등의 조직목표를 실현하기 위한 기획, 조직화, 동기부여 및 통제 등이 관리자 또는 경영자의 핵심 과업이지만, 갈등관리 또한 그에 못지않은 중요한 그들의 과업이다. 효과적인 갈등관리를 통해 조직성과를 향상시키고 조직발전을 촉진하기 위해 관리자는 리더로서 갈등관리 능력을 계발하고 실천하는 것이 매우 중요하다. 이를 위해서는 효과적이고 효율적인 갈등관리를 통해 조직이 목표를 달성하도록 영향을 미치는 능력, 즉 리더십이 필요하다. 관리자는 갈등을 진단하고 처방할 수 있는 능력을 가져야 한다. 갈등징후를 미리 감지하고 그에 대한 관리전략을 세울 수 있어야 함은 물론, 갈등 유형마다 적합한 대처방법도 알아야 한다. 갈등이 발생한 경우에는 그 원인을 분석하고 적합하게 처리할 수 있어야 한다. 관리자는 갈등에 대한 자신의 대응방식과 역량을 인식하고 갈등당사자들이 만족스러운 해결책을 찾을 수 있도록 즐겁고 유쾌한 분위기를 조성해야 한다. 이러한 관리자의 능력과 자질 그리고 실천이 바로 갈등관리 리더십이다.

오스트리아의 한 경영보고서(Hernstein Institut, 2003)에 따르면, 갈등과 관련된 일들을 처리하는 데 독일 조직의 관리자들은 업무시간의 14%를, 오스트리아 조직의 관리자들은 16%를, 미국의 관리자들은 무려 30%까지 할애하는 것으로 나타났다.

그러면 관리자는 갈등을 어떻게 처리할 것인가? 갈등처리방법은 갈등에 대한 인식, 조직과 갈등에 대한 관점에 따라 다르다. 갈등을 고전적 관점에서 이해하면 앞에서 기술한 대로 고전적인 관리방법들만 쓰게 된다([그림 3-5] 참조).

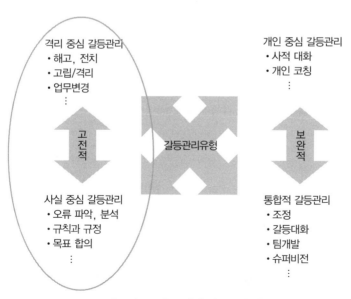

[그림 3-5] 고전적 갈등관리유형

고전적 갈등관리의 장점은 갈등이 신속히 제거되어 상황이 정상화되면 곧바로 일상을 회복할 수 있다는 데 있다. 이러한 방법을 통해 실제로 갈등이 해소되는 경우도 있다. 하지만 다음과 같은 단점을 간과할 수는 없다.

- ·종종 다른 곳에서 동일하거나 유사한 갈등이 재발한다. 그 이유는 갈등의 원인보다 징후만 처리되기 때문이다.
- ·해결책은 이따금 조직에 예상치 않은 결과를 초래하고 더 큰 문제를 야기하기도 한다. "쇠뿔을 바로잡으려다 소를 죽인다."는 교각살우(矯角殺牛)의 어리석음을 범할 수 있다.
- ·갈등을 졸속으로 해결하면 많은 비용이 든다. 문제의 갈등당사자를 해고하면 인력 충원과 교육이 필요하고, 경우에 따라서는 법적 소송으로 인해 많은 비용을 지불해야 한다.
- · 학습효과도 없고 갈등 자체도 처리되지 않는다.

　　고전적 갈등관리만이 유일한 것은 아니다. 최근에 조직에서는 인식의 전환과 함께 새로운 갈등관리를 위한 다양한 방법들이 개발되고 있다.

9. 체계론적 갈등관리

　　요소보다 관계와 전체를 강조하는 체계론적 관점에서 보면, 갈등

은 조직에 해악이고 작업과정을 가로막는 장애요소가 아니다. 그 이상의 것이다. 다양한 가치, 배경, 지식, 문화를 가지고 서로 상호작용하고 있는 조직구성원들이 상이한 목표, 희소한 자원, 이질적 집단을 형성하고 있기 때문에 조직에서 갈등은 일상적이고 불가피한 것이다. 체계론적 관점은 옳고 그름을 가르는 이분법적 사고나 흑백논리에서 벗어나는 것을 그 출발점으로 한다. 대립하는 두 당사자는 서로 자신의 권리를 주장한다. 각자의 권리가 어느 정도인지를 정의하고 누구의 권리가 더 우세한지를 판단하여 승패를 결정하면 당사자의 욕구와 당사자 간 관계는 등한시될 수밖에 없다. 그 결과 갈등을 가져온 한 당사자가 희생양으로 지목되어 카타르시스의 배출구로서의 구실을 하고 사라져 간다. 앞에서 언급한 과거의 갈등처리방법들이 대개 그렇다.

체계론적 관점에서는 갈등을 몰고 온 원인으로 하나의 요소를 희생양으로 지목하는 것이 아니라 관점을 체계의 관계적 구조로 돌린다. 갈등의 현상보다는 행동 패턴에 주목하면서 요소보다는 관계에 초점을 맞춰 갈등당사자의 서로 다른 생각을 정당한 이해관계로 수용한다. 그리고 서로 다른 입장들을 심판하여 서로 격리시키는 것이 아니라 모두 승자가 되는 해결책을 찾아 통합하는 것이 핵심이다. 체계론적 관점의 등장과 함께 모더레이션, 코칭, 슈퍼비전 그리고 팀개발은 새로운 전기를 맞게 되었으며, 특히 갈등조정은 가장 체계론적 관점에 입각한 갈등처리방법으로 인정받고 있다(Duss von Werdt, 2008).

체계론적 관점에 입각한 갈등관리는 '갈등관리는 리더의 책임이다.'라는 원칙에서 출발한다. 이 원칙은 관리자가 모든 갈등을 해결해야 한다는 뜻이 아니라 그 반대다. 갈등해결은 갈등당사자의 몫이다. 관리자는 갈등상황에 적합한 해결방법이 무엇인지를 판단하고 그 방법에 따라 절차를 관리하는 것이 핵심 임무다.

10. 영업팀 갈등, 그 결과는

두 사람이 서로 자신의 주장만 앞세우며 감정이 격해지면서 갈등은 점점 고조되었다. 두 사람 모두 고조되는 갈등을 막으려 하지 않았다. 다음의 대화는 갈등이 고조되는 것을 저지하고 건설적인 방향으로 유도하기 위해 앞에서 언급한 조정기법들을 어떻게 활용할 것인지를 보여 준다.

A: 지역팀장으로서 말씀드리건대, 우리는 이미 이 지역에 맞는 신상품 홍보물을 제작하였고 고객에게도 배포했습니다. 이 지역 고객에 대한 홍보는 우리가 자체적으로 할 수 있습니다.

B: 예. 당신은 홍보 카탈로그의 내용을 바꾸고 싶군요. 그래요. 하지만 회사에 대한 통일된 이미지를 지키는 것이 문제입니다.

A: 본부 때문에 지역이 자유롭게 영업할 수 없습니다. 우리가 이 지역과 고객의 욕구를 더 잘 파악할 수 있습니다. 본부에서 보낸 홍보 CD에 실린 그런 고상한 문구로는 이 지역 고객에게 어필할 수 없습니다.

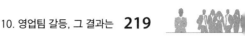

B: 그러니까, 당신은 우리 회사 홍보라인이 당신이 알고 있는 지역과
고객에 대한 정보를 충분히 고려하지 않고 있다고 생각하고 계시
군요. 그래서 홍보 카탈로그에 반대하는 거고요. 제가 제대로 이
해한 건가요? 저는 이 기회에 당신의 정보와 아이디어가 얼마나
중요한지 알게 되었습니다. 본부에서 이 점을 충분히 참조하겠습
니다.

A: 그러시군요. 드디어 본부장님이 제가 말하려고 한 것을 이해하신
다는 느낌이 듭니다.

B: 그렇게 느끼신다니 저도 좋습니다. 우리 한번 이 문제에 대해 함
께 해결책을 찾아볼까요? 말씀을 나눌 내용은, 첫째, 당신이 홍보
라인에 어떻게 참여할 것이며, 둘째, 회사를 위한 당신의 노고를
어떻게 평가할 것인가입니다.

A: 저도 그렇게 생각합니다. 이 내용에 대한 심도 있는 대화를 위해
다시 한번 회의를 가졌으면 좋겠습니다.

상호보완적 갈등관리방법

이 장에서는 개인 중심 갈등관리와 통합적 갈등관리를 결합한 상호보
완적 갈등관리를 제시한다. 상호보완적 갈등관리의 방법으로서 갈등조
정, 모더레이션, 코칭, 팀개발에 대해 살펴보고, 각각의 적용 분야와 함
께 갈등관리의 핵심 방법으로 부각되고 있는 갈등조정과의 차이점에
대해 논의한다. 끝으로 갈등조정을 조직개발의 새로운 분야로 제시하
고 새로운 갈등관리를 가로막는 장애요소들을 살펴본다.

1. 상대하기 힘든 상사와의 갈등

A는 조정자에게 전화를 걸어 빠른 시일 내에 상담을 받고 싶다고
말했다. "더 이상 일이 이렇게 돌아갈 수 없어요! 빨리 해결책이 필
요해요. 앞으로 제가 얼마 동안 참을 수 있을지 모르겠어요."

바로 다음날에 그는 조정자의 사무실을 찾아왔다. "저는 한 은행
에 11년째 재직 중인 회사원입니다. 요 몇 달 동안 일이 점점 많아졌
어요. 회사 재정상 같이 일하는 사원의 수는 점점 줄어들고 그로 인
해 제가 해야 할 업무들이 늘고 있어요. 제가 더 이상 감당할 수 없
을 만큼이요. 상사 B와의 관계 또한 그리 좋지 않아 대화를 시도하

려고 할 때마다 분위기가 긴장돼요. 조정자도 아셔야 할 게, B씨는 진짜 대하기 어려운 사람이에요. 저번 미팅에서는 모든 사람들 앞에서 저한테 뭐라고 한 줄 아세요? 저한테 글쎄 일을 너무 적게 한대요. 근데 그건 절대로 사실이 아니거든요. 실제로는 정반대예요. 저는 누가 봐도 회사를 위해서 열심히 일했어요. 7년 동안 병가도 총 네 번만 냈어요. 그건 우리 회사에서도 기록일 걸요. 제 생각에 B는 다른 사람이 어떻게 행동하는지에 대해 인식을 좀 잘 못하는 것 같아요. 거기에다가 다음 주에는 같이 일하는 동료가 수술을 받아야 해서 병원에 입원한대요. 그렇게 되면 회사는 일이 너무 많아 지옥이나 마찬가지일 거예요. 진짜 어떻게 이 상황을 넘겨야 할지 모르겠어요. 저의 작전은 한 가지뿐이에요. 어떻게든 해 보자. 최대한 할 수 있는 대로 한번 노력은 해 봐야죠. 그래서 요즘은 야근을 밥 먹듯이 하는 것 같아요. 저는 이렇게 일을 열심히 하는데 B는 그게 보이지 않나 봅니다. 정말로 이 상황 때문에 집에 가면 잠도 잘 안 오고 회사 나가는 것도 싫어요." 그러고는 B에 대하여 이렇게 덧붙였다. "B는 다른 직원들을 대할 때도 그래요. 자기 비서한테도요. 그로 인해 많은 사람들이 이 회사를 떠났어요. 모든 사람들이 보는 앞에서 저에게 그렇게 어처구니없는 망신을 준다면 저도 다른 직장을 알아볼 거예요. 근데 그것도 이쪽 계통에서는 쉬운 일이 아니라서 … 혹시 다른 방법이 없을까요? 조정을 하시는 분이라고 들었는데 어떻게 저 좀 도와주시면 안 될까요?"

2. 상호보완적 갈등관리방법

3장에서 우리는 격리 중심 갈등관리와 사실 중심 갈등관리에 관해 살펴보았다. 이 두 유형은 갈등의 원인을 조직의 조건들로 보고 그것들의 변화를 통해 갈등을 제거한다는 점에서 공통점이 있다. 여기서는 조건이 아니라 갈등 자체에 중점을 두고 원원 해결책을 찾는 개인 중심 갈등관리와 통합적 갈등관리의 방법들로서 코칭, 갈등조정, 갈등대화, 팀개발, 슈퍼비전 등에 관해 살펴보고자 한다([그림 4-1] 참조). 조직의 관리자나 경영자는 이들 방법의 장점과 단점 그리고 차이점과 공통점을 이해함으로써 여러 다양한 갈등상황에서

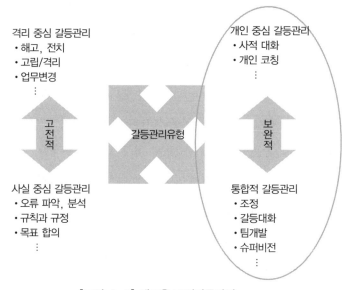

[그림 4-1] 새로운 조직갈등관리

이들 방법을 적절히 혼합하여 상호보완적으로 활용할 수 있다.

3. 갈등조정

갈등조정은 어원적으로 라틴어 'mediare'로부터 유래하였으며 '중간에서 전달하다'라는 의미를 지니고 있다. 5장에서 자세히 살펴보겠지만, 갈등조정의 목표는 갈등당사자들이 미래를 위해 자발적으로 자신들의 이익과 욕구를 만족시키는 윈윈의 해결책을 찾는 것이다. 이 목표를 달성하기 위해서는 목표를 중심으로 구조화된 조정단계모델, 욕구에 초점을 맞춘 대화, 입장 바꾸기와 상호이해, 갈등당사자 간 대화패턴의 변화 등이 요구된다(문용갑, 2011).

갈등조정과정을 관리하는 조정자는 갈등당사자들의 다양한 의견, 가치, 입장, 의미부여, 갈등해결 시도 등에 대해 우열을 가리거나 옳고 그름을 판단하지 않고 모두 가치 있는 것으로 대등하게 대하여야 한다. 한마디로 중립적(neutral)이어야 한다. 갈등조정과정에서 모든 갈등당사자에게 시간과 관심을 동등하게 제공하여 자신의 욕구와 이해관계를 충분히 밝힐 수 있도록 하고 모두가 수용할 수 있는 해결책을 스스로 강구하도록 지원하는 제편적 자세를 가져야 한다. 조정자는 갈등당사자의 비밀을 보장하여야 한다. 모든 갈등당사자가 참여하는 갈등조정과정은 개방적이며 투명해야 한다. 갈등조정의 기본 원리는 중립성, 제편성, 자기결정, 신뢰 그리고 참여다(63쪽).

갈등조정은 여러 다양한 갈등에 활용되고 있다. 최근 갈등조정은

부부갈등, 이혼과 별거, 학교, 단체, 협회에서 참여권, 공공갈등, 환
경보호갈등, 이웃갈등, 다문화갈등, 조직 간 갈등, 조직 및 조직 내
갈등에서 활용되고 있다.

갈등조정은 모더레이션, 슈퍼비전, 코칭, 팀개발, 조직개발 등과
구분된다.

4. 모더레이션

국내에서는 잘 알려지지 않은 모더레이션(moderation)은 독일의
Quickborner Team에 의해 체계화된 자율적인 문제해결을 위한 상
호 토론절차다. 모더레이션은 고전적인 토론 진행의 단점들을 개선
하는 목적으로 발전하였다. 고전적인 토론과정은 음성언어, 즉 말을
중심으로 진행되며 많은 정신적 집중을 요구한다. 말 중심의 토론은
대화의 내용이 주제 및 목적과 다른 방향으로 진행될 수 있으며, 토
론참여자들의 수많은 상호작용에 비해 진행이나 결과는 대단히 비
경제적이다. 이러한 단점을 극복하기 위한 모더레이션은 도구를 이
용한 토론 진행방법이다. 토론참여자들은 자신이 가진 자원들을 바
탕으로 도구를 사용하여 통일된 방향으로 문제를 해결해 나간다.

모더레이션에 의한 토론은 3단계(Klebert et al., 2002)로 진행된다.

· 문제(토론주제)를 모으고 범주화한다.
· 문제(토론주제)를 구체적으로 다룬다.

· 문제(토론주제)를 해결한다.

전체 토론과정은 이성과 감성 중 어느 한 측면에 치우치는 것이
아니라 항상 두 측면이 균형을 이루어 진행된다. 두 측면의 균형을
유지하기 위하여 모든 과정은 시각화되고, 보드나 카드와 같은 다양
한 도구를 사용하여 토론참여자 중심으로 진행된다. 도구는 통일성
과 전체적인 맥락을 고려하여 활용한다.
모더레이션의 기본 원리는 다음과 같다.

· 시각화: 전체 토론과정의 내용을 시각화(visualization)하여 한눈
  에 볼 수 있도록 정리한다.

· 상호작용: 토론참여자들이 상호작용을 통해 생각하고 느끼는 바
  를 교환하는 과정에서 공동체의식을 확보하도록 한다. 다시 말
  해, 참여자 간 공감대 확보를 통해 참여자집단의 특성에 맞는 문
  제해결력을 갖추는 것이다.

· 질문과 응답: 모더레이터(moderator)와 참여자집단은 상호 질문
  을 통하여 토론을 시각화해서 문제를 해결한다.

토론참여자와 수평적 관계에 있는 모더레이터는 토론을 진행할
때 몇 가지 원칙을 염두에 두어야 한다.

- 모더레이터는 모더레이션 기법을 완전히 숙지하고 집단역동에 정통해야 한다.
- 모더레이터는 동기가 충만해 있는 토론참여자의 힘을 토론과정에 효과적으로 활용해야 한다.
- 모더레이션 기법은 개별작업, 소집단과 전체집단 활동 등으로 작업 유형의 다양화와 변화를 가져와야 한다. 이것은 참여자의 자신과 조직에 대한 성찰적 태도, 불확실성과 두려움의 해소, 합의지향성(consensus-orientation) 그리고 토론과정의 투명성을 위함이다. 토론참여자는 다른 참여자들과 그리고 모더레이터와 경험과 의견을 공유하면서 함께 문제해결을 한다

갈등조정과 모더레이션 기법은 어떤 차이가 있는가? 모더레이션 기법은 집단이 주제를 구조화하고 효율적으로 처리하도록 하기 위한 방법으로서 기존의 시너지 잠재력(synergy potential)을 적절히 활용하고 합의된 목표(예: 신상품 개발)를 달성하는 데 도움을 준다. 모더레이션 기법의 기본 취지는 갈등처리가 아니라 목표달성에 있다. 이에 반해 갈등조정의 목표는 중립적인 제삼자의 도움으로 갈등 당사자들 간 갈등을 공동으로 해결하는 데 있다. 하지만 갈등조정에서도 모더레이션에서 활용하는 기법들을 적절히 활용할 수 있다 (Proksch et al., 2004).

5. 슈퍼비전

슈퍼비전(supervision)은 슈퍼바이저(supervisior)가 팀 또는 개인의 전문적 능력을 증진시키는 것을 단기목표로 삼아, 전문적인 업무 수행에 필요한 중요한 요소들에 대해 지도하고 조언하는 것이다. 슈퍼비전은 개인을 대상으로 하는 개인슈퍼비전과 집단이나 팀을 대상으로 하는 집단슈퍼비전으로 구분된다. 사례슈퍼비전에서는 개인 또는 집단이 작업현장에서 발생하는 문제들에 대한 해결책에 관해 슈퍼바이저로부터 지도를 받거나 또는 조언을 듣는다. 인터비전(intervision)은 슈퍼비전의 변형으로서 슈퍼바이저 없이 집단 동료들 스스로 서로의 문제에 대해 조언이나 도움을 주는 것이다.

슈퍼바이저는 조정자에게도 필수적인 대화기법을 활용하여 고객을 지지해 주기도 하고 때로는 지도나 조언을 하기도 한다. 슈퍼비전의 핵심 목표는 개인 및 집단의 전문역량 강화인 반면, 갈등조정은 윈윈 해결책 모색에 초점을 맞춘다. 하지만 집단 동료들 간에 갈등이 발생하였을 때, 갈등해결에 전문성이 있는 슈퍼바이저라면 갈등 양 당사자가 참여한 상태에서 갈등을 해결할 수 있도록 도와줄수 있다. 슈퍼비전 회의는 장기간(예: 1~2년)에 걸쳐 정기적으로(예: 월 1회) 진행된다. 이에 비해, 조정은 짧은 기간에 제한된 재정으로 이루어진다.

6. 코칭

코칭은 개인의 직업 및 경력 관련 문제를 성찰하고 해결하기 위한 코치와 고객인 코치이(coachee) 간의 대화과정이다. 코치는 코치이와 목표를 정하고 그 목표를 달성하기 위한 전략을 세운다. 그리고 장애 및 방해 요소들을 분석하고 구체적인 해결책을 모색한다. 코치가 치료자가 아니라 컨설턴트로서 코치이에게 길을 안내하고 그의 행동에 대해 항상 피드백을 주면 코치이는 새로운 시각과 행동방안을 찾게 된다.

코칭 과정에서 코치이의 개인 내적 갈등이나 타인과의 갈등은 자주 등장하는 주제다. 갈등은 숨기거나 무시하면 위기상황으로까지 고조된다. 코칭은 이러한 갈등을 예방하고 관리하고 또한 필요한 경우 전략적으로 자극하는 데 도움을 준다.

코칭은 한 명의 코치이를 대상으로 하지만 갈등조정은 최소한 두 명 이상의 갈등당사자를 대상으로 한다는 점에서 서로 다르다. 하지만 갈등에 전문성을 지닌 코치는 코치이가 갈등이 있을 경우 갈등코칭을 통해 조직 차원의 갈등뿐 아니라 개인 차원의 갈등에서도 코치이가 단순히 문제를 해결하는 데 그치지 않고 갈등을 이해하고 스스로 관리해 나갈 수 있는 역량을 강화하는 데 도움을 줄 수 있다. 갈등을 겪고 있는 코치이가 갈등 상대와 협력하려는 의지가 있다면 코칭은 조정을 대신할 수 있다.

갈등조정과 코칭은 절차뿐 아니라 여러 면에서 상이점과 유사점이 있다. 갈등조정은 갈등 및 문제 해결이, 코칭은 코치이의 역량강화가 핵심 동기라는 점이 다르고, 조정자는 중립적인 입장을, 코치는 갈등당사자 일방에 대하여 지지적인 입장을 취한다는 점에서도 사뭇 다르지만 방법적인 면에서는 일치하는 점이 많다. 조정자와 코치는 갈등당사자 또는 코치이가 처한 개인적 상황을 고려하여 적절히 개입하여야 하며 문제해결을 위한 대화기법에도 정통해야 한다. 대화기법은 당사자 스스로 책임지고 문제를 해결할 수 있도록 도움을 주는 것이어야 한다.

7. 팀개발

팀개발(team development)은 집단을 팀으로 구성하는 것을 목표로 한다. 이 목표를 달성하기까지는 권력다툼, 동맹형성, 규범갈등 등과 같은 수많은 문제들이 발생하기 때문에 팀이 구성되기도 전에 집단이 마비되거나 해체될 수도 있다. 이러한 역동적인 과정은 팀개발 차원에서 전문컨설턴트의 도움을 받아 신속하고 효과적인 팀의 구성을 목표로 재정립될 수 있다.

팀개발의 주요 동기는 대화 개선, 팀원 간 협력과 근로관계 개선, 팀정체성 확립, 업무 및 역할 규명 등이다. 팀개발은 특히 조직 또는 부서 통합이나 새로운 팀구성에 활용된다.

팀개발과 갈등조정의 차이는 무엇인가? 팀개발로 집단은 효과적·효율적으로 일할 수 있고 갈등에 대해 생산적으로 대처할 수 있

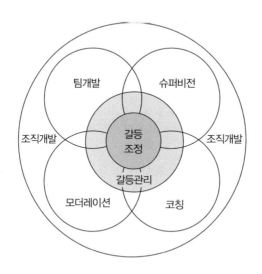

[그림 4-2] 갈등관리 네 잎 클로버

다. 갈등을 스스로 처리하고 해결할 수 있다는 면에서 팀개발은 갈
등을 예방하기 위한 수단 중 하나다. 하지만 이미 집단에 갈등이 있
을 경우에는 팀개발이 오히려 갈등을 더 고조시킬 수도 있으므로 갈
등조정이 더 바람직하다.

[그림 4-2]는 지금까지 언급한 방법들이 갈등관리와 어떤 관계
에 있는지를 보여 준다. 갈등당사자의 자발적인 갈등해결을 목표
로 하는 갈등조정을 갈등관리의 중심에 두고 나머지 팀개발, 슈퍼
비전, 모더레이션, 코칭 등도 부분적으로 활용될 수 있다. 조직개발
(organization development)은 이 모든 방법들을 포함하는 상위 개
념이다.

8. 조직개발과 갈등조정

조직개발은 환경 변화에 대해 조직이 능동적으로 대응함으로써 조직의 효율성을 향상하기 위해 계획된 변화 전략이다. Beckhard (1969)에 따르면, 조직개발은 행동과학지식을 이용하여 조직에 계획적으로 개입하여 조직의 효율성과 건강을 증대시키기 위한 계획적이고 범조직적인 노력으로서 최고경영자가 주도하는 것이다.

갈등은 조직의 미해결된 문제를 나타내는 신호일 수 있으므로 조정과 조직개발을 병행할 수 있다. 예를 들어, 갈등조정으로 신속히 갈등을 처리함과 동시에 조직 전체 차원의 조직개발을 통해 재발이 가능한 갈등을 미연에 방지할 수 있다.

조직개발은 조직 또는 산하조직의 발전과 변화를 위한 장기간 과정이다. 이 과정의 목표는 조직의 수행능력(효율성과 효과성)과 노동의 질 향상(인적자원)에 있다. 조직개발은 조직의 전략적, 구조적 또는 문화적 문제를 주로 다룬다.

조직개발은 포괄적인 컨설팅 개념으로서 코칭, 팀개발, 모더레이션, 갈등조정 등의 방법을 활용한다. 조직개발 컨설턴트의 역할은 고객 조직이 현안 문제와 과제를 스스로 해결하도록 돕는 것이다. 조직개발은 전문역량보다는 방법을 중심으로 한 과정역량에 초점을 맞춘다.

1) 조직개발과 갈등관리

조직개발의 틀 속에서 갈등관리는 성공적인 변화과정을 위해 반드시 필요하다(Doppler & Lauterburg, 1994). 고전적 관점에서 보면 개인과 조직은 긴장관계에 있으며 개인과 조직 사이에 발생하는 갈등은 일반적인 현상이다. 그래서 개인과 조직 사이의 갈등은 조직심리학적 연구의 핵심 분야이기도 하다. 그러나 조직개발 관련 문헌에서는 이러한 사실을 다루지 않고 있으며 때로는 하찮은 것으로 해석하기도 한다(Berkel, 1984). 갈등 관련 문헌을 보면 알 수 있듯이, 조직의 갈등과 갈등관리에 관한 경험적 연구가 아직은 미흡한 상황이다.

많은 경우 조직개발에서는 대립과 갈등은 공개적인 대화로 해결되거나 스스로 해결되는 것으로 본다. 따라서 조직개발에 관한 연구는 대개 대립이나 반목을 주제로 각자가 자신의 이익을 분명하게 제시하고 갈등을 처리할 수 있는 여건을 조성하는 데 초점을 맞춘다(Baumgartner & Häfele, 1998). 조직개발에서는 갈등을 숨기지 않고 공개적으로 해결될 수 있는 것으로 간주하지만 좀 더 깊이 들여다보면 정작 그 방법에 대해서는 언급하지 않고 있다(Heimerl-Wagner, 1993).

비전을 가지고 공동의 목표만 세우면 갈등은 근본적으로 해결할 수 있다고 보기 때문에 문제와 불화는 쉽게 예방할 수 있는 것으로 취급한다. 만약 이 방법이 효과가 없으면 관련 당사자를 교체하면 된다(Kotter, 1998). 하지만 조직개발 프로젝트를 철저한 계획하에 실행한다고 해서 갈등이 발생하지 않는다고 장담할 수 없다. 따라서 조직개발을 근본적인 모순들이 해소되는 원만한 과정으로만 보는 시각에는 한계가 있다.

하지만 조직개발은 갈등예방과 관련하여 다음과 같은 몇 가지 시사점을 제공한다(Höher & Höher, 2002).

- 목표갈등을 예방하라. 목표를 합의하고 지침을 제시하라.
- 조직원들을 의사결정에 참여시켜라.
- 조직원들의 상사에 대한 의존을 감소시켜라.
- 조직원들의 운신 공간을 넓혀라.
- 정보의 흐름을 개선하라.
- 인력 채용 시 지원자의 갈등해결 능력에 주시하라.
- 분배갈등을 예방하라.
- 개인적 전문성 향상을 위한 승진·승급 및 경력제고의 기회를 확대하라.
- 전문역량과 함께 사회역량도 향상시켜라.

이러한 조직개발의 고전적인 방법을 보면, 조직개발은 갈등을 건설적으로 해결하는 것보다 갈등을 예방하는 데 초점을 두고 있음을 알 수 있다.

2) 갈등조정과 조직개발

조직개발에서는 갈등관리에 관한 해답을 찾기 어렵다. 사회 전반에 폭증하고 있는 갈등에 대한 적절한 처리방법이 시급한 현실에서 갈등조정은 새로운 갈등해결방법으로 부각되고 있으며 조직에서도 갈등조정에 관한 관심이 높아지고 있다.

갈등조정에 대한 사회적 관심이 높아지고 있는 이유는 갈수록 더 복잡해져 가는 사회에서 발생하는 다양한 문제들을 기존의 정치·행정체계나 경제체계가 해결하지 못하고 있을 뿐 아니라 미래 발전을 위한 비전도 제시하지 못하기 때문이다. 사회의 여러 하위체계들에서 분화가 심화되고 있지만 서로 간 연계와 통합이 미진하면 범사회적으로 심각한 문제가 아닐 수 없다. 이러한 문제에 대처하기 위해서는 사회의 자기조직적(self organizational)인 하위체계들을 통합하는 합의체계가 필요하다. 갈등조정은 여러 다양한 이해관계들이 고려된 효율적인 문제해결과 당사자들이 모두 직접 참여하여 최선의 합의를 이끌어 내는 데 커다란 역할을 할 것이다(Wiedemann & Kessen, 1997).

〈표 4-1〉에서 보듯이, 갈등조정은 조직개발과 함께 현대 조직이 필요로 하는 기본 자세와 일맥상통한다.

갈등조정과 조직개발은 서로 같은 점도 있지만 다른 점도 있다. 조직개발은 계획된 지속적인 개발과정인 반면, 갈등조정은 한시적인 개입방법이다. 갈등조정은 갈등해결을 위한 방법인 반면, 조직개발은 조직의 발전과 효율성 향상을 위한 방법이다. 갈등조정은 조직

〈표 4-1〉 조직개발과 조정의 유사점

조직개발(French & Bell, 1973)	갈등조정(문용갑, 2011)
과정 관련 당사자는 모두 변화 과정에 참여한다.	모든 갈등당사자는 조정과정에 참여한다.
컨설턴트(조직변화담당자)는 결과보다는 과정과 절차를 관리한다.	조정자는 조정과정의 관리자 또는 감독자로서 내용과 결과에 대해서는 책임지지 않는다.
중립적인 컨설턴트에 의한 과정관리	중립적이고 제편적인 조정자에 의한 중개
조직개발의 목표는 조직문제해결 및 혁신과정을 개선하고 학습과정을 공고히 하는 데 있다.	갈등조정에서의 학습을 통해 갈등당사자들은 미래 갈등에 대한 대처방법을 학습한다.
조직개발 컨설턴트는 문제와 고충보다는 해결, 자원 그리고 미래 가능성에 초점을 맞춘다.	갈등조정에서는 과거의 문제보다는 갈등당사자 간 미래가 더 중요하다.

개발이 성공적으로 이루어지도록 하는 촉진제 역할을 할 수 있지만 조직개발에서는 이 점을 간과하고 있다. 갈등조정은 또한 조직변화의 계기가 될 수 있다(Kerntke, 2004).

조직 안팎에서의 역동적인 변화에 대해 사회 및 조직 차원에서의 새로운 형태의 조화와 관리의 필요성이 대두되고 있다. 서로 만나 얼굴을 마주 보고 직접 대화하는 소규모 집단과 달리, 조직은 기본적으로 여러 매체를 통한 대화에 기초한 간접적인 의사소통체계이므로 간접 대화를 조율하는 규칙, 지침, 명령, 매뉴얼, 구조 등이 필요하다. 대화를 조직화하고 그 기능을 유지하기 위해서는 위계구조가 필요하다. 하지만 급속한 환경 변화와 치열한 경쟁하에서 위계구조가 제 기능을 발휘할 수 없는 것이 오늘의 현실이다(Falk et al., 1998).

과거에는 상사가 부하조직원들이 주는 정보에 근거하여 어느 정도 적절한 의사결정을 할 수 있었지만, 오늘날에는 정보의 양이 증가하고 변화의 속도가 점차 빨라지고 있기 때문에 의사결정이 그리 쉽지 않다. 상사는 많은 의사결정 사안들을 부하에게 위임할 수밖에 없고 그럴수록 부하조직원의 중요성과 영향력은 더욱더 커져 가고 있다.

조직에서 위계적 권력구조를 유지하는 방법은 다양하다. 조직 내 위계적 분화는 그 대표적인 방법이었다. 하지만 그로 인해 조직원의 자세나 태도는 권위적으로 되어 갔고 조직은 더 복잡해졌으며 의사결정 속도는 점차 느려져 효율성 또한 떨어졌다. 이에 대한 방안으로 비위계적인 조직구조(프로젝트 관리, 팀작업, 자율적 소집단 등)가 등장하였고 조직개발의 핵심으로 자리 잡고 있다.

위계구조의 위기와 함께 과거 조직체계로는 해결될 수 없는 새로운 갈등들이 증폭하면서 '갈등은 제삼자(관리자, 중재자, 판사 등)에게 위임한다.'는 원칙도 변할 수밖에 없는 상황이 되었다. 팀, 프로젝트집단 등은 위계보다는 민주주의의 원리에 따라 기능할 때 성공적이고 효율적이라는 점에서 고전적인 위계조직에 대한 대안으로 각광받고 있다.

우리는 이 새로운 조직유형이 기존의 위계구조에 무사히 안착할 것이라고 믿고 있지만, 사실은 그 과정에서 다양한 조직요소들을 잇는 연결지점들에서 수많은 갈등이 발생하고 있다. 이들 갈등은 조직의 변화과정에서 필연적일 수밖에 없는 구조적 모순의 발로로서 지속적인 관리가 필요하다. 과거 위계적인 방법으로는 이 갈등들을 충분히 관리할 수 없다. 고전적인 위계구조가 이미 한계에 이른 상태에서 '갈등은 제삼자에게 위임한다.'는 원칙은 더 이상 통하지 않는다. 그러니 위기상황이 아닐 수 없다. 이 위기상황을 극복하기 위해서는 갈등조정과 같은 새로운 갈등해결방법이 시급하다.

많은 조직들이 고민하고 있는 갈등 관련 문제는 갈등해결을 담당하는 프로젝트 또는 팀 관리자들에게서 드러나고 있다. 이들은 팀 내부에 위계구조를 재정비하여 이 문제를 풀려고 노력하고 있지만, 공교롭게도 그 노력은 새로운 조직유형인 팀조직을 훼손하는 결과를 초래하고 있다. 그 주된 원인은 팀조직이 효율적으로 기능하기 위해서는 경직된 위계구조가 아니라 민주적인 조직구조가 필요하기 때문이다.

'새 술은 새 부대에'라는 말이 있듯이, 새로운 조직형태는 새로운 갈등해결방법을 필요로 한다. 팀은 자신의 갈등을 스스로 해결할 수 있을 때 독립적이고 자율적인 관리능력을 가진 조직단위가 될 수 있다. 갈등을 집단리더에게만 위임하면 그 집단은 분열되거나 존립한다고 하더라도 자율적이지 못하다. 또한 조직목표에 맞게 기능할 수도 없다. 통합적 갈등관리방법, 특히 조정의 도입은 조직개발의 성패를 가늠하는 기본 잣대가 될 것이다.

조직에서 새로운 갈등해결방법의 필요성과 중요성은 갈수록 더 커지고 있다. 심지어 조직생존의 필수조건으로까지 여겨지고 있다. 조직의 이러한 요구상황에 부합하는 것이 바로 갈등조정이다. 하지만 조직에서 갈등조정과 같은 통합적 갈등관리방법은 제한적으로만 활용되고 있다. 그 이유는 무엇일까?

9. 통합적 갈등관리의 장애요소

앞에서 언급하였듯이, 조직의 갈등관리는 격리 중심 갈등관리, 개인 중심 갈등관리, 사실 중심 갈등관리, 통합적 갈등관리 등 네 가지 유형으로 구분되지만, 실제로 조직에서는 어떠한 유형의 갈등관리도 제대로 이루어지지 못하고 있다. 특히 개인 중심 갈등관리와 통합적 갈등관리의 방법들을 혼합하여 상호보완적으로 활용하면 갈등당사자들뿐 아니라 조직에도 유리한 해결책을 찾을 수 있지만 그 활용도는 매우 미흡한 것이 현실이다. 대부분의 관리자는 통합적 갈등관리를 하기보다는 통상적으로 갈등당사자와 사적 대화에서 획득한 정보를 바탕으로 문제를 분석하고 심판하는 데 익숙하다. 그 이유는 여러 가지가 있겠지만 대개는 갈등조정 시간과 비용에 대한 우려, 갈등에 대한 부정적 인식과 두려움, 권력 및 통제력 상실, 폭로와 누설에 대한 두려움, 이미지 훼손, 갈등대처 노하우 부족 등 때문이다(Proksch, 2010).

1) 시간과 비용에 대한 우려

갈등조정, 팀개발, 모더레이션, 슈퍼비전 등과 같은 통합적 방법들을 구사하는 데는 시간과 비용이 든다. 외부 조정자나 컨설턴트를 구해야 하고 당사자나 관계자들과 약속을 정해야 하고 또 적절한 사례금을 지급해야 한다. 그렇다고 승패를 가르는 심판이 더 효율적이라고 할 수 있을까?

물론 문제해결을 위해 신속한 심판이 효율적일 수 있다. 하지만 그 심판으로 인해 문제가 더 심각해질 수도 있다. 또 문제를 충분히 분석하였다지만 단지 사실적 요소만으로 해결되지 않는 경우도 있다.

조직에서 갈등조정은 대개 여타의 해결책이 수포로 돌아간 다음 최후의 수단으로 활용된다. 조정 비용은 미해결 갈등에 드는 비용과 비교하여 산출되어야 한다(76쪽). 실제로 갈등조정 비용은 갈등에 드는 비용보다 훨씬 더 저렴하다.

2) 갈등에 대한 부정적 인식

조직사회에서는 여전히 고전적 갈등관이 뿌리 깊이 박혀 있다. 많은 관리자들은 '반갈등적 가치'에 우선순위를 두는 경향이 강하다. 불화, 의견대립, 논쟁, 싸움 등은 부정적으로 규정하는 가치체계가 지배적인 사회에서 사회화된 조직구성원들은 의견일치, 단합, 평화, 조화 등은 좋은 것이고, 갈등은 모두 나쁜 것이라고 생각한다. 이러한 사고방식은 일상에서 언행으로 그대로 나타난다. 갈등이라는 단어를 발설하는 것조차 불편해한다.

전통적으로 조화를 중시하고 집단주의적 성향이 강한 동양 문화권에서는 갈등이 부정적으로 인식되어 온 것이 사실이다. 최근 들어 가치관이 많이 서구화되었다고는 하지만 유교사상이 뿌리 깊은 우리나라의 경우, 조직의 성과를 높이려면 갈등을 최소화해야 한다는 생각이 여전히 지배적이다. 그 결과 상하 간에는 아랫사람의 양보 또는 포기가, 동료 간에는 서로 타협함으로써 갈등을 이슈화하지 않으려는 소극적인 해결방식이 주로 사용되고 있다.

3) 갈등에 대한 두려움

우리는 갈등이 생기면 불편한 마음부터 앞선다. 불편한 마음은 심해지면 가슴에 사무치는 고통이 되기도 한다. 따라서 우리는 갈등에 편안한 마음으로 반응하지 못하고 쉽게 감정에 휩싸여 헤어나지 못한다.

갈등에 대한 부정적인 감정은 갈등에 대한 인류의 뿌리 깊은 경험과 관련이 깊다. 역사적으로 볼 때, 갈등은 태곳적부터 생명을 위협하는 것이었다. 갈등으로 인해 패자가 되거나 생명을 잃기도 하였다. 노예제도, 살인 또는 파멸도 갈등과 깊은 관련이 있었다. 갈등상대방은 단순히 위험한 존재가 아니라 응징해야 할 적이었다. 공동체 안에서 갈등은 더욱 고통스러운 것이었다. 갈등으로 친구를 잃거나 공동체로부터 배제될 수도 있었기 때문이다. 공동체로부터의 배제는 거의 사형선고와도 같았다.

오늘날 갈등에 대한 우리의 경험도 중요한 역할을 한다. 어려서 우리는 누구와 싸우면 벌을 받거나 창피를 당하거나 심지어 신체적 폭력을 당하기까지 하였다. 싸우면 사랑을 주지 않겠노라고 부모로부터 위협을 받기도 하였다. 이처럼 우리의 대부분은 갈등에 대해 부정적인 경험들을 갖고 있다. 그래서 갈등에 적극 나서기보다는 피하는 것이 더 익숙하다.

갈등에 대한 두려움을 극복하는 첫걸음은 갈등의 긍정적인 면을 인식하는 것이다. 갈등은 부정적인 면과 긍정적인 면을 함께 지니고 있다. 갈등은 현실인식과 발전을 가능케 한다. '갈등'의 한자어는 칡나무(葛)와 등나무(藤)가 실타래처럼 서로 뒤엉킨 이미지를 형상화한 개념이지만 그 이미지에는 칡나무와 등나무가 서로의 버팀목이 되어 더 강하게 자랄 수 있다는 의미도 담겨 있다. 따라서 갈등은 잘 관리하면 기회가 되지만 무시하거나 회피만 한다면 조직에 위험요소가 될 수 있다. 유능한 관리자라면 갈등에 내재된 기회를 인식하고 활용하며 논쟁이나 대립을 피하지 않고 적극적으로 대처하는 용기가 필요하다.

4) 권력 및 통제력 상실

갈등에 대한 소극적인 태도는 단지 두려움 때문만이 아니다. 권력 및 통제력 상실에 대한 불안도 한 원인이다. 예를 들어, 관리자들은 자신의 결정이 초래할 결과에 대해서는 쉽게 상상할 수 있지만, 조정에 대해서는 그럴 자신이 없다. 조정의 결과가 마음에 들지 않을까 또는 예측할 수 없는 부작용이 발생하지 않을까 하는 걱정이 앞선다. 그래서 대개는 고전적인 해결방법을 쓰게 된다.

하지만 그러한 걱정은 한낱 기우에 불과할 수 있다. 긴장상황에서 내려진 결정은 기대와 정반대되는 결과를 초래할 수 있다. 하지만 통합적인 갈등관리방법들을 사용하면 갈등당사자들이 스스로 협력하여 참신한 해결책을 찾을 수 있다. 그리고 이를 계기로 머리를 맞대고 해결책을 찾는 데 노력한 조직원들의 신뢰와 충성도도 높아진다.

5) 폭로와 누설에 대한 두려움

또 다른 두려움은 폭로와 누설에 대한 것이다. 소규모 작업집단부터 전체 조직에 이르기까지 모든 사회체계에서는 조직원 일부 또는 모두가 후환이 두려워 내부 정보를 누설하지 않거나 부인하곤 한다. 불투명한 재정 운영, 사건 및 사고, 부정부패 등이 그 예다. 많은 관리자들은 통합적인 갈등관리로 인해 조직 내부의 이러한 불상사들이 외부에 유출될 것이라고 두려워한다.

하지만 사실을 강압적으로 은폐하거나 무작정 잊히기를 바라는 것은 더욱 위험한 일이 아닐 수 없다. 그러한 기대는 한낱 자기기만에 불과하다. 사실을 밝히고 실수가 있다면 고백하고 당사자와 함께 건설적인 해결책을 찾는 것이 훨씬 더 바람직하다.

6) 이미지 훼손

동료들 사이에서의 이미지 훼손 또한 갈등처리에 걸림돌이다. 관리자들은 대개 항상 대담하고 저돌적인 추진력으로 어떤 문제라도 스스로 해결할 수 있다는 자아상을 갖고 싶어 한다. 하지만 팀에서 발생한 갈등을 외부의 도움으로 해결한다는 소문이 퍼지면 동료들이 어떻게 볼 것인지에 대한 우려가 크다. 과연 외부의 도움을 받는 것이 약하다는 표시일까? 이미지 훼손에 대한 우려는 조직문화에 따라 달라진다.

관건은 팀 또는 집단이 맡은 바 업무를 어떻게 성공적으로 수행하고 또 조직발전에 기여하는가다. 이러한 목표를 실현하는 데 있어 외부의 도움 여부는 그리 중요하지 않다. 적극적으로 처리한 갈등은 내적 결속을 강화할 뿐 아니라 동기부여를 촉진할 것이다.

7) 갈등대처 노하우 부족

갈등에 어떻게 대처할 것인지에 관한 노하우가 없으면 관리자는 갈등관리에 적극적으로 나설 수 없다. 공격을 당하면 어떡하나? 동료가 감정을 폭발하거나 비난하면 어떻게 대처해야 하는가? 스스로 대처할 수 없는 상황이 벌어지지 않을까? 관리자들은 이러한 질문들을 자주 한다. 대부분의 관리자는 대인관계에서 발생하는 어려운 문제나 갈등에 대처하는 방법에 대해 교육받지 못했다. 오늘날에도 갈등대처방법에 관한 교육은 교육현장에서 여전히 미흡한 실정이다.

갈등관리교육은 관리자에게 반드시 필요하다. 관리자가 스스로 또는 코칭을 통해 자신의 역할에 대해 규칙적으로 성찰하기 위해서라도 갈등관리교육은 앞으로 더욱더 확산되고 개선되어야 할 것이다.

10. 갈등관리의 실패와 그 결과

조직에서 무분별하게 처리된 갈등은 '좋지 않은' 결과를 초래한다. 처리 이후에도 동일하거나 유사한 갈등이 재발하고 부정적인 결과가 초래되면, 이는 갈등관리가 부적절했음을 의미한다.

잘못 처리하여 미해결된 갈등은 더욱더 고조되어서 조직에 심각한 해악을 초래할 수 있다. 불안감이나 긴장감이 팽배하고 해고 또는 이직 및 퇴직 등이 늘어나며 소송이 줄지어 제기되면 조직은 엄청난 비용을 지불한다.

조직원과 관리자는 네 가지 갈등관리 유형에 정통하여 갈등의 특성, 구조, 고조 등에 따라 선택적으로 활용할 수 있어야 한다. 모든 갈등에 통하는 만병통치약같은 갈등관리는 존재하지 않는다. 항상 동일한 유형의 갈등관리만 하게 되면 많은 갈등이 미해결 상태로 남는다. 따라서 어떤 상황에 어떤 갈등관리가 유리한지를 파악하는 것은 매우 중요하다. 경제적이고 효과적인 갈등관리는 네 가지 갈등관리 유형을 상황에 맞게 적절히 활용할 때 가능하다([그림 4-3] 참조). 조직의 갈등관리를 위해서는 갈등관리의 유형과 방법에 관한 지식이 필요하다. 적절한 유형과 방법을 선정하는 능력은 관리자로서 성공하기 위한 주요 요소다.

적절한 방법 선정뿐 아니라 누가 어떤 방법을 활용할 것인지, 예를 들어 외부로부터 지원이나 컨설팅을 받을지 아니면 조직 내 자원을 활용할지를 결정하는 것 또한 중요하다. 관리자라면 모든 갈등을

격리 중심 갈등관리   개인 중심 갈등관리

사실 중심 갈등관리   통합적 갈등관리

[그림 4-3] 조화로운 갈등관리

스스로 해결할 수 있어야 한다는 생각은 이제는 통하지 않는 구태적 발상이다.

11. 상대하기 힘든 상사와의 갈등, 그 결과는

조정자는 우선 A에게 이 문제에 대한 여러 가지 질문을 하고 갈등을 제대로 파악하기 위해 노력했다. 심사숙고 끝에 조정자는 A에게 코칭을 권했다. 어떻게든 해결책을 찾으려 하는 희망에 A는 바로 그 제안을 받아들였다.

먼저 문제를 정확히 파악한 다음, A가 하고 싶은 코칭의 목표를 정했다. A와 함께 앞으로 대처할 수 있는 여러 가지 행동패턴을 찾고 그에 따른 결과를 알아보기 위해 각각의 행동에 대한 미래의 시나리오를 짰다. 마지막으로는 갈등해결에 필요하다고 판단한 B와의 원만한 대화를 준비했다.

놀랍게도 B와의 대화는 예상외로 아주 잘 진행되었다. A는 B에게 자신이 이 회사를 위해 얼마나 열심히 일하는지를 보여 주고 예전에 있었던 오해를 풀 수 있었다. A의 말에 의하면 B의 인식에 변화가 보였다고 한다. 그리고 B는 과거의 잘못을 인정했고 회사에서의 상황은 많이 좋아졌다고 한다.

이 사례에서는 왜 갈등관리에 자주 이용되는 조정이 아닌 코칭을 선택했을까? 이 경우에는 상사인 B가 조정에 참여할지가 미지수였다. 만약 B를 조정에 참여토록 하였다면 그는 어쩌면 부하직원으로부터 배신 또는 망신을 당했다고 생각할 수 있었을 것이다. 다시 말하자면, A의 힘든 상황을 고려하지 않은 채 무리하게 조정을 강압하였더라면 상황은 오히려 더 악화되었을 수 있다. 하지만 코칭을 하면 상대방인 B가 없이도 A와 함께 여러 가지 해결책을 찾아 나갈 수 있다. 이것이 코칭의 장점이지만 한계점이 될 수 있다. 어떤 갈등은 코칭만으로 해결되지 않는다. 갈등의 해결을 위해서는 반드시 갈등 양당사자가 필요하기 때문이다. 이러한 상황에서는 조정이 필요하다.

조직갈등조정 절차

이 장에서는 갈등관리의 핵심 방법인 갈등조정의 절차에 대해 자세히 살펴본다. 먼저 갈등조정의 역사적 뿌리에 대해 개괄하고 조정자가 활용할 수 있는 갈등조정 절차의 단계모델을 제시한다. 이 모델은 관리자, 프로젝트 매니저 또는 조직구성원이 신속하고 지속 가능한 갈등해결책을 모색하는 데 도움을 줄 것이다. 갈등조정은 조정 준비, 문제와 갈등 파악, 갈등처리, 해결방안 모색과 합의안 도출, 조정 평가 등 모두 5단계로 진행한다.

1. 성과평가 갈등

조조정자를 찾아와 "현재 회사에 큰 문제가 생겼습니다."라고 인사팀장 A가 입을 열자, 옆에 있던 재무관리이사 B도 거든다. "C는 회사에서 높은 급여를 받는 중요한 전문가입니다. 하지만 그는 지난 몇 년 동안 계속해서 상사들과 문제를 만들고 있어요. 그로 인해 지난번에 실시한 성과평가에서 최저점을 받았습니다. 팀분위기도 엉망입니다. 그는 자신의 상사인 D와 더 이상 같이 일하고 싶지 않다고 하더군요. 지금은 다른 부서로 옮기는 것도 쉽지 않습니다. 만약

C가 회사를 그만둔다면 회사는 큰 타격을 입을 거예요. 그래서 조정을 하면 어떨지 묻고 싶습니다. 해결책이 있을까요?"

D를 포함한 모든 임원은 매년 한 차례 직원과 따로 만나 대화를 한다. 대화에서 직원들과 함께 일하면서 느꼈던 긍정적인 면과 부정적인 면에 대해 의견을 나누고 성과평가를 한다. 직원들에게는 자신들의 임금과 승진이 평가에 달려 있기 때문에 임원과의 대화가 매우 중요하다.

D도 C에 대해 이렇게 말한다. "C는 완고한 사람이고 성과도 썩 좋지 못합니다. 그도 자신의 좋지 않은 성과를 인정하고 있습니다. 우리는 서로 맞지 않습니다. 지난번 그와의 대화에서 성과와 작업속도에 대한 불만족을 분명히 할 걸 그랬습니다. 그는 뭔가 터무니없는 오해를 하고 있는 듯 보였습니다. 대화 말미에 버럭 화를 내며 회의실을 나가 버렸습니다. 다음날 그는 아프다고 병가를 내서 하루를 쉬고, 그 다음날 아무 일도 없었던 듯이 다시 출근을 했습니다. 이후 그의 업무 태도는 더 나빠졌습니다."

이날 C도 조정자를 찾았다. "상사 D와 이대로 가다 간 한바탕 전쟁이 날 것 같습니다. D는 부하직원을 존중하는 법을 배워야 합니다. 내가 입은 옷이 맞지 않는다고 하는데 그것은 그의 문제일 뿐입니다. 여기는 회사 사무실이지 파티장이 아닙니다. 또 문제가 있습니다. 그는 한 달여 동안 아무런 피드백을 주지 않고 있다가 갑자기 저의 성과에 만족하지 않는다니, 그게 무슨 날벼락 같은 소리인지 모르겠습니다. 이러니 뭔들 잘되겠습니까?"

이런 문제에 대해 우리가 할 수 있는 것은 무엇인가? 신속한 해결

책으로 문제의 직원을 해고하거나 생각하느라 시간만 끌다가 순식간에 문제가 더 악화될 수도 있다.

4장에서 갈등관리를 위한 상호보완적 방법들에 관해 살펴보았다. 이들 방법은 갈등과 많은 문제들에 이용할 수 있지만 갈등관리를 위해 특별히 개발된 방법은 바로 갈등조정뿐이다. 따라서 갈등조정은 '새로운' 갈등관리의 핵심 방법이라고 할 수 있다.

2. 갈등조정의 역사

갈등조정은 기록 문헌상 약 2,500년의 역사를 가진 인류의 보편적인 갈등관리방법이다(문용갑, 2011; Proksch, 2010). 1960~1970년대 미국에서 개발되어 세계 각국에서 부각되고 있는 갈등조정 유형은 여러 문화권에서 행해졌던 갈등해결 관행들이 혼합된 것이다. 갈등조정의 핵심 요소, 즉 갈등당사자들이 스스로 자신들의 갈등을 해결할 수 있도록 중립적인 제삼자가 돕는 것은 우리나라와 중국 등 인간관계의 화합을 강조하는 유교적 전통에서 그 뿌리를 찾을 수 있다. 미국에서 중국계 이민자들이 처음으로 갈등조정을 소개하고 북아메리카 전역으로 확산하는데 기여한 점은 놀랄 일이 아니다.

고대 그리스에서도 국가 간 갈등은 다른 나라의 중개로 해결되었으며, 아프리카 부족사회에서도 부족회의에서 사회적으로 존경받는 자가 갈등을 해결하는 데 도움을 주는 조정자 역할을 함으로써 공동생활이 가능했다.

성경에서도 제삼자를 통한 비공식적이고 재판 외적인 갈등해결 책을 권고하는 내용을 찾을 수 있다. 『마태복음』18장 15~17절에서 예수는 직접 대화로 풀지 못한 갈등에 대한 해결방안으로 제삼자의 도움을 권고한다. 중세시대에 서유럽에서 교회는 가장 중요한 갈등조정 및 갈등해결 기관이었다. 신부는 가족갈등, 범죄행위, 외교갈등 등에서 조정자 역할을 하였다. 그 일례로, 리슐리의(Richelieu) 추기경은 알비세 콘타리니(Alvise Contarini)를 조정자로 천거하여 1648년 베스트팔렌 평화조약을 가능하게 하였다. 이러한 전통에서 오늘날에도 성직자들은 공동체에서 조정자로서 갈등을 해결하는 데 일익을 담당한다. 유대교에서도 랍비는 조정자 역할을 수행한다.

노사갈등에서도 조정자는 중요한 역할을 하였다. 미국에서는 1947년 노사갈등조정자들에 의해 미국연방조정알선청(Federal Mediation and Conciliation Service: FMCS)이 설립되었으며 이를 계기로 갈등조정 개념이 공식적으로 등장하게 되었다. 이후 조정의 선구적 역할을 한 것은 1964년 인종적 또는 국가적 차별과 갈등을 조정과 협상으로 해결하기 위해 미법무부 내에 창설된 지역사회관계봉사기관(Community Relations Service: CRS)이다. 지방자치단체에서는 이웃갈등, 이혼 및 가족갈등 등을 갈등조정을 통해 자치적으로 해결하기 위해 주민갈등 해결센터(Neighbourhood Justice Center)가 설립되었다. 이후 환경갈등에 대한 갈등조정이 미국 전역으로 확산되었다(Köstler, 2010).

미국뿐만 아니라 유럽에서 갈등조정이 빠르게 확산된 가장 큰 요인은 이혼과 관련된 가족갈등이다. 이혼의 증가와 함께 법원이 이혼

소송으로 과부하상태가 됨에 따라 이혼과 그에 따른 문제들을 해결을 하기 위한 방안을 찾게 되었다. 갈등조정은 가장 적절한 방안이되었고 이를 계기로 전 국민에게 익숙한 갈등해결방법으로 자리 잡게 되었다.

갈등조정은 정치갈등이나 국제갈등에서도 중요한 해결방법이다. 국제연합(UN) 헌장(제33조)은 조정을 국제평화와 안전을 해칠 우려가 있는 정치적 분쟁을 평화적으로 해결할 수 있는 수단 중에 하나로 규정하고 있으며, 많은 국가 또는 기관에서도 갈등조정은 정치갈등을 해결하는 중요한 방법이 되었다. 1979년 미국의 커터(Carter) 대통령의 개입으로 이스라엘과 이집트 사이에 캠프데이비드 협정(Camp David Accords)이 체결된 것은 국제갈등에 대한 가장 유명한 갈등조정 사례다.

유럽연합(EU)에서도 2002년 민사 및 상사 분쟁해결을 위한 대안적 해결방법에 관한 녹서(GREEN PAPER on alternative dispute resolution in civil and commercial law)와 유럽조정자행동규약(Code of Conduct for Mediators)을 발표함으로써 재판 외 분쟁해결이 촉진되고 더욱더 발전하게 되었다. 유럽위원회는 2008년 갈등조정을 장려하고 갈등조정과 사법 절차의 균형적 관계를 보장함으로써 대안적 분쟁해결에 대한 접근을 촉진하고 분쟁의 평화적인 해결을 조장하려는 목적으로 EU조정지침(Directive 2008/52/EC)을 관보에 게재하였고, 이 지침에 따라 EU 회원국들은 2011년 5월까지 이 지침의 준수에 필요한 법률, 규정 및 행정규정들을 발효시키도록 하였다(Köstler, 2010).

갈등조정은 미국과 유럽의 많은 조직갈등에서도 새로운 해결방법으로 각광받고 있다. 기업조직에서 갈등조정은 구조조정, 인원감축 등으로 인한 갈등뿐 아니라 경영진 또는 부서 간 불화, 직장갈등 등에서도 널리 활용되고 있다.

동급의 조직 또는 동급의 조직원 간 갈등에 대한 조직 내 갈등조정은 조정자 또는 외부 조정자에 의해 이루어진다. 내부 조정자는 조직에 종사하는 자로서 조정에 관한 전문적인 교육을 받은 자다. 내부 조정자가 조직 내에서 갈등조정을 하는 것이 내부 갈등조정이다. 외부 조정자는 조직에 속하지 않은 자로서 보수를 받고 일하는 조정전문가다. 내부 조정자 또는 외부 조정자의 개입여부는 문제에 대한 종합적 평가에 따라 결정한다.

우리에서는 1962년 「차지차가(借地·借家)사건 조정법」의 시행과 함께 법원에서부터 갈등조정이 시작되었다. 이후 민사조정제도의 활성화지침, 전문 분야 사건에서의 민사조정제도의 활성화 등 대법원 예규 제정 및 개별 행정법에 분쟁조정과 관련된 조항을 두어 법원과 행정부 산하 조정위원회에 의한 조정이 시행되고 있다. 그러나 갈등조정은 법원 및 각 행정부처를 중심으로만 실행되고 있을 뿐, 지역사회 및 사회 각 분야에서는 거의 실행되고 있지 않는 실정이다. 따라서 우리나라에서 조정은 그 활용 영역이 매우 제한적이라고 할 수 있다. 그렇지만 사회 각 영역에서 갈등이 증대하고 소송이 폭주하고 있는 현실에서는 갈등조정에 대한 사회적 요구가 증대할 것이고 그에 따른 조정의 제도화 또한 본격화할 것이다.

최근 우리나라의 대외무역의존도가 80%를 넘어섰다. 더욱이 정

부는 미국, EU, 인도에 이어 중국과 같은 거대경제권과의 자유무역 협정(FTA)을 적극적으로 추진하고 있어 경제의 개방도와 대외의존 도가 더욱 커질 것이고, 따라서 그만큼 국내 조직과 외국 조직과의 갈등 또한 늘어날 것으로 보인다. 이미 갈등조정을 도입한 외국 조 직들이 국내 조직과의 갈등을 조정으로 해결하고자 하는 요구가 높 아지면 국내 조직에서도 갈등조정의 필요성과 중요성이 강조될 것 이고 이를 계기로 국내 기업에서도 갈등조정이 널리 확산될 것으로 전망된다.

3. 갈등조정단계

일반적으로 갈등조정은 어떤 절차로 이루어지는가? 관련 문헌을 보면, 많은 갈등조정 절차의 단계모델들이 제시되고 있으며 갈등조 정 실제에서도 다양한 단계모델들이 적용되고 있다. 갈등조정과정 의 각 단계는 복잡하다. 그런 과정을 이해하기 위해서는 이론에 기 초한 세부적인 단계모델이 필요하다. 하지만 실제 갈등조정에서 조 정자는 각 단계마다 상황을 신속히 판단하고 관련 지식과 기법 그리 고 경험들을 적절히 활용하여야 하기 때문에 대개 상황에 적합하게 간단하고 편리한 단계모델을 적용한다.

여기에서는 이론적이면서 실제 갈등조정에서도 손쉽게 적용할 수 있는, 한 명의 조정자와 두 명의 갈등당사자가 참여하는 갈등조정을 가정한 단계모델을 제시하고자 한다. 갈등조정에 참여하는 갈등 양

| 갈등조정 준비 | 문제와 갈등 파악 | 갈등처리 | 해결방안 모색과 합의안 도출 | 갈등조정 평가 |

[그림 5-1] 갈등조정 5단계

당사자는 두 명의 동료직원, 상사와 부하직원, 팀대표, 조직대표 등이 될 수 있다. [그림 5-1]에서 보듯이, 갈등조정과정은 5단계로 구분할 수 있다.

단계별 내용과 특징에 대해서는 다음에서 상세히 살펴볼 것이다. 갈등조정에서 조정자가 활용할 수 있는 기법과 개입은 6장에서 소개할 것이고, 7장에서는 여기서 제시한 갈등조정 과정을 사례를 들어 설명할 것이다.

1) 단계 1: 갈등조정 준비

갈등조정 준비는 다음의 두 단계로 나뉘어 진행된다.

· 갈등조정 전 단계
· 갈등조정 시작 단계

(1) 갈등조정 전 단계

갈등조정에 앞서 고려할 사항은 무엇인가? 일반적으로 조정자는 편견 없이 갈등조정에 임하기 위해 갈등조정 전에는 의식적으로 해

당 갈등으로부터 거리를 두고자 한다. 하지만 조직에서의 갈등상황
은 복잡하기 때문에 갈등조정 전에 갈등과 갈등조정에 대한 준비 작
업이 필요하다.

조정자는 먼저 조정의뢰인으로부터 해결하여야 할 갈등이 무엇인
지, 갈등당사자는 누구인지, 갈등조정을 하고자 하는 동기는 무엇인
지 등과 같은 핵심 사안에 관한 정보들을 수집한다. 그리고 이들 정
보를 바탕으로 대략적으로 조정목표를 세운다. 이때 가능하다면 갈
등과 갈등 이력에 대해 보다 많은 정보를 수집하는 것이 좋다. 하지
만 갈등상황에 대한 조정의뢰인의 정보는 제한적일 수밖에 없고, 갈
등당사자들은 그와 전혀 다른 의견과 주장을 할 수 있다는 점을 염두
에 두어야 한다. 이 단계에서는 또한 갈등조정에 필요한 전체 시간과
조정회기 등을 명확히 하고 구체적인 조정 일정과 비용이 정해져야
한다.

갈등조정의뢰가 성립되면 조정자는 갈등에 대해 본격적인 준비작
업에 임하게 되는데, 이때 몇 가지 핵심 사항에 관한 정보들을 수집
하여야 한다.

· 갈등의 배경을 이해하는 데 필요한 항목들은 무엇인가?

　예: 조직의 조직도, 팀 구성, 업무내용, 사업에 관한 정보와 법적
　근거

· 누가 갈등당사자이고 이해관계자인가?

　예: 팀원 갈등에서 갈등당사자와 그 갈등으로부터 영향을 받는

이해관계자(예: 팀, 상위부서 등)

· 복수의 조정자가 필요한가? 갈등당사자가 두 명 이상일 경우에
는 복수의 조정자가 필요한지를 고려해 볼 필요가 있다. 갈등당
사자가 두 명일 경우에도 형평성을 고려하여 복수의 조정자가
필요한 경우가 있다. 예를 들어, 갈등당사자의 성별을 고려하거
나 특별한 전문성이 요구될 때에는 복수의 조정자가 필요할 수
있다. 복수의 조정자가 참여하는 갈등조정에서는 갈등이 보다
신뢰성 높게 처리될 수 있다.

· 갈등당사자에 대한 사전 개별면담이 필요한가? 사전 개별면담
은 장점과 단점이 있으므로 신중한 판단이 요구된다. 장점으로
는 갈등당사자와 보다 안정된 분위기에서 대화할 수 있다는 것
을 들 수 있다. 개별면담은 일반적으로 관계가 소원해서 갈등당
사자들이 대화 의지나 능력이 없는 경우에 필요하다. 사전 개별
면담을 통해 갈등당사자는 조정자와 갈등조정 절차에 대해 신뢰
함으로써 자발적으로 갈등조정에 참여하고자 한다. 조정자는 갈
등당사자가 공개하고 싶지 않은 갈등, 갈등 이력, 갈등 배경 등
에 관한 정보들도 획득할 수 있다. 그러나 사전 개별면담으로 인
해 이미 구축된 신뢰가 훼손될 수도 있다는 것은 커다란 단점이
다. 갈등당사자가 대개 개별면담에서 상대방이 기밀을 누설하거
나 거짓말을 할 것이라는 의혹과 함께 그러한 상황에서 과연 조
정자는 얼마나 중립을 지킬 수 있는지 등에 대해 회의를 품고 갈

등조정 자체를 불신할 수 있다. 그 이유는 갈등조정 초기에 갈등
당사자가 보통 자신에게 유리한 일방적인 정보만을 앞세워 조정
자를 자기편으로 만들고자 하기 때문이다.

· 갈등을 해결하는 데 조정이 정말 적합한가? 조정자는 사전 정보
들을 종합적으로 판단한 다음, 갈등조정이 실질적으로 적합한
지, 갈등조정을 통해 진정 바라는 목표를 달성할 수 있는지를 검
토해야 한다.

특히 재판 가능한 갈등인 경우에 조정자는 모든 갈등당사자가 사
전에 법률상담을 받도록 독려해야 한다. 그 이유는 갈등조정 시작에
앞서 갈등당사자가 모두 동등하게 자신의 법적 권리와 권한 그리고
협상을 위한 재량권에 대해 알아야 하기 때문이다. 만약 갈등당사자
중 한 명이라도 갈등조정 이외의 다른 방법을 선호한다면 갈등조정
은 성공하기 어렵다. 갈등조정은 갈등당사자에게 협상안에 대한 최
선의 대안(Best Alternative To a Negotiated Agreemen: BATNA)이 되
어야 한다.

(2) 갈등조정 시작 단계

갈등조정을 개시함에 있어 가장 중요한 것은 편안하고 서로 존중
하고 신뢰할 수 있는 분위기를 조성하는 일이다. 갈등당사자는 자신
이 스스로 갈등조정을 통해 갈등을 해결하고자 했고 또 실제로 갈등
조정에 직접 참여하였다는 사실만으로 이미 양측의 동의하에 건설적

인 방법에 의해 갈등을 해결하기 위한 첫발을 내딛은 것이나 마찬가지다. 갈등조정 절차와 조정자를 신뢰하는 갈등당사자에게는 아낌없는 인정하고 존중해야 한다. 조정회의는 가능한 한 안락한 장소에서 열려야 한다. 조정참여자들이 갈등조정에 집중하고 자유롭고 편안하게 대화할 수 있도록 하기 위해서는 서로 거리를 두고 마주 보는 것이 아니라 조정자를 향해 앉도록 좌석을 배치하는 것이 좋다.

조정자는 갈등당사자들이 생소한 갈등조정 상황에 익숙해질 수 있도록 먼저 말문을 연다. 자신의 간단한 신상 소개와 함께 갈등당사자들에게 조정의뢰인, 조정 기간, 조정회의 시간, 갈등에 대한 사전 정보와 이해의 정도, 사전 개별면담 사실 등, 갈등조정이 시작되기까지의 진행상황에 대해 설명한다. 이때 주의할 점은 갈등당사자 양측이 동등한 정보를 가지고 있으며 조정자가 이미 특정 당사자와 모종의 합의를 하지 않았나 하는 염려를 하지 않도록 하는 것이다. 이를 위해 조정자는 모든 갈등당사자에 대해 투명하고 존중하는 자세를 취해야 한다.

이어서 조정자는 갈등조정 절차 및 진행 과정에 대해 설명한다. 이때 갈등조정 절차의 핵심 원리와 조정자의 역할을 명확히 밝힌다. 건설적이고 협조적인 조정을 위해 대화 중에 상호작용공정성을 위한 기본 원칙들을 준수할 것을 강조한다. 즉, 상대방이 말하는 동안 주의 깊게 경청하며 비난하거나 공격하지 않도록 한다. 이 밖에도 경우에 따라서는 양측의 합의하에 성실하고 협조적인 자세와 태도 등에 관한 규칙을 정할 수 있다. 조정자는 규칙 준수와 조정과정을 관리하며 필요한 경우에는 개입할 것임을 분명히 해 둔다.

이후 갈등당사자는 갈등조정 절차와 방법에 대해 질문을 하거나 그 밖에 의문이나 염려되는 점들을 말한다. 갈등당사자들이 갈등조정과정과 규칙에 대해 동의하고 그것에 따라 갈등조정에 임할 수 있도록 하기 위해 조정자는 그들이 모든 염려 사항을 거리낌 없이 표현할 수 있도록 해야 한다. 갈등당사자가 마음의 부담 없이 갈등조정에 전념할 수 있는 것은 갈등조정의 가장 중요한 전제 조건이다.

끝으로, 갈등당사자와 조정자의 의무와 책임을 명확히 하기 위해 작성된 조정계약서에 서명 날인함으로써 갈등조정의뢰계약을 완료한다.

단계 1: 갈등조정 준비

- 갈등조정 의뢰만으로 조정 준비가 완료되는 것은 아니다. 첫 조정회의에 앞서 조정자는 사전 정보와 개별면담을 통해 갈등의 맥락과 조건 그리고 갈등조정에 대한 밑그림을 그려야 한다.
- 첫 조정회의에서는 갈등당사자가 갈등조정의 기본 원리와 회의 진행 과정과 규칙을 숙지하도록 한다.
- 갈등조정계약서를 통해 갈등당사자의 임무를 분명히 하고 다음 단계로 넘어간다.
- 대화를 시작하는 데 있어 목표는 서로 신뢰하고 존중하는 회의 분위기를 조성하고 염려 사항들을 표현하고 공동의 건설적인 갈등해결을 위해 갈등당사자 양측이 갈등조정에 전념하도록 독려하는 것이다.

2) 단계 2: 문제와 갈등 파악

두 번째 단계는 갈등처리를 위한 전 단계다. 먼저 갈등당사자들에게 갈등조정에서 해결하고자 하는 갈등에 대해 기술하도록 한다. 이때 누가 먼저 시작할 것인지를 정하는 것이 중요하다. 순서를 정하는 데 있어 조정자는 갈등당사자 양측에 충분한 공감을 표시함으로써 그동안 구축된 신뢰가 훼손되지 않도록 한다. 대화 순서는 갈등당사자 양측이 합의하여 정하도록 한다. 순서상 나중에 말하는 갈등당사자에게는 먼저 말하는 갈등당사자와 똑같이 말할 수 있는 기회가 있음을 알려 주고 처음에는 상대방의 말을 경청하는 것이 쉽지 않을 것임도 밝혀 둔다.

갈등당사자는 정해진 순서에 따라 갈등에 대한 자신의 의견, 입장 그리고 감정을 표현한다. 갈등당사자가 어느 정도로 자신의 입장을 표명하고 갈등과 관련한 자신의 속마음을 표현하는지는 개인적 성향, 갈등당사자 간 관계 그리고 갈등 등 여러 요인들에 달려 있다. 조직에서는 대화에서 감정을 표현하는 것이 일반적이지 않으므로 갈등당사자는 갈등조정에서 자신의 감정을 표현하는 것이 적절치 않다고 생각할 수 있다. 이런 경우 갈등당사자가 원하면 감정 자체를 대화의 주제로 삼는 것도 바람직하다.

이 단계에서 갈등당사자는 조정자만을 상대로 말한다. 상대방과는 조정자를 통해서만 대화하도록 한다([그림 5-2] 참조). 조정자는 개방적이고 적극적인 태도로 갈등당사자가 말한 내용을 일목요연하게 정리하고 상대방을 공격하는 표현들은 리프레이밍(reframing)하

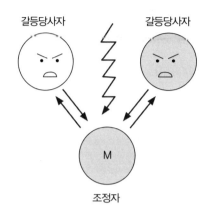

[그림 5-2] 조정자를 통한 대화

며 필요한 경우에는 상황이나 불명확한 내용들을 구체화하기 위해 질문을 던질 수도 있다. 갈등당사자와 조정자의 대화가 원만히 진행되면 상대방은 반대 주장을 펴기보다는 긴장을 풀고 주의 깊게 경청할 수 있다.

경청하는 갈등당사자는 감정적으로 참지 못하고 반박하거나 이의를 제기하기 위해 상대방의 말을 가로막을 수도 있다. 따라서 조정자는 경청하는 갈등당사자를 예의 주시하고 그에게로 방향을 바꿔 대화를 할 때는 감정적으로 세심한 관심을 쏟아야 한다. 이러한 과정을 통해 갈등당사자 양측은 조정자로부터 대등한 대우를 받고 심적으로 이해받고 있다고 느끼게 된다.

조정자는 갈등당사자의 대화를 이끌고 지원함과 동시에 다음 단계에서 처리되어야 할 이슈를 다시 한번 언급한다. 갈등조정 의뢰를 위한 면담 이후에 이슈를 재차 언급하는 것이 불필요해 보이지만,

이 과정은 매우 중요하다. 갈등당사자는 갈등을 기술하는 와중에 이슈를 망각할 수도 있다. 이에 대비해서 대화 단계를 명확히 하고 구조화하는 것이 도움이 된다. 갈등당사자 양측이 처리할 이슈에 대해 동의하면 다음 단계로 넘어간다.

단계 2: 문제와 갈등 파악

- 대화는 조정자를 통해서만 이루어진다. 조정자는 대화 진행상황에 맞추어 적절한 시점에서 갈등당사자의 이해를 돕기 위한 질문을 한다든지, 상대방이 한 말을 반영하는 등 서로가 직접적으로 대화할 수 있도록 하기 위한 사전 작업을 한다.
- 조정자는 갈등당사자에게 건설적인 대화 및 학습 방법의 모범이 된다.
- 갈등당사자 양측이 갈등에 대한 각자의 의견과 감정을 상세히 표현할 수 있게 되면 많은 정보를 얻을 수 있다. 갈등당사자는 상대방에게서 과거 알지 못했던 정보를 들으면서 자신의 판단을 재고하고 상대화하는 기회를 갖는다.
- 단계 2의 목표는 갈등당사자가 조정자로부터 갈등과 관련한 자신의 관점과 감정상태를 이해받는다는 느낌을 갖는 것이다. 이해받는다는 느낌을 가지면 갈등당사자는 마음이 가벼워지고 긴장이 풀리면서 다음 갈등처리단계에 집중하고자 하는 마음자세를 갖는다. 따라서 이 단계는 신뢰 구축과 전체 갈등조정과정을 위해 필수적이다.

3) 단계 3: 갈등처리

이슈가 분명해지면 갈등처리단계로 이어진다. 먼저 갈등당사자의 개인적 입장을 넘어서 갈등의 심층구조를 파악한다. 심층구조는 입장 뒤에 숨겨진 이해관계, 욕구, 감정을 뜻한다. 심층구조의 파악은 앞에서 언급한 하버드협상모델에서 이해관계와 입장을 분리하는 것과 같다(69쪽; Fisher et al., 2002). 갈등조정 현장에서는 이 단계를 [그림 5-3]과 같이 빙산에 비유한다(Dulabaum, 2003; Klappenbach, 2006; Schulz von Thun, 2006).

수면 위로 떠오른 빙산의 윗부분은 표면화된 행동, 표정, 몸짓과 입장 등을 나타낸다. 다툼이나 논쟁은 대개 이 수준에서 벌어진다. 갈등이 빙산의 윗부분만큼만 해결된다면 또 다른 피해와 긴장이 야

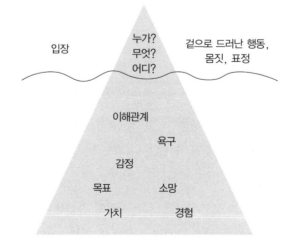

[그림 5-3] 갈등의 표면과 심층구조

기될 것이다. 표면적 수준의 해결책은 단기적이고 피상적일 수밖에 없다. 이해관계, 목표, 욕구, 소망, 경험, 가치, 감정 등을 상징하는 빙산의 저변과 수면에 잠긴 부분, 즉 입장과 행위의 근거가 되는 심층 내면이 전혀 고려되지 않았기 때문이다. 수면 아래로 들어가면 갈등당사자가 주장하는*입장의 근거와 갈등에서 분노하거나 실망하는 이유 그리고 그의 행동을 이해할 수 있다.

따라서 세 번째 단계에서는 갈등당사자와 함께 수면 밑으로 들어가 빙산을 좀 더 가까이에서 관찰하는 것이 중요하다. 이슈가 되었던 갈등당사자의 피해 사항들을 주의 깊게 조명할 수 있다. 이 작업은 갈등을 규명함에 있어 미래가 아닌 과거에 주안점을 두는 것을 의미하기도 한다. 과거에 주안점을 두는 것은 갈등을 건설적으로 처리하고 또 해결하는 데 매우 중요하다. 그 이유는 과거란 현재의 체험과 행위를 결정하고 설명하기 때문이다. 따라서 조정에서는 미래만을 지향하여야 한다는 일부 주장은 신화에 불과할 뿐이라고 할 수 있다.

빙산을 자세히 살펴보면, 갈등 진행 과정에서는 전혀 예상하지 못한 서로 겹치는 부분, 즉 갈등당사자들의 공통된 욕구, 목표 또는 가치가 보인다. 수면 밑에 있는 갈등의 심연을 들여다봄으로써 갈등당사자들은 갈등과 서로에 대한 공통 사항들을 발견할 수 있다. 이로써 공정한 해결방안을 찾을 수 있는 여지도 커지고 이를 위한 노력과 열의도 높아진다.

갈등당사자에게는 갈등의 심층구조 파악이 자신을 성찰하는 기회이기도 하다. [그림 5-3]의 빙산에서 보듯이, 수면 위에서는 수면 밑에 있는 빙산의 전모를 볼 수 없다. 감정, 입장의 근거, 그 이면에 있

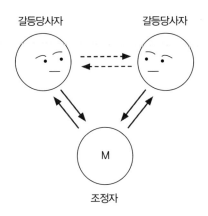

[그림 5-4] 갈등당사자 간 직접대화

는 이해관계와 욕구 등에 대해 알 수 없다. 갈등당사자의 자기성찰
은 갈등의 실체를 이해하기 위해 반드시 거쳐야 할 과정이다.

갈등 양 당사자가 서로에 대해 이해하기 시작하는 시점에서 조정
자는 갈등당사자 간 직접대화를 지지하고 촉진한다([그림 5-4] 참
조). 이때 말한 내용에 대해서는 '평가'하지 않는 것이 가장 중요하
다. 갈등당사자의 자기성찰 내용은 개인적으로 모두 '진리'이며 타
당한 것으로 인정한다. 갈등당사자 양측은 상대방의 '주관적 실재'
를 인정함으로써 서로에게 한 발 더 다가설 수 있다. 조정자는 이러
한 과정을 지원하기 위해 욕구, 목표, 소망 등에서 공통점을 찾는다.
이 단계에서는 서로에 대해 이해하고 신뢰를 쌓는 것이 목표다.

갈등조정 현장에서는 갈등처리가 아주 구체적으로 이루어져야 한
다. 갈등처리를 위해서는 모든 갈등당사자가 전념하여야 하기 때문
에 전체 갈등조정 절차에서 가장 많은 시간과 에너지를 필요로 한

다. 대부분의 갈등당사자는 갈등의 심층구조 파악을 위한 자기성찰
과 상대방과 대화하는 것에 익숙지 않다. 따라서 조정자의 더 많은
도움과 정서적 지지가 필요하다.

갈등당사자가 이미 갈등조정에 익숙해 있고 상호이해를 위한 대
화를 할 수 있다면 갈등분석단계에서 갈등의 심층구조가 많은 부분
밝혀질 것이고, 그 결과 갈등처리단계도 시간적으로 단축될 것이다.
갈등처리단계는 갈등당사자 간 관계, 이슈 그리고 조정시간 등과 같
은 조건들에 의해 영향을 받는다. 조정자는 이러한 점들을 고려하여
갈등조정을 신중하게 이끌어 가야 하며 갈등당사자의 개인적 상태
또한 충분히 염두에 두어야 한다. 갈등당사자에게 마음 놓고 대화할
수 있도록 안전감과 신뢰를 주어야 한다. 갈등당사자 양측이 서로에
대해 이해하고 신뢰하면 결국 갈등의 실체는 밝혀지게 된다.

단계 3: 갈등처리

- 조정자는 갈등당사자 양측이 서로 마주 보고 건설적이고 협조적
  인 대화를 하도록 독려한다([그림 5-4] 참조).
- 세 번째 단계의 핵심은 갈등당사자의 입장 뒤에 숨겨진 이해관
  계, 욕구, 감정, 소망 등을 이해하기 위해 갈등의 심층구조를 탐색
  하는 것이다.
- 갈등 실체를 심도 깊이 다루기 위해서는 갈등당사자의 자기성찰
  과 서로에 대한 이해와 신뢰가 가장 중요하다.
- 갈등처리단계의 최종 목표는 갈등의 실체를 밝히는 것이다.

4) 단계 4 : 해결방안 모색과 합의안 도출

갈등의 실체가 밝혀지면 갈등조정의 네 번째 단계도 무리 없이 진행된다. 갈등조정이 네 번째 단계로 가기 위해서는 갈등당사자 양측이 갈등이 충분히 만족스럽게 규명되었다는 느낌을 가져야 한다. 조정자는 이 점을 감안하여 성급히 네 번째 단계로 넘어가지 않도록 주의할 필요가 있다. 갈등처리 과정에서 갈등당사자 양측의 핵심 쟁점은 현재 다루고 있는 이슈가 아니라 더 복잡한 다른 것일 수도 있다. 따라서 조정자는 해결책을 찾기에 앞서 반드시 이 점을 염두에 두고, 만약 네 번째 단계로 진행될 상황이 아니라고 판단될 경우에는 두 번째 또는 세 번째 단계로 되돌아가야 한다.

갈등의 실체가 밝혀지면 갈등당사자 사이에 커다란 변화의 조짐이 보인다. 갈등당사자는 자신의 관심사를 위해 온갖 수단을 동

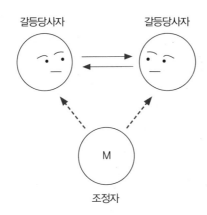

[그림 5-5] 공동 기준 선정

원하여 다툴 필요 없이 단지 공동으로 문제의 해결책을 찾기 위해 서로 협조만 하려 한다([그림 5-5] 참조). 이러한 변화는 갈등당사자 간 대화에도 반영된다. 갈등당사자 양측은 서로 다르지만 각자에게는 소중한 관심사를 가지고 있다는 점을 서로 인정하게 된다(Besemer, 2003).

네 번째 단계는 다음의 하위 세 단계로 나뉘어 진행된다.

· 최대한 많은 창의적인 방안 수집
· 방안 평가 및 합의
· 해결책 선정과 합의안 작성

세 단계는 갈등당사자들을 위해서도 명확히 구분되어야 한다. 그렇지 않으면 '좋은' 해결책이 수포로 돌아갈 수 있다. 갈등당사자는 종종 갈등의 실체가 밝혀지면 너무 기쁜 나머지 성급히 첫 번째 방안을 해결책으로 삼으려고 한다. 하지만 그 방안은 진정 창의적이고 지속 가능한 해결책이 아닐 수 있다. 그러므로 여기서 조정자의 적절한 개입은 각별히 중요하다고 할 수 있다.

(1) 최대한 많은 창의적인 방안 수집

문제의 해결을 위해서는 묻지도 따지지도 말고 갈등당사자들이 방안이 될 만한 아이디어를 거리낌 없이 자유롭게 가능한 한 많이 내놓는 것이 특히 중요하다. 아이디어를 제안하기 위해서는 갈등당사자들이 터무니없는 아이디어라도 주저 없이 내놓을 수 있는 용기

가 필요하다(문용갑, 2011; Besemer, 2003). 아이디어를 하나라도 빠뜨리지 않기 위해 조정자는 모든 아이디어들을 칠판이나 종이 차트에 기록한다. 아이디어는 갈등당사자의 입장이 아니라 갈등의 심층구조를 처리하면서 밝혀진 욕구, 이해관계, 소망 등을 반영한 것이어야 한다.

이 과정에서 조정자는 갈등당사자들에게 아이디어 수집 절차를 명확히 설명하고 그 절차에 따라 해결책을 찾기 위해 가능한 한 많은 방안을 내놓도록 독려해야 한다. 그리고 아이디어나 방안이 반복되어 제안되는 것을 제재할 수 있다. 아울러 갈등당사자들이 창의적인 아이디어를 내놓을 수 있도록 자극하고 지원할 수 있는 다양한 기법들을 구사할 수 있다.

(2) 방안 평가 및 합의

창의적인 아이디어들이 충분히 모이면 그 아이디어들을 구체화하고 분류하고 평가하는 두 번째 단계로 이어진다. 최종적 해결책을 찾기 위해서는 수집한 아이디어들을 점차 줄여 나가는 작업이 필요한데, 이를 위해서는 개별 아이디어에 대한 평가와 분류 기준에 대한 합의가 이루어져야 한다.

평가를 위한 기준으로는 다음과 같은 사항들이 고려되어야 한다(문용갑, 2011; Besemer, 2003; Fisher et al.,2002).

· 최종 문제 해결책은 공정해야 한다. 갈등당사자의 주관적 판단이 중요하다. 즉, 갈등 양 당사자가 해결책을 공정하다고 여겨야

한다(151쪽).

· 최종 문제 해결책은 효율적이어야 한다. 효율성은 해결책을 이행
하는 데 드는 시간과 노력의 정도에 달려 있다.

· 최종 문제 해결책은 합리적이고 적절해야 한다. 해결책은 당연히
처리된 갈등에 관한 것으로서 구체적이고 시간적으로 이행 가능
한 것이어야 한다. 또 다른 갈등을 유발하지 않기 위해 해결책은
가능한 한 갈등당사자가 중요시하는 이해관계와 욕구에 부합되
어야 한다.

· 최종 문제 해결책은 지속 가능해야 한다. 해결책은 갈등당사자
가 지속적으로 이행할 수 있는 것이어야 한다. 이를 위해서는 갈
등 양 당사자가 해결책을 기꺼이 수용해야 한다. 해결책은 또한
이행이 불가능하거나 조건이 바뀔 경우에는 수정 가능해야 한
다. 수정을 위해서는 새로운 협의가 필요하다.

이들 기준은 조정 그 자체를 반영하는 것으로서 서로 분리된 것
이 아니라 밀접한 연관성이 있다. 이들 기준 이외에도 쟁점에 따라
해결책이 미치는 긍정적 · 부정적 영향 등과 같은 갈등당사자들에게
중요한 기준들이 있을 수 있다. 모든 기준들은 실제 이행을 위해 일
목요연하게 정리되어 있어야 한다.

이와 같은 기준들에 따라 방안들이 정리되면 갈등당사자들은 최

종 해결책 선정을 위해 협의한다. 이때 조정자는 갈등 양 당사자에게 돌아갈 '파이'를 크게 하고 해결의 폭을 넓히는 데 조력한다(문용갑, 2011; Besemer, 2003; Fisher et al., 2002).

이 단계에서는 갈등 양 당사자의 관심사가 포함된 해결책을 도출하는 것이 중요하다. 즉, 윈윈 해결책을 찾는 것이 목표다. 갈등 양 당사자가 갈등해결을 통해 손해보다 이익이 더 많아서 승리하였다는 느낌을 가져야 한다. 이러한 윈윈 해결책은 다음과 같은 해결책들과 구분된다.

· 갈등당사자 중 한쪽은 승리하고 다른 한쪽은 패하는 승패의 해결책 또는 제로섬 게임
· 갈등 양 당사자가 각자의 핵심 관심사를 양보하여 협의한 타협안(타협과 달리, 윈윈 해결책은 부차적인 관심사에 한해서만 양보하여 합의한 것이다.)
· 갈등 양 당사자가 모두 패하는 패패의 결과(갈등 양 당사자는 선택한 해결책보다 더 나은 대안을 찾을 수 있었을 것이라고 후회한다.)

합의 없이 중단된 갈등조정은 실패한 것이나 다름없다. 하지만 합의 없이도 갈등 양 당사자가 모두 승자가 되어 회의장을 떠날 수도 있다. 자신을 이해하고 상대를 이해하는 경우가 그렇다. 갈등조정을 통해 타인과의 건설적이고 협조적인 상호작용 및 대화 방법에 대해 학습할 수 있었다면 그 조정은 나름 성공적이라고 할 수 있을 것이다.

(3) 해결책 선정과 합의안 작성

수집한 아이디어들을 평가한 다음에는 최종 해결책에 합의한다. 해결책은 앞에서 언급한 기준들에 부합해야 하고 갈등당사자의 주요 관심사, 이해관계 그리고 소망을 최대한 담아야 한다.

최종 해결책은 가능한 한 구체적이어야 한다. 이를 위해 그 이행 단계, 시간 계획 그리고 책임 부분이 명확해야 한다. 다시 말해, 갈등당사자 양측이 누가 무엇을 언제 어디서 어떻게 하여야 하고 또 할 수 있는지가 분명해야 한다.

갈등조정의 기본 정신에 따르면, 갈등당사자는 자신의 문제와 상대방과의 향후 관계에 대한 해결책을 스스로 책임지고 결정해야 한다. 조정자는 갈등당사자들이 정한 해결책에 대해 묻지도 따지지도, 즉 '평가'하지 않는다. 하지만 해결책에 커다란 허점이 보일 경우에는 염려되는 부분에 대해 언급할 수 있다. 피상적인 해결책을 피하기 위해서는 갈등당사자들에게 일부 통제질문(controlled question)을 하여 주요 기준들을 상기시킨다(Besemer, 2003).

- 방안들은 모두 충분히 검토되었는가?
- 최종 해결책으로 갈등이 실제로 해결될 것인가?
- 최종 해결책으로 인한 결과들이 충분히 고려되었는가?
- 최종 해결책이 실제로 기능할 것인가?
- 갈등당사자들이 실제로 해결책을 이행하려 하는가?

합의한 해결책은 누가 무엇을 언제 어디서 어떻게 할 것인지 등을

서면으로 상세히 작성한다. 합의안 이행에 관한 규제 방법과 상황 변화에 대한 내처방안도 명시힌다. 합의안은 갈등당사자 양측이 서명함으로써 구속력을 높일 수 있다. 이로써 갈등조정회의는 종결된다.

단계 4: 해결방안 모색과 합의안 도출

- 각자의 입장을 위해 다투던 갈등당사자들은 공동의 문제해결을 위한 파트너가 된다([그림 5-5] 참조).
- 묻지도 따지지도 말고 가능한 한 많은 방안을 제안한 후에 평가하고 분류하는 작업을 통해 최종으로 해결책을 선정한다.
- 해결책은 공정하고 효율적이고 합리적이고 안정적이어야 한다. 이 밖의 해결책 기준은 이슈에 따른 갈등당사자 간 합의로 더 많아질 수 있다.
- 윈윈 해결책을 위해서는 해결책과 자원의 범위가 확대되어야 하고 갈등의 심층구조가 반영되어야 한다.
- 최종 선정된 해결책은 서면으로 작성하여 그 구속력을 높인다.

---

5) 단계 5: 갈등조정 평가

갈등조정 마지막 단계는 다음의 하위 두 단계로 구분되어 진행된다.

- 해결책 이행 관리
- 갈등조정 평가

(1) 해결책 이행 관리

갈등조정 절차는 조정회의만으로 종결되는 것이 아니다(문용갑, 2011; Besemer, 2003; Klappenbach, 2006). 갈등조정을 종결하기에 앞서 합의한 해결책에 대한 갈등당사자의 경험을 보고하기 위해 추후 회의 일정을 정한다. 추후 회의에서는 해결책을 이행하는 데 어려움은 없었는지, 갈등당사자들이 유사한 갈등상황에서 어떻게 대처했는지, 그동안 갈등당사자 간 관계는 어떠한지 등을 보고한다. 합의안을 수정하거나 새롭게 발생한 문제를 처리하여야 할 경우에는 또 다른 회의 일정을 서로 합의하여 정하도록 한다. 상황 변화는 서로 합의하여 해결되어야 하기 때문이다.

일반적 기준은 없지만, 추후 회의는 대개 갈등당사자 양측이 해결책을 최소한 한 번이라도 이행할 수 있는 시간적 여유를 두고 개최하는 것이 바람직하다. 물론 시간적 여유가 너무 많아 해결책이 구속력을 잃는 불상사는 피해야 한다. 조정자 또한 추후 회의 일정에 동의하여야 하고 외부인이 개입할 경우에는 그의 중립성을 염두에 두어야 한다.

(2) 갈등조정 평가

앞에서 살펴본 조직갈등조정의 각 단계에 대해서는 형성평가 (formative evaluation)를, 갈등조정 종결 후 갈등조정의 효과에 대해서는 종합평가(summative evaluation)를 각각 실시한다. 종합평가에는 해결책 이행에 관한 장단기 규제가 포함되고, 그 규제의 결과는 갈등당사자와 다른 이해관계자 또는 관련 기관에도 보고한다.

성공을 위해 자원을 조심스럽게 투입해야 하는 것과 같이, 갈등조정의 효과는 경제적으로 중요할 뿐 아니라 자원과도 밀접한 관련이 있는 사안이다. 그러면 무엇을 보고 갈등조정이 성공했다고 할 것인가? 합의안에 서명하였다고 하여 성공이라고 할 것인가? 성공을 재는 기준이 있는가? 갈등당사자의 자기이해 또는 대화능력 향상이 기준이 될 수 있는가? 갈등조정의 성공 여부는 갈등조정 시작 단계에서 세운 목표에 근거하여 평가되어야 할 것이다. 따라서 목표가 불분명하면 종합평가도 거의 불가능하다고 하겠다.

일반적으로 갈등조정 현장에서는 제대로 된 종합평가가 거의 이루어지지 않고 있으며 그 필요성에 대한 논의도 부족한 실정이다. 갈등조정이 여러 사회 영역으로 확산되고 있고 성공률도 높아지고 있지만 그간 많은 사례연구에 대한 분석에 따르면 갈등조정의 효과는 매우 제한적이다(Kressel & Pruitt, 1989). 미국과 캐나다에서 일부 연구가 수행되었지만 대개 피해자-가해자갈등조정(victim offender mediation)(Bradshaw, Roseborough, & Umbreit, 2006; Latimer, Dowden, & Muise, 2005; Nugent, Williams, & Umbreit, 2004)과 또래갈등조정(peer mediation)에 국한되어 있다. 조직갈등조정에 관한 연구는 일천할 뿐 아니라 관련 자료 또한 부족해서 제대로 된 통계분석이 어려운 상황이다(문용갑, 2011; Ittner, 2007; McGillicuddy, Welton, & Pruitt, 1987).

4. 갈등조정의 종류

조직에서 발생하는 갈등은 업무협력 또는 팀 갈등, 구조조정 갈등, 계약체결 또는 임금협상 갈등, 국내외 거래관계 갈등 등 그 종류가 다양하다. 이처럼 다양한 갈등을 처리하는 갈등조정 현장에서 갈등조정 절차 또한 다양하므로 대표적인 갈등조정 절차를 제시하는 것은 아직은 적절치 않을 것이다.

1) 갈등조정시간에 따른 종류

·단기 갈등조정: 갈등조정 시간을 놓고 보면 다양한 갈등조정 절차가 가능하다. 한 시간 또는 최대 두 시간 내에 끝나는 단기 갈등조정에서는 구체적이고 명료한 문제를 다루기 때문에 시간과 비용 면에서 효율적으로 해결책을 모색할 수 있다. 갈등의 심리구조까지 이해하는 심도 있는 갈등처리가 불가능하므로 갈등처리단계가 상대적으로 짧을 수밖에 없다. 1회기만으로 충분한지 아니면 더 많은 회기가 필요한지는 갈등조정 결과를 보고 신속히 결정한다.

·장기 갈등조정: 여러 회기 또는 며칠 동안 진행되는 갈등조정에서는 많은 시간과 에너지가 투입되는 만큼 복잡하고 고질적인 갈등이나 변화과정도 관리된다. 갈등과 변화과정이 불분명하므

로 갈등분석과 갈등처리에 많은 시간이 든다. 장기 갈등조정에 참여하는 당사자는 개인이나 팀 또는 조직의 대표자일 수 있다.

2) 갈등조정목표에 따른 종류

·갈등 예방: 갈등조정의 목표는 다양하다. 갈등조정을 하는 일반적 동기는 갈등의 해결책을 찾는 데 있다. 하지만 최근에는 갈등조정 영역도 계속 확대되고 있다. 예를 들어, 조직의 변화과정이나 중요한 협상에서 예방 목적으로 조정을 한다. 이런 경우 갈등조정의 목표는 사전에 또는 조기에 갈등조정을 통해 갈등의 소지를 파악해서 예방하는 데 있다. 다시 말해, 갈등이 발생하지 않도록 하거나 선제적으로 처리하는 것이다. 하지만 이러한 조정이 가능하기 위해서는 관련 조건들이 충분히 조성되어야 한다.

·조직문화 변화: 갈등을 예방하고자 하는 생각이 있다면 갈등을 야기하는 요소들도 사전에 척결할 수 있을 것이다. 조직이 갈등조정에 호의적이면 장기적으로 건설적이고 협력적인 갈등 및 대화 문화를 확립 또는 강화할 수 있다. 이런 의미에서 조직의 갈등조정 장려는 인력 및 조직 개발의 핵심 요소가 될 것이다. 갈등조정은 새로운 갈등해결방법일 뿐 아니라 새로운 조직 정신을 의미하는 상징과 같다. 갈등조정을 통해 갈등의 실체를 규명해서 미래 갈등을 예방하고 장기적으로 조직문화의 변화를 꾀한다는 면에서 보면 갈등예방은 단지 갈등조정목표의 일부분이 아니

라 그 이상의 의미를 지닌다.

3) 갈등조정유형에 따른 종류

심리학적 갈등조정(64쪽)은 여타 갈등조정 유형과 다르다. 예를 들어, 변호사 등의 법조인이 재판 외적으로 갈등을 해결하는 법학적 갈등조정은 심리학적 갈등조정과 사뭇 다르다. 법학적 조정은 대개 법에 의한 갈등해결과 유사하다. 법학적 갈등조정에서는 개인이 느끼는 주관적 공정성이나 공정성의 회복보다는 객관적으로 성문화된 법이 더 중요하다. "누가 무엇을 누구에게 권리를 청구할 수 있는가?"(문용갑, 2011) 이것이 가장 중요한 질문이다. 권리 요구가 협상의 핵심이다. 갈등은 법에 근거하여 분석되고 또 해결되므로 갈등의 심층구조를 파악할 필요가 없다. 법학적 갈등조정은 법원의 명분과 원칙을 유지하고 소송비용을 절약할 수 있지만 심리적으로 고통받는 패배자가 생길 수밖에 없다.

법학적 갈등조정에서는 갈등조정의 기본 자세가 강조되지 않는다. 조정의 기본 자세 없이는 교육을 통해 습득한 갈등조정기법도, 능력도 발휘될 수 없다. 기본 자세에 대해서는 6장에서 상세히 살펴볼 것이다.

5. 성과평가 갈등, 그 결과는

첫 만남에서 갈등조정으로 서로 합의한 해결책을 찾을 수 있다는 것이 분명해졌다. 갈등조정은 1회기 2시간씩 총 5회기에 걸쳐 중립적인 장소에서 갈등당사자 C와 D 그리고 A와 B가 참여한 가운데 이루어졌다.

첫 회기에 '우리는 실질적이고 생산적인 업무환경을 찾는다.'는 갈등조정의 목표가 정해졌다. 갈등조정의 핵심 주제는 성과평가뿐 아니라 팀 의사소통과 상호존중에 관해서였다.

갈등조정과정에서 상사인 D의 말투가 부하직원 C에게 상처를 주거나 위협적이었다는 것이 밝혀졌다. C는 자신은 충분한 시간을 가지고 세심하게 업무를 처리하고자 하지만 신속한 업무처리를 중요시하는 D에게는 그것이 커다란 불만이었다는 것을 알게 되었다.

이러한 서로의 사정이 해명된 다음, 성과평가를 주제로 대화를 나누었다. 그 결과 C는 성과평가를 위한 대화 일정이 너무 촉박하게 잡혀 많은 준비를 하지 못하였다는 것이 밝혀졌다. C와 D 두 갈등당사자는 인사팀에 대화 일정 및 평가 항목을 수정하여 줄 것을 권유하는 것에 합의하였다.

전체적으로 볼 때, 이 갈등조정은 C와 D 간의 업무관계가 정상화되고 팀분위기를 살리는 데 이바지하였다. D는 다음과 같이 말했다. "나는 그렇게 격했던 우리의 갈등이 관계개선으로 이렇게 끝을 맺을지 전혀 생각지 못했다."

갈등조정기법

이 장에서는 갈등조정의 인간관, 조정자의 기본 자세와 역량 및 갈등조정의 기본 원칙에 대해 살펴본다. 그리고 심리학에서 개발된 대화법 등 다양한 갈등조정기법들에 대해 살펴볼 것이며, 갈등조정에 대한 성찰과 평가의 중요성과 갈등조정기법의 효과에 관해 논의한다.

1. 담배를 피워도 되나

A: (사무실에 들어서자마자) 좋은 아침.

B: 예.

C: (사무실에 들어서며) 안녕 B, 오늘 어때요? 안색이 안 좋아 보이
   네요.

B: 아, 예. 그렇게 보여요? 그냥 머리가 좀 아파서요.

C와 B의 대화를 듣고 있던 A는 B에 대해 '이상하네, 저렇게 말 잘하는 사람이 왜 나에게는 꽁하고 있지?'라는 의문이 들었다. A는 점심 식사 후 커피숍에서 B와 수다를 떨다가 그 의문이 머리에 떠올라 B에게 대답이 왜 그렇게 달랐는지 물었다. B는 다음과 같은 이야

기를 들려주었다.

서로 친한 예수회 수도사와 프란체스코 수도회 수도사가 같은 기차 칸에 타
게 되었다. 두 사람은 일과에 따라 기도서를 읽고 있었다. 그때 예수회 수도사
가 담배 한 갑을 꺼내는 것이었다.

프란체스코 수도사: 이런 세상에, 성서를 읽을 때 담배 피우는 건 금지되어
　　있는 거 몰라?
예수회 수도사: 아, 난 특별 허가를 받았거든.

예수회 수도사는 그러면서 담배에 불을 붙여 입에 물었다. 프란체스코 수도
사는 잔뜩 호기심이 동했다.

프란체스코 수도사: 혹시 나도 그런 특별 허가를 받을 수 있을까?
예수회 수도사: 당연하지. 수도원장님을 찾아가 말해 보시게나.

얼마 뒤에, 두 사람이 다시 만났다.

프란체스코 수도사: 원장님께 말했다가 혼만 났다네.
예수회 수도사: 어쩌다가! 자세히 말해 보게.
프란체스코 수도사: 자네가 일러 준 대로 했지. 원장님을 찾아가 기도하면서
　　담배를 피워도 되느냐고 물었지. 그런데 원장님이 노발대발하더군!
예수회 수도사: 에이, 이 사람아 그렇게 물으면 되나? 다른 식으로 물었어야

지. 나는 수도원장님에게 가서 담배 필 때 기도해도 되느냐고 물었다네.
그러자 원장님은 감탄하며 '임 되고말고.'라고 했어.

2. 조정자

앞에서 이미 여러 차례 강조하였듯이, 조정자의 역할을 수행하기
위해서는 기본자세와 전문역량이 필요하다.

1) 조정자의 기본자세

갈등조정은 조정자의 역할과 행동의 토대가 되는 기본자세를 보
더라도 다른 갈등해결방법들과 다르다. 조정자의 기본자세는 관련
지식을 습득하거나 갈등조정기법만을 단기간에 훈련받아서 확립되
는 것이 아니다. 갈등조정기법은 당연히 필수적인 것이지만 기본자
세가 전제되어야 그 효과가 발휘될 수 있다. 따라서 조정자는 기본
적으로 개인 훈련 및 기법 계발과 많은 경험이 필요하다.

갈등당사자의 관심사와 의견을 존중하고 인정하는 열린 마음이
조정자의 가장 중요한 기본자세다. 조정자가 이슈 또는 갈등당사자
의 행동에 대해 개인적인 의견을 펴는 것은 적절치 않다. 갈등조정
에서는 갈등당사자의 관심사, 욕구, 감정 그리고 소망이 중요하다.
이를 위해 조정자는 자신의 잣대를 내려놓음으로써 열린 마음으로
집중할 수 있다.

이러한 자세는 조정자는 갈등해결책에 대해 책임지지 않는다는 원칙과 맥을 같이한다. 갈등해결책에 대한 책임은 갈등당사자에게 있다. 조정자는 개인적으로 좋은 해결방안이 있다고 하더라도 결코 그 방안을 해결책으로 제시하지 않는다. 조정자는 단지 갈등조정과정을 관리하고 조율하는 데만 책임을 진다. 갈등당사자는 독립적으로 자신의 관심사를 실현하고 해결책을 강구하는 전문가다. 조정자는 갈등조정회의에서 투명인간처럼 자신의 존재를 최대한 작게 하여야 하고, 갈등당사자가 해결책을 위해 협상할 수 있는 역량을 발휘할 수 있도록 조력해야 한다.

갈등조정에서 갈등당사자들이 건설적이고 협조적이고 공정하고 그리고 서로 존중하는 대화를 통해 논의할 수 있도록 하는 것 또한 조정자의 기본자세에 포함된다. 대개 갈등에 휩싸인 갈등당사자는 대화 능력이 부족하다. 그렇지만 갈등조정과정에서 갈등당사자가 대화 능력을 갖도록 하는 것은 조정자의 핵심 과제다.

2) 전문 역량

조정자는 기본자세를 기반으로 조정 역량을 향상시킬 수 있다. 관련 문헌에 따르면, 조정자의 역량은 자기성찰적 인성개발, 조정기법 및 지식의 활용 능력 등을 망라한다. 조정자는 다음과 같은 역량을 가져야 한다.

· 신뢰 구축: 절차공정성, 개방성, 진실성, 존중, 공감, 배려, 자신감

· 문제 처리: 갈등 구조화 및 규명, 효율적이고 존중하는 리더십, 연결적 사고, 전문지식

· 해결책 모색: 대안적 사고, 창의성, 갈등당사자의 동기부여

· 결과 평가: 방법론적 지식, 조정 전체 평가를 위한 구조화된 방법

이러한 역량을 강화하기 위해 조정자는 다음과 같은 개인적 특성을 지녀야 한다.

· 감성지능
· 정서적 안정
· 자기성찰
· 존중하는 자세와 자신감

유능한 조정자가 되기 위해서는 교육과 경험을 기반으로 조정 현장에서 자신의 역량을 최대한 발휘할 수 있어야 한다. 심리학적 갈등조정에서는 다양한 심리학적 개입기법들이 적절히 활용된다. 조직에서 조정자가 되기 위해 습득해야 하는 기법은 여러 가지다. 심리학적 갈등조정은 폭넓은 관련 지식과 경험을 토대로 하므로 조정자는 이들 지식과 경험을 상황에 맞게 적절히 활용할 수 있어야 한다. 기법들이 상황에 맞게 적절히 활용되는 유연한 조정이 되기 위

해서는 반드시 심리학뿐만 아니라 관련 사회과학 분야들이 필요하다. 심리학적 갈등조정은 일종의 종합예술과 같다.

3. 개입방법

조직갈등조정에서 자주 활용되는 심리학적 갈등조정(64쪽) 기법을 정리하면 다음과 같다.

1) 대안적 사고와 행동

어느 조직이든 갈등에 대한 대표적인 해석패턴과 해결패턴이 있기 마련이다. 예를 들어, 두 명의 직장 동료가 심하게 다투는 것을 보고 주위 동료나 상사는 이슈도 파악되지 않은 상태에서 갈등의 원인부터 성급히 단정지으려 한다. 갈등의 원인을 밝혀서 옳고 그름을 가려 가능한 한 신속히 갈등을 제거하고자 하기 때문이다. 이러한 성급함은 상사와 부하직원이 퇴근시간에 대해 협상하는 데 있어 어려움이 있거나 사측과 노조가 근로조건에 대해 갈등할 경우에도 마찬가지로 나타난다.

갈등상황에서 흔히 볼 수 있는 성급한 사고나 행동으로 결정권자인 상사는 업무의 부담을 줄일 수 있고 갈등을 일방적으로 단순화시켜 설명하거나 해결함으로써 시간을 절약할 수 있다. 하지만 이러한 방법으로는 갈등당사자들이 원하는 주관적인 진실들을 파악하여 갈

등을 보다 더 성공적으로 해결할 수 있는 방안들을 놓치기 쉽다. 따라서 직장 동료 간 갈등에 대해 조정자는 다음과 같은 일반적인 해석패턴들을 가설적으로 염두에 둘 필요가 있다.

· 두 사람은 서로 상대방에 대해 마음에 들지 않는 성격을 들먹이며(예: 두 사람 모두 약속을 지키지 않는 것은 마찬가지지만 상대방이 약속을 지키지 않으면 유별나게 비판적이다.) 서로 맞지 않는다고 주장한다. 그들은 서로에 대해 매정할 뿐 아니라 함께 일하는 것에 대해서도 불편해한다.

· 서로에 대한 반감은 구체적인 사건으로부터 시작된다. 과거에 두 사람은 매우 협조적으로 일했지만 어느 날 회식 자리에서 사소하게 싸운 적이 있었다. 그 싸움이 직장으로 이어져 더욱 악화되었다.

· 업무수행을 놓고 서로 경쟁한다. 두 사람은 모두 상사에게 인정받고 싶어 하고 업무책임자로 승진하려는 소망이 있다.

· 구조적인 문제가 있을 수 있다. 두 사람의 업무처리 스타일은 매우 상이하다. 조직개편 이전까지 두 사람은 서로에 대해 관여하지 않고 독립적으로 업무를 처리했었다. 그렇지만 현재는 두 사람이 동일 팀에 소속되어 있어서 업무상 상호의존적일 수밖에 없는 상태다. 상이한 업무처리 스타일로 인해 두 사람 사이에 갈등은 언제든지 발생할 여지가 크다.

이들 가설과 그 밖의 가설들 중에 어떤 가설이 맞느냐에 따라 그 결과도 달라질 수 있다. 갈등당사자 양측의 진솔한 대화가 필요하거나 업무상 서로 의존하지 않도록 조직구조를 바꾸어야 하는 경우도 있다.

갈등에 대한 고정관념적인 설명패턴에 대해 대안적 사고가 필요하듯이 해결방법에 대해서도 다양하게 생각하는 것이 중요하다. 조정자도 해석방법과 해결방안에 대해 폭넓게 생각하고 다양한 대안적 방법이나 기법을 활용해야 함은 두말할 나위 없다(268쪽).

대안적 사고는 갈등조정에 참여하는 모든 갈등당사자에게 유익하다. 그 이유는 대안적 사고를 통해 갈등에 대해 다양한 설명 및 해석을 위한 가설을 세움으로써 문제를 새롭게 재구성할 수 있기 때문이다. 그리고 현재상태와 이상상태 사이에 놓인 방해요소들을 인식하고 제거할 수 있으며, 자신의 개인적ㆍ상황적 자원들을 고려한 행동방안을 모색하고 해결방안의 폭을 넓힐 수 있다. 아울러 조정자도 대안적 사고를 통해 행동과 개입을 보다 효과적으로 할 수 있다.

심리학에서 제시하는 수많은 창의력 향상 기법은 갈등 또는 갈등조정에서 대안적 사고와 행동을 하는 데 활용될 수 있다(문용갑, 2011). 창의력 향상 기법을 통해 다양한 사고를 함으로써 좁은 시야에서 벗어나 판을 보다 더 넓게 바라볼 수 있다(Bamsey et al., 1992; Linneweh, 1999; Schmal et al., 1999; Schuler & Görlich, 2007; Sikora, 1976; Wack, Detlinger, & Grothoff, 1998).

갈등조정은 대개 창의력을 가로막는 긴장된 분위기에서 이루어지기 때문에 창의력 향상 기법을 활용하는 것은 쉽지 않다. 갈등조정에 참여하는 갈등당사자 중에는 창의력 향상 기법에 대해 좋지 않은 과거 경험으로 선입견을 가질 수도 있다.

따라서 창의력 향상 기법을 활용하기 위해서는 사전에 활용 규칙에 대한 합의가 반드시 전제되어야 한다. 활용 규칙은 항상 주제, 참여자 그리고 세팅을 참작하여 적절히 정해져야 한다. 다음에서 보듯이, West(1999)가 제안한 창의적 팀회의에 적용되는 규칙이 한 예가 될 수 있다.

창의적 팀회의를 위한 규칙

1. 간략하게 말한다.
2. 자신의 이익을 밝히고 타인을 인정한다.
3. 독특한 생각이나 새로운 아이디어를 노트한다.
4. 묻지도 따지지도 않는다.
5. 말할 때는 '그러나'가 아니라 '그리고'로 시작한다.
6. 특이하거나 낯선 것을 과감히 수용한다.

갈등조정에서는 다음과 같은 창의력 향상 기법들이 활용될 수 있다.

(1) 브레인스토밍

브레인스토밍(brainstorming)은 가장 널리 알려진 연상 기법이다. 이 기법은 Osborn(1963)이 고안한 일종의 회의 방식의 아이디어 발상 기법으로서 가능한 한 짧은 시간에 다양한 아이디어를 많이 발상하는 것이 목표다.

효과적인 브레인스토밍을 위한 네 가지 기본 규칙은 다음과 같다.

· 판단 보류(deferment of judgment): 조조정 참여자는 아이디어를 내놓는 것에만 전념하고 판단은 나중에 한다. 아이디어는 방해받지 않고 자유롭게 발표될 수 있어야 한다. 즉, 판단을 금지한다. 어떤 발상이든 발표할 수 있고 무모하거나 부적절하더라도 묻지도 따지지도 않는다.

· 자유분방(free wheeling): 이것저것 비판하는 것을 멈추고 누구나 자유롭게 생각나는 대로 말할 수 있게 되면, 참여자의 발언은 활성화되고 무엇을 말해도 좋고 바보 같은 말을 해도 된다는 자유로운 분위기가 조성된다. 조정자는 진행자로서 참여자가 자유로운 분위기에서 '이런 것을 말하면 웃음거리가 되고 만다.'라는 자기규제를 벗어 버리고 보다 많은 아이디어를 내놓을 수 있도록 유도하는 것이 중요하다.

· 질보다 양(quantity yield quality): 어떤 아이디어라도 비판이나 평가받지 않고 가능한 한 많이 내놓는 것이 중요하다. 선택 및 평가는 브레인스토밍이 끝난 뒤에 한다. 좋은 아이디어를 위해서는 먼저 양이 많아야 한다.

· 결합 개선(combination and improvement): 발표한 아이디어에 새로운 아이디어를 결합시키는 시너지효과를 최대화하여 더욱 발전된 아이디어를 만들어 낸다. 이는 발표한 아이디어는 모두 우리의 것이라고 생각하면서 아이디어의 질을 점차 높여 가

는 것을 의미한다.

(2) 브레인라이팅

독일 Battelle Institute에서 브레인스토밍의 변형으로 개발한 브레인라이팅(brainwriting)은 개인에게 시종 침묵한 채로 아이디어를 발상하도록 하면서 집단적 발상의 장점도 살리는 사고방법이다. 브레인라이팅의 가장 큰 특징은 참여자 모두가 말없이 작업한다는 것이다. 참여자들은 아이디어를 브레인라이팅 용지에 기입하여 옆 사람에게 건네는 방식으로 아이디어들을 모으고 평가해서 그중에 최고의 아이디어를 선정하여 실행한다. 이 방법은 대개 규모가 큰 조정에 적용된다. 6명의 참여자가 3회에 걸쳐 각자 5분 이내에 아이디어를 발상하여 용지에 기입하는 '635' 방법은 브레인라이팅의 대표적인 예다.

(3) 마인드맵핑

글로 하는 브레인스토밍의 또 다른 변형이 마인드맵핑(mind mapping)이다. Tony Buzan이 1971년에 고안한 이 기법은 생각을 마치 거미줄처럼 이미지화하여 펼쳐 나가며 체계적으로 정리하는 것이다. 이 기법은 아이디어 수집이 개별 참여자에 의해 독립적으로 이루어지기 때문에 집단효과를 완전히 차단할 수 있다(Schmal et al., 1999). 이 기법은 소수의 갈등당사자가 참여하는 갈등조정에서 적용 가능하다.

(4) 시각화 기법

시각화 기법은 크게 두 부류로 구분된다. 모더레이션(moderation) 또는 표시 기법으로 대표되는 한 부류에서는 갈등조정과정에서 주요 내용과 핵심 사항을 모든 참여자가 육안으로 볼 수 있도록 시각화한다. 또 한 부류에서는 은유나 그림 등을 활용하여 갈등과 갈등과정을 새롭게 평가하고 해결방안을 다양하게 함으로써 갈등당사자들로 하여금 갈등의 긍정적인 측면을 생각하고 마음속에 그리도록 한다.

(5) 유추 기법

유추 기법(analogy technique)은 해결하고자 하는 문제나 필요한 아이디어를 유사한 대상이나 상태에 비유, 유추, 비교 또는 상상해서 새로운 아이디어를 발상하는 기법이다(Schmal et al., 1999; Wack et al., 1998). 대표적인 기법으로는 Gordon(1993)의 기본 아이디어에 기반을 둔 결부법(synetics)과 바이오닉스(bionics)가 있다(Lohmeier, 1989). 유추 기법은 두 가지 원리에 기초한다. 하나는 친숙한 것을 이용해 새로운 것을 창안하는 것이고, 다른 하나는 낯선 것을 친숙한 것으로 보는 것이다(Linneweh, 1981). 이는 문제를 유사한 조건에 있는 다른 대상이나 상태와 비유, 유추, 비교함으로써 가능하다. 주변의 사물로부터 아이디어를 발상하려면 먼저 너무 친숙해서 다른 점이 없는 것처럼 보이는 상황에서 벗어나야 한다. 기존의 사고구조로는 낯선 것을 보고도 무관심해진다. 따라서 창의적 사고를 하기 위해서는 개방적이고 유연한 사고와 함께 새로운 관점을 가짐으로써 주변에서 접하는 낯선 것을 수용할 수 있어야 한다 (Lohmeier, 1989; Schmal et al., 1999). 예를 들어, 갈등이 감정적으로 진행될 경우 그 갈등이 회사가 아니라 다른 조직에서 다른 당사자 사이에 발생한 것이라고 상상함으로써 감정적으로 거리감을 두고 갈등에 대해 새로운 평가를 할 수 있다.

(6) 가정 기법

이 기법의 목표는 새로운 정보들을 통합하고 기존 정보들을 정리해서 과거 낡은 사고방식에서 탈피하여 새로운 아이디어를 발상하는 것이다(Linneweh, 1981). 가정 기법은 갈등조정에서 갈등 대상을 새롭게 해석하는 데 활용된다(Bamsey et al., 1992). 구체적인 예로, 문제를 정반대로 정의하고 갈등을 외국어로 번역하고 그 번역을 다시 한글로 역번역하거나, 전혀 상관없는 사람에게 문제와 갈등을 보여 주고 그의 말로 다시 표현하도록 하거나, 다양한 기능 또는 효과의 관점에서 문제와 갈등을 바라보거나 이미지로 표현하는 것이다.

(7) 통합 기법

갈등조정 현장에서는 다양한 기법들을 결합한 일련의 통합 기법들이 활용되고 있다. 이들 기법에서는 집단역동을 조절하고 집단에서 제안한 아이디어들을 개선하기 위해 소집단으로 나누어 작업한다. 각각의 소집단은 동일 문제에 대해 최대한 짧은 시간 안에 창의력 향상 기법과 설문 등 보조방법들을 결합하여 해결책을 모색하는 작업을 한다(Bamsey et al., 1992). 대표적인 예로는 메타플

랜(Meta-Plan), 델파이(Delphi), 매트릭스(Matrix), 점진적 추상
화(Progressive Abstraction), 패스트 네트워킹(Fast Networking),
명목집단(Nominal Group), 문제 구성요소 연속 통합(Successive
Integration of Problem Elements: SIL)등의 기법들이 있다.

많은 창의력 향상 기법들이 있지만, 공통점은 아이디어 발상과 아
이디어 평가를 구분하는 것이다. 이는 갈등조정에서도 강조되는 바다
(270쪽).

방법 1: 대안적 사고와 행동

기존의 설명 및 해석패턴, 해결방안을 수용하기보다는 대안적 사고
와 행동을 한다. 대안적 사고를 하기 위해서는 조정자는 물론이고
갈등당사자도 시야를 넓혀서 판을 크게 보아야 한다. 이를 위해서
는 매사에 대해 호기심과 물음을 갖는 태도가 필요하다. 대안적 사
고를 위한 기법으로는 창의력 연구에서 제시하는 브레인스토밍, 가
정 기법, 유추 기법 등이 있다.

2) 심리학적 기법 활용

조직갈등조정의 또 다른 특징은 심리학적 기법들을 활용한다는
점이다. 갈등당사자가 대안적 사고와 행동이 필요한 것처럼, 조정
자도 다양한 심리학적 기법과 대안적 행동을 활용하는 능력을 갖추
어야 한다. 조정자는 갈등조정이 순조롭게 진행될 수 있도록 상황에
적합한 기법을 선택할 수 있어야 한다. 절충주의적 입장에서 다양한

기법들을 활용하여야 한다는 것이다. 즉, 조직갈등조정에서는 관련 심리학적 이론과 연구 결과로부터 개발된 기법들을 개별 갈등상황에 맞게 적절히 활용하는 것이다.

심리학적 상담분야에서 구사되는 모든 개입기법은 조직갈등조정에도 가능하다. 조직갈등조정에서 가장 많이 활용되고 있는 심리학적 기법은 Rogers(1972)의 비지시적 대화기법이다. Rogers는 대화를 위한 기본자세로서 상대방에 대한 진솔한 관심, 공감적 이해, 상대방에 대한 존중과 수용 등을 꼽는다. 이러한 대화 자세는 조정자에게도 필요하다(285쪽).

이러한 자세가 전제될 때 효과적인 대화기법이 적용 가능하다. 대화당사자는 먼저 상대방으로부터 들은 내용을 자신의 말로 표현해서 자신의 생각, 감정, 판단 그리고 평가를 전달한다. 내담자 중심의 대화는 다음의 세 단계로 진행된다.

· 수용적 경청(acceptive listening): 상대방과 눈을 마주치거나 고개를 끄덕이면서 상대방의 이야기를 듣는다.
· 내용 요약과 이해를 돕기 위해 다른 말로 바꾸어 말해 주기 (paraphrasing)
· 감정을 말로 표현하기(verbalization of emotional experience)

대화당사자 양측은 비지시적 대화기법을 통해 상대방의 말을 이해한다. 앞에서 언급한 Rogers의 대화를 위한 기본자세는 대화당사자가 상대방이 자신의 말을 듣고 이해한다는 느낌을 가질 때 가능하

다. 비지시적 대화를 통해 갈등당사자 또한 상대방의 입장과 주장
을 이해할 수 있다. 이러한 점에서 적극적 경청은 관계를 회복하고
대화분위기를 조성하며 쟁점 사안에 대해 감정적으로 이해하는 데
매우 중요하다. 적극적 대화기법은 결과적으로 자기성찰을 촉진한
다. 조직갈등조정에서도 많은 대화가 갈등에 대한 자신의 책임은 평
가절하하고 상대방의 책임은 과대평가하는 식으로 진행될 수 있으
므로 이러한 대화기법은 매우 유익하다. 적극적이고 비지시적인 방
법은 모든 대화에 유익하다. 이 밖에도 개인 중심적 접근법(person
centered approach)도 대화를 위한 기본 자세와 함께 조정에서 활용
되고 있으며 그 효과 또한 긍정적으로 평가되고 있다(Fischer, 1997).

Rogers의 비지시적 대화기법이 많은 문헌에서 효과적인 대화를
위해 적극 권고되고 있고 조정 현장에서도 주요 개입기법으로 폭넓
게 활용되고 있지만, 조직갈등조정에서는 여전히 일부 제한된 기법
에만 의존할 뿐 충분히 활용되지 못하고 있다.

조직갈등조정에서는 신경언어학적 프로그램(NeuroLinguistic
Programming: NLP) 기법이 많이 활용되고 있다. 조직에 널리 퍼져
있는 이 기법은 다양한 영역에서 활동하는 유능한 심리상담 전문가
들의 언어, 움직임, 반응패턴 등을 세밀히 관찰하여 개발되었다. 대
표적 NLP 방법은 다음과 같다(Hege & Kremser, 1993; Winiarski,
1995; Zarro & Blum, 1991).

· 라포(rapport): 조정자가 언어적 · 비언어적 · 유사언어적 통로를
  통해 갈등당사자와 좋은 관계를 맺기 위해 의식적 행동을 한다.

· 페이싱(pacing): 라포 형성을 위해 조정자는 갈등당사자의 동작, 호흡, 말소리, 몸짓 등에 보조를 맞춘다.

· 리딩(leading): 조정자는 갈등당사자가 신체적으로 편안한 상태가 되도록 유도한다.

· 앵커링(anchoring): 갈등당사자가 특정 행동을 하도록 유도하기 위해 정신적 동기부여와 촉매 동작을 한다.

갈등조정 현장에서는 이들 기법 외에도 갈등당사자 간 상호이해를 중심으로 한 많은 심리학적 대화 기법 및 방법이 목표에 맞게 효과적으로 활용될 수 있다.

방법 2: 심리학적 기법 활용

갈등조정에서 활용되는 심리학적 대화기법은 NLP뿐만 아니라 행동주의 상담이론, 체계론적 상담이론, 내담자중심 상담이론, 인지상담이론 등에서 개발된 기법들과 함께 상황에 맞게 적절히 활용한다.

3) 상호이해 중심의 대화방법

갈등당사자에게 갈등조정은 갈등을 과거와 다르게 새로운 대화나 협력 방법으로 해결하는 역량을 키울 수 있는 학습의 장이다. 갈등조정을 통한 갈등당사자의 대화 능력 향상은 조정자가 얼만큼 갈등당사자에게 자신의 대화방식을 깨닫게 하고 새로운 대화방법을 알려 주었느냐에 달려 있다(Bastians & Kluge, 1998; Frey, 2000; Kanning, 2005).

갈등해결은 갈등과 상황에 맞게 이루어져야 하므로 대화 또한 항상 상황에 맞춰 이루어져야 한다(Thomann, 2004). 다양한 상황에서 대화로 갈등을 해결하고 갈등당사자 간 상호이해를 증진하기 위한 대화기법은 많다.

갈등조정에서 강조하는 상호이해의 자세와 태도는 내담자중심 상담(client-centered therapy)에 기초하고 있다. 앞에서 언급한 적극적 경청은 내담자중심 상담의 대표적인 기법이다(297쪽). 적극적 경청 이외에 갈등조정에서 효과적인 언어적 · 비언어적 · 유사언어적 대화를 위해 활용할 수 있는 방법은 다음과 같다.

대화 방법과 기법

질문기법 •
갈등조정에서 조정자는 흥분된 분위기를 가라앉히기 위한 대화기법을 활용한다. 질문기법은 가령 갈등상황에서 갈등당사자의 말속에서 흔히 볼 수 있는 '일반화(generalization)'를 구체화하는데 필요하다. 예를 들어, 갈등당사자가 '우리는 다…' '항상…'이라고 할 경우 '우리'는 누구이며 '항상'의 의미는 무엇인지 묻는다

(Thomann & Schulz von Thun, 2003).

비언어적 대화 ·
많은 경우 갈등은 비언어적으로 발생하므로 언어적 기법 이외에 비
언어적 대화를 활용한다. 조정자는 모든 비언어적 · 유사언어적 표
현방법을 동원하여 갈등당사자로 하여금 자신이 말하고자 하는 바
를 상대방에게 정확히 전달할 수 있도록 돕는다(Löhner, 1990).

명료화 조력자 ·
조정자는 다양한 언어적 · 비언어적 대화기법을 활용하여 갈등당사
자가 자신의 대화 내용을 명료하게 할 수 있도록 도와주는 역할을
한다(Schulz von Thun, 2006). 조정자는 갈등당사자가 하는 말
속에서 메시지와 정보를 추출하고 정리하여 상대방이 이해할 수 있
도록 돕는다.

재연 ·
재연(doppeln)은 갈등당사자가 상대방에게 한 말을 조정자가 나-
메시지로 바꾸어 그 상대방에게 다시 표현하도록 하는 방법이다.
갈등당사자에게 조정자의 재연이 맞지 않을 경우, 갈등당사자는 보
충 또는 수정하여 상대방에게 표현한다. 맞을 경우에는 갈등당사자
는 조정자가 한 대로 상대방에게 다시 말한다(Thomann & Schulz
von Thun, 2003; 부록 383쪽 참조).

통제된 대화 ·
갈등당사자는 상대방의 말에 반응하기에 앞서 정확히 들었는지 확
인하는 의미에서 들은 말의 내용을 반복한다(Günther & Sperber,

1995). 통제된 대화(controled dialogue)방법으로 갈등당사자는 서로 경청하며 이해받았다는 느낌을 갖게 된다. 또한 상대방의 말을 반복하고 천천히 반응함으로써 자신의 행동을 성찰하고 통제하는 긍정적인 효과를 볼 수 있다.

메타대화 ·
조정자는 갈등당사자들로 하여금 자신들의 대화방식을 주제로 대화하도록 하는 메타대화(meta communication)를 통해 보다 효율적인 대화를 하도록 돕는 '산파' 역할을 한다.

지휘소 ·
갈등이 고조되는 상황에서 조정자뿐만 아니라 갈등당사자도 중립적인 입장으로 메타위치(meta position) 또는 Schulz von Thun(2006)이 말하는 지휘소(command post)에 서서 자신과 상대방의 입장에 대해 거리를 두고 감정개입 없이 관찰할 수 있다.

역할극 ·
갈등당사자가 자신의 대화방식을 통찰하기 위해서는 먼저 자신의 입장에 선 역할을 한 다음, 상대방의 입장에 선 역할도 해 보는 역할극이 필요하다. 갈등당사자가 둘 이상이면 역할의 수도 그만큼 늘어난다. 상황이 극도로 악화된 경우에는, 예를 들어 중립적인 입장을 포함시켜 완충적 역할을 하도록 한다.

영국식 토론 ·
역할 바꾸기의 또 다른 예는, 이른바 영국식 토론(english debate)

이다. 모든 갈등당사자가 두 줄로 서서 상대방을 마주 보고 번갈아 가면서 자신의 입장을 주장한다. 마지막 갈등당사자의 주장이 끝나면 곧바로 사전 예고 없이 처음으로 돌아와 갈등당사자는 다시 자신이 아닌 상대방의 입장을 주장한다(Günther & Sperber, 1995). 통제된 대화와 메타대화로는 단지 관점 바꾸기만 할 수 있지만, 영국식 토론에서는 다른 관점을 취해 볼 수 있을 뿐 아니라 다양한 주장과 논쟁을 할 수도 있고 상대방의 주장을 경험할 수도 있다. 이러한 영국식 토론은 위기에 처한 갈등조정을 구제하는 전환점이 된다(Dulabaum, 2003; Müller-Fohrbrodt, 1999).

협력 연습 ·

갈등당사자는 서로 협력하고 협의하는 연습이나 역할극을 통해 상대방과 좋은 관계를 맺는 방법을 직접 경험할 수 있다(Dulabaum, 2003; Falk et al., 1998; Gäde & Listing, 1992; Weber, 1990). 역할극에서 경험하는 협상 및 협력은 실제 위기상황에서도 적용할 수 있다는 점에서 그 의미가 크다.

악순환 파악 ·

갈등당사자 간 대화에서 나타나는 악순환을 시각화하여 처리하는 것이 중요하다. 체계론적 치료(systemic therapy)에서 강조하는 순환적 사고(circular thinking)는 악순환을 처리하는 데뿐만 아니라 파괴적인 대화방법이 일상화된 사회체계(예: 팀, 부서 등)에 대처하는 자세로서도 중요하다(Satir, 1997; Schlippe, 1995; Schlippe & Schweitzer, 1999).

맹점 •

대화기법은 갈등당사자가 자신이 알지 못하는 '맹점(blind fleck)'을 파악하는 데 활용될 수 있다. 맹점은 정보의 인지와 획득을 방해 또는 왜곡하는 일종의 교리와도 같다고 할 수 있다. Watzlawick의 "실재는 얼마나 실재적인가?"라는 물음처럼, 진리는 객관적인 것이 아니라 '주관적인' 것으로서 성찰되고 변할 수 있다.

회의 중단 •

갈등이 고조될 경우 갈등조정회의를 일단 중단하고 나중에 속행할 수 있다. 갈등조정회의를 잠시 중단하면 갈등당사자는 갈등과는 무관한 일상의 일을 함으로써 갈등 고조를 어느 정도 막을 수 있다. 다음 회의는 다른 장소에서 새로운 발언 순서에 따라 속개하는 것이 바람직하다.

상호이해를 목표로 하는 갈등대화기법은 통신기술 분야에서 유래한 발신자-수신자 모델보다는 갈등상황에 적합한 언어적 · 비언어적 · 유사언어적 부분까지 아우르는 통합적 대화모델에 뿌리를 두고 있다. Watzlawick 등(2000)의 대화모델과 Schulz von Thun(2006)의 대화모델은 대표적인 통합적 대화모델에 속한다. 이들 모델과 특히 대화에 관한 체계론-구성주의적 접근방법은 조정자에게 필수적이다(Gergen, 2002; König & Volmer, 2000; von Schlippe & Schweitzer, 2003; Watzlawick, 2002; Watzlawick et al., 2000). 대화에 정통한 조정자만이 조정에서 대화 과정을 이해할 수 있으며 갈등당사자 간 상호이해를 목표로 하는 개입을 할 수 있다(문용갑, 2011).

갈등분석에 있어 조정자가 주의할 점은 갈등 고조다. 조정에서 갈등당사자들의 서로에 대한 감정적인 비난, 비방, 모욕, 폄하 등으로 인해 갈등이 고조될 수 있다. 조정자는 갈등 고조를 방지하기 위해 갈등당사자에게 다음과 같이 권유할 수 있다(Fisher et al., 2002).

- 상대방이 감정적으로 반응하거나 자신을 오해하더라도 자신은 이해하고자 한다.
- 상대방이 속이더라도 자신은 끝까지 솔직하고 신의를 지킨다.
- 상대방이 얄팍한 술책을 쓰더라도 자신은 쓰지 않는다.
- 상대방이 자신을 설득할 수 있듯이 자신도 상대방을 설득할 수 있다.
- 상대방을 진심으로 대하고 상대방이 자신을 폄하하더라도 그에게서 배울 점을 찾는다.
- 문제에 대해서는 논박할 수 있지만 사람에 대해서는 공격하지 않는다. 상대방이 공격을 받고 어떠한 제안이나 주장을 하더라도 수용하지 않는다.

이러한 개입기법들은 갈등조정에서 주어진 시간, 참여자 수, 참여자의 학습경험, 갈등조정에 임하는 자세 등, 각 상황에 따라 선택적으로 활용될 수 있다. 이 밖에도 조정회의에서 건설적이고 협조적인 상호작용을 위한 '규칙들'은 주제 중심 상호작용(theme-centered interaction) 방법(Cohn, 2004)에서도 찾을 수 있다(부록 389쪽 참조).

방법 3: 상호이해 중심의 대화방법

갈등조정에서는 자신의 이해관계만을 일방적으로 관철하려는 식의
대화보다는 갈등 양 당사자가 서로에 대해 이해할 수 있는 대화가
필요하다. 이러한 대화를 위해서는 언어적·비언어적·유사언어적
대화에 유용한 기법들을 활용할 수 있다. 갈등이 고조되는 상황에
서는 갈등을 완화하기 위한 대화가 필요하다.

4) 갈등 심층구조 분석

갈등의 표면이나 표면화된 입장갈등과 달리, 갈등의 심층구조는
갈등당사자가 왜 자신의 입장을 주장하는지를 묻는 질문을 통해 밝
혀낼 수 있다. '왜'라는 질문은 과거뿐 아니라 미래를 향한 것으로서
공정한 해결책을 모색하는 데 필수적이다(146쪽). 갈등의 심층구조
는 인지적인 측면뿐 아니라 감정적인 측면에서도 파악되어야 한다.

'왜'라는 질문에 대한 대답은 간단치만은 않다. 갈등당사자에게는
자신도 의식하지 못하는 동기가 있을 수 있고 사회적으로 용납되지
않거나 금기시되는 동기(예: 허영심)도 있을 수 있다. 동기는 하나가
아니라 다수일 경우 서로 겹치기도 한다. 따라서 갈등조정에서는 심
리학적 대화기법(299쪽)뿐 아니라 갈등을 규명하기 위한 심리학적
기법도 활용한다. 갈등당사자를 대상으로 한 다양한 자기성찰 훈련
들이 있다. 이들 훈련을 통해 갈등당사자는 자신의 빙산을 탐색하거
나 갈등에서 나타나는 자신의 전형적인 반응패턴을 면밀히 확인할

수 있다. 대표적인 자기성찰 방법으로는 Schulz von Thun의 내적 갈등처리모델과 NLP의 갈등 및 협상모델이 있다

(1) Schulz von Thun의 내적 갈등처리모델

Schulz von Thun(2006)은 1950~1960년대 Bollnow와 Helwig 등이 개발한 분석 및 사고 기법들을 기반으로 자기성찰을 위한 모델들을 개발하였다

이들 모델은 개인의 심리를 이해하고 무의식적인 내적 갈등을 파악해서 심리적으로 균형상태를 유지하는 데 도움이 된다.

이들 모델 중 마음속 팀 모델(inner team model)은 조직갈등조정에서 갈등당사자가 심적으로 혼란스러워 대화할 수 없다고 판단될 때 적절히 활용할 수 있다. 갈등당사자의 자기성찰은 원활한 갈등조정을 위한 전제조건이다. 내적 갈등처리모델을 통해 갈등당사자는 타인 또는 사실에 대한 자신의 애매모호한 내면을 파악함으로써 자신의 내적 갈등을 해결할 수 있다. 이 모델에 따르면, 조직 내 팀처럼 개인의 마음도 여러 '나'로 구성된 팀과 유사하다. 따라서 개인의 내적 갈등은 '마음속 팀원들'이 대립 또는 반목할 때 발생한다. 예를 들어, 갈등조정에 참여하는 갈등당사자는 겉으로는 자신의 이해관계를 관철하고자 하는 '나'가 있지만, 속으로는 갈등이 더 이상 고조되지 않기를 바라는 '나'도 있고, 경우에 따라서는 타협을 하고자 하는 '나'도 있다. 이 경우 내적 갈등처리모델을 통해 갈등당사자는 '마음속 팀원들'의 목소리에 귀 기울이고 각 팀원에 대해 상징적으로 이름을 붙인 다음 내적 대화를 통해 결론을 도출해 낸다. 도출된

결론을 근거로 상대방과 진술한 대화를 하여 내적 갈등을 처리한다. Schulz von Thun은 내적 갈등처리를 5단계로 구분한다.

- 1단계 – 마음속 경쟁하는 여러 '나' 확인: 누가 갈등하는가? 서로 경쟁하는 '나'의 이름은 무엇인가?
- 2단계 – 반대하는 '나'에 대한 독백: '나'에 반대하는 또 다른 '나'는 누구인가? 반대하는 '나'는 무슨 말을 하고 있는가? 그 말은 무엇을 위한 것인가? 어떤 감정이 생기는가?
- 3단계 – 공방전: 서로 경쟁하는 여러 '나'는 어떤 갈등대화를 하고 있는가? 무엇에 대해 말하고 있는가?
- 4단계 – 갈등하는 '나' 간 화해와 수용: 경쟁하는 '나'들은 각자 어떤 기능을 하는가? '나 전체'를 위해 이들은 왜 중요한가?
- 5단계 – 팀구성과 구체적인 의사결정: 마음속 팀회의를 통해 다음과 같은 사안들에 대해 결정한다. 어떤 상황에서 어떤 '나'가 우선되어야 하는가? 여러 '나'가 서로 돕는 것이 가능한가? 앞으로 중요한 '나'는 누구인가?

자기성찰을 개별적으로 할 것인지 아니면 모든 갈등당사자가 있는 상태에서 할 것인지는 상황에 따라 다르다. 조직갈등조정에서는 갈등당사자 사이에 개인적 친분이 그다지 높지 않으므로 자기성찰은 각자 개별적으로 하는 것이 좋다.

(2) 갈등 및 협상모델

NLP에 기초한 갈등관리방법은 다양하다. Bandler와 Grinder (2002)가 개발한 창의적 갈등관리방법은 행동에서 긍정적인 의도를 추출하는 방식으로 갈등의 심층구조를 파악하는 데 매우 유용하다. '위험스러운 행동 뒤에 숨겨진 긍정적인 의도는 무엇인가?' '갈등은 고통과 피해 이외에 어떤 긍정적인 면이 있는가?' 등의 질문으로 갈등당사자의 내적 또는 외적 갈등을 긍정적으로 해석하도록 함으로써 심층구조를 파악한다. Machatzky(1996)의 내적 갈등 및 협상모델을 활용하여 내적 갈등을 성찰적으로 처리함으로써 외적 갈등 또한 처리할 수 있다. 이 밖에도 갈등상황에 대한 명확한 인식, 역할분배와 갈등 핵심에 대한 인식, 중립적인 관찰자의 입장에서 갈등 관찰하기 등은 창의적인 갈등관리방법으로 널리 활용되고 있다 (Pennington, 1995).

방법 4: 갈등 심층구조 분석

갈등의 심층구조 분석의 목적은 갈등 대상의 규명뿐 아니라 '왜?'라는 질문을 통해 갈등당사자에게 진정 중요한 것이 무엇인지를 이해하는 데 있다. 이를 위한 기법은 Schulz von Thun의 모델을 비롯해 다양한 갈등 및 협상모델에서 찾을 수 있다.

5) 윈윈 해결책 모색

갈등당사자의 이해관계와 입장은 결코 같지 않다. 따라서 심층 구조 차원에서 갈등을 분석하는 것은 실효성 있는 해결책을 모색하는 데 매우 중요하다. 이 점에서 하버드협상모델이 조직갈등조정을 위해 의미하는 바가 크다. 하버드협상모델의 5원칙은 다음과 같다 (Disselkamp et al., 2004; Fisher et al., 2002).

- 입장과 이해관계의 분리
- 사람과 문제의 분리
- 방안 개발
- 중립적 기준 합의
- 최선의 대안 모색

이들 원칙으로부터 협상을 위한 다양한 방법들을 도출해 낼 수 있다.

(1) 입장과 이해관계의 분리

입장과 그 뒤에 숨겨진 이해관계는 전적으로 일치하지 않는다. 이에 대해서는 조정 관련 문헌에서 빠짐없이 등장하는 오렌지 갈등을 예로 들어 설명할 수 있다. 오렌지 하나를 놓고 두 사람이 서로 갖겠다는 주장을 굽히지 않아 결국 각각 반씩 나누는 것으로 타협을 보았다. 그러나 반씩 나누고 난 뒤 한 사람은 주스를 만들기 위해 과육

이 필요했고 다른 한 사람은 차로 마시기 위해 껍질을 원했음이 밝혀졌다. 두 사람의 입장은 동일했지만 이면에 숨겨진 이해관계는 서로 달랐던 것이다. 결과적으로 반씩 나눈 두 사람은 모두 패자가 된 셈이다. 각자의 이해관계를 사전에 알았더라면 한 사람은 과육을, 다른 한 사람은 껍질을 가짐으로써 모두 승자가 되었을 것이다.

실제 직장에서의 예를 들어 보자. 두 동료가 하나뿐인 팀장 자리를 놓고 갈등하였지만 두 사람의 이해관계, 즉 동기가 밝혀지면서 갈등은 쉽게 해결되었다. 한 사람은 팀장의 업무 내용이 마음에 들었고 다른 한 사람은 업무 내용과는 상관없이 보다 책임 있는 일을 하고 싶었던 것이다.

이들 예에서 볼 수 있듯이, 갈등당사자 간 입장 차이는 크기 때문에 건설적인 합의가 쉽지 않다. 합의는 당사자들이 입장을 놓고 '흥정'하는 것이 아니라 이해관계를 밝혀서 서로에게 이익이 되는 것이 무엇인지를 찾는 것이다. 여기서 이해관계는 자기이익(self-interest)뿐만 아니라 규범과 가치 등을 포함하는 폭넓은 의미를 가진 개념이다.

원원 해결책은 갈등의 심층구조를 분석함으로써 가능하다. 갈등당사자의 이해관계와 동기를 파악하면 공정하면서 심리적으로도 모두가 승자가 되는 해결책을 찾을 수 있다.

(2) 사람과 문제의 분리

문제에 초점을 맞춘 하버드협상모델에서는 문제와 관계의 분리를 강조한다. 즉, 문제와 사람을 분리해서 문제에 대해서는 철저히, 사람에게는 정중히 대하자는 것이다. 조정자는 문제에 충실한 협상방식을 통해 자신의 권위를 세울 수 있다.

(3) 방안 개발

갈등조정에서는 '나눌 파이의 크기를 키우는 것'이 중요하다. 갈등당사자가 가져가기에 앞서 가진 것을 먼저 내놓는 것이다. 해결방안을 많게 하기 위해서는 앞에서 언급한 창의력 향상 기법이 필요하다. 당장 눈앞에 보이는 해결책만이 최선의 해결책이 아니기 때문이다.

윈윈 해결책을 위한 파이 크기 키우기

갈등조정에서는 모든 당사자가 잃는 것보다 얻는 것이 더 많아야 한다(59쪽). 그 방법은 가령 평가를 달리 하거나 협상의 범위를 넓히는 것이다(문용갑, 2011). 예를 들어, 두 직원이 권한 분배를 놓고 갈등하는 경우, 책임 등과 같은 다른 사안들을 끌어들여 협상의 범위를 넓힘으로써 방안을 찾을 수 있다. 이러한 패키지안(package solution)으로 해결방안을 보완할 수 있다. 또한 권한 분배가 손해가 아니라 책임부담을 줄일 수 있다는 점을 부각시켜 협상의 범위를 확대할 수 있다.

(4) 중립적 기준 합의

방안들을 평가하고 최종 해결책을 선정하기 위해서는 기준이 필

요하다. 해결방안 발상과 평가는 구분되어야 한다. 해결방안의 평가
와 선정을 위한 중립적 기준으로는 시장 상황, 시장 가치, 비교 사
례, 윤리적 기준 또는 전통 등을 들 수 있다(Fisher et al., 2002).

(5) 최선의 대안 모색

합의안에 대한 최선의 대안(Best Alternative To a Negotiated
Agreement: BATNA)은 선정된 해결책으로 이해관계가 충족될지를
평가하기 위한 기준이다. 즉, 합의가 불가능할 때 선택할 수 있는 최
선의 대안이다. 상대방과의 합의 없이 자신의 이익을 만족시키는 대
안으로서 '이달 말까지 결론을 주지 않으면 거래를 포기한다.' '회사
규칙을 벗어난 요구는 결코 받아들일 수 없다.' 등과 같이 절대로 양
보할 수 없는 최후의 보루를 의미한다.

조정자는 합의 과정을 이끄는 책임자로서 이 5원칙대로 합의가
이루어질 수 있도록 최선의 방법들을 활용할 수 있는 역량을 갖추어
야 할 것이다(288쪽).

방법 5: 윈윈 해결책 모색

갈등당사자 모두가 승자가 될 수 있는 해결책은 갈등당사자 양측이
모두 심리적으로 승자가 되는 것이다. 이를 위해서는 갈등당사자가
생각하는 공정성 기준이 파악되어야 하고 해결책을 모색하는 과정에
서도 고려되어야 한다. 하버드협상모델과 심리학적 갈등조정의 차이를

> 과할 수는 없지만(제5장 참조) 하버드협상모델의 5원칙에서 윈윈 해
> 결책을 모색하기 위한 구체적인 기법과 평가 기준을 찾을 수 있다.

6) 갈등조정에 대한 성찰과 평가

갈등조정의 성공 여부를 평가하기 위해서는 사전에 갈등조정의
목표가 정해지고 그 목표가 성취되었는지가 검토되어야 한다. 평가
는 갈등조정회의 기록 등의 자료에 국한된 정성적 방법뿐 아니라 평
가연구에서 활용되는 다양한 방법을 활용하여 실시되어야 한다.

평가방법은 제시하는 질문에 따라 비실험적 방법, 유사실험적 방
법, 실험적 방법으로 구분된다. 실험적 평가방법으로는 피험자들을
무작위로 실험집단과 통제집단으로 배정하여 갈등조정 효과를 측정
하는 전통적인 평가방법이 있다(Wittmann, 1985). 이 방법은 갈등조
정의 효과를 과학적으로 파악하는 데 필수적이지만 갈등조정 현장
에서 실시하기는 거의 불가능하다. 따라서 갈등조정 현장에서는 통
상 관찰, 기술, 해석, 사후 요인 분석 등 비실험적 방법이 활용된다
(Kressel & Pruitt, 1989).

갈등조정 평가에서 중요한 것은 자료의 신뢰성이 아니라 성공에
대한 조작화 기준을 다양하게 마련하는 것이다. 성공에 대한 기준들
은 실증적으로 검토 가능해야 하며 서로 겹치지 않고 독립적이어야
한다. 성공 기준의 예로는 갈등해결을 위한 구체적인 합의안 도출,
조직정체성 향상, 대화 및 갈등 문화의 증진, 자기성찰의 향상, 미래

갈등 파악 능력 개선 등을 들 수 있다.

갈등조정에 앞서 갈등조정이 종결된 후 조성 선체에 대한 종합평가 또는 갈등조정 단계별 과정에 대한 형성평가의 가능 및 시행 여부와 함께 시행 시 적합한 방법이 무엇인지가 분명히 정해져야 한다. 평가방법과 자료수집 계획은 철저해야 하기 때문이다. 아울러 어떤 방법이 언제 누구에 의해 어떻게 적용될 것인지뿐만 아니라 새로운 평가방법을 개발할 것인지도 결정되어야 한다. 평가 실시와 결과 분석 및 해석을 위해서는 연구방법론에 대한 기초 지식이 필요하다. 따라서 조정자는 갈등조정 평가에 필요한 실증적 연구방법에 관한 사회과학적 지식을 갖추어야 할 것이다. 평가를 외부 전문가에게 위임함으로써 조정자와 평가자의 역할을 구분하는 것도 한 방법일 수 있다. 조직갈등조정에 대한 평가는 갈등조정 사례별로 달리 실시될 수 있지만 일반적으로 갈등이 복잡할수록, 갈등당사자가 많을수록, 갈등의 중요성이 클수록 평가는 더욱더 표준화되어야 할 것이다.

방법 6: 갈등조정에 대한 성찰과 평가

조직갈등에 대한 심리학적 갈등조정은 세심한 노력이 필요한 수준 높은 작업이다. 따라서 조정자는 자신에 대해 비판적으로 성찰해야 한다. 모든 갈등조정 절차에 대한 평가는 심리학적 평가 기준에 따라 실시되어야 한다. 갈등조정에 대한 평가는 타당한 평가 방법과 기법이 적용되어야 한다.

4. 갈등조정기법의 효과

1) 대안적 사고

조직갈등조정에서 조정자에게 창의력 향상 기법은 왜 필요한가? 갈등조정에서 스스로 해결책을 찾기 위해 갈등당사자는 기존의 사고 및 행동 방식에서 벗어난 좀 더 색다른 사고와 행동, 즉 창의력이 필요하다(Spangenberg & Spangenberg, 1997). 조정자는 조력자로서 창의력 향상 기법을 통해 갈등당사자가 창의력을 발휘할 수 있도록 지원하는 역할을 한다. 대안적 사고를 하게 되면 감정에 얽매이지 않고 문제를 볼 수 있으며 폭넓게 해결책을 찾을 수 있다. 갈등당사자는 자신의 갈등에 대해 새로운 관점에서 창의적으로 생각하게 되면 스스로 해결책을 찾을 수 있을 뿐 아니라 갈등과 해결책에 대해책임도 지게 된다. 갈등에 대해 스스로 책임을 진다는 것은 갈등당사자에게 매우 소중한 경험이며 오늘날 조직관리에서 강조되는 자율권부여(empowerment)와도 일맥상통한다.

갈등당사자는 대안적 사고로 자신의 갈등에 대해 한 걸음 떨어져 한번 더 생각하고 즉흥적인 판단에 대해 스스로 반문할 수 있는 자기결정능력을 키울 수 있다. 조정자는 갈등에 대한 자신의 생각을 제시하거나 갈등을 해결하는 것이 아니라 갈등당사자로 하여금 자기책임감(self-responsibility)을 가지고 자신의 해결 능력에 대해 자신감을 갖도록 하는 것이 핵심 역할이다. 갈등당사자는 조정에서 쌓은 경험들을 바탕으로 다른 업무나 사안에 대해 스스로 책임지고 해결하는 역량을 키워 나갈 수 있다.

2) 다양한 기법 활용

일부 문헌에서는 조정자가 방법적으로나 내용적으로나 가능한 한 개입을 자제해야 한다는 조정 원칙을 제시한다(문용갑, 2011). 그 이유는 조정자가 적극적으로 개입하면 해결책이 한쪽으로 치우칠 수 있다는 우려 때문이다. 물론 조정자가 제편성(諸便性, multi-partiality)을 지키지 못하고 중립성을 잃는다면 마땅히 개입을 자제해야 할 것이다. 하지만 갈등조정은 갈등당사자들이 갈등을 더 이상 스스로 처리할 수 없어서 중립적인 조정자의 도움을 요청한 것이므로 그러한 우려 때문에 조정자가 개입을 삼가는 태도를 취할 필요는 없다. 갈등당사자의 조력자인 조정자는 갈등이 협조적으로 처리되기 위해 모든 것을 할 수 있는 자율과 책임이 있다. 이를 위해 조정자는 다양한 갈등조정기법들을 습득하여 적절히 활용할 줄 알아야 한다.

3) 상호이해 중심의 대화

장기간 불신이 팽배한 갈등상황에서 이루어지는 대화는 주로 자신의 이해관계를 강제하기 위해 이루어지므로 일방적이다. 일방적 대화는 갈등을 일도양단적인 승패로 해결하려는 데서 비롯된다. 킬

러 프레이즈(killer phrase) 등과 같이 갈등에서 볼 수 있는 고질적인
표현 방식은 갈등조정에서 갈등당사자 간 대화에서도 흔히 나타난
다(Dulabaum, 2003; Tannen, 1992). 만약 파괴적인 대화패턴과 행
동방식이 갈등관리에서 일상화되면 갈등은 분명 사실적 차원에서만
다루어질 것이고 수많은 술책이나 관계에 해가 되는 기법들이 난무
할 것임에 틀림없다.

갈등조정과정에서 상호이해 중심의 대화는 자신의 이해관계만을
일방적으로 관철하기 위해 하는 대화와는 사뭇 다르다. 갈등당사자
의 상호이해를 중심으로 하는 대화를 통해 조정자는 갈등조정과정
에서 오가는 대화를 진단하고 적절한 개입을 함으로써 상황을 건설
적으로 이끌어 갈 수 있다. 상호이해 중심의 대화는 이해관계의 일
방적 강제 대신에 갈등당사자 간 상호이해와 협력에 초점을 맞춘다.

갈등당사자 간 상호이해를 기본으로 하는 갈등조정은 인본주의
심리학에서 강조하는 인간관에 기초한다. 인간의 의지, 자기성찰,
자율성을 강조하는 인본주의적 인간관에 기초하여 수많은 심리학적
대화방법이 개발되었고 그 효과 또한 입증되었다(Davison, Neale,
& Hautzinger, 2002). 인본주의적 인간관은 사회적 구성주의(social
constructivism)와도 관련이 깊다. 사회적 구성주의에 따르면, 갈등
상황에서는 확실한 객관적 진리란 없다. 단지 갈등당사자 간 상호작
용에 의해 구성된 주관적 진리만 있을 뿐이다. 각기 다른 세계관을
가진 갈등당사자들이 서로 자신의 진리만을 내세우기 때문에 대화
가 쉽지 않다(Frindte, 1998; Gergen, 2002; Watzlawick, 2002). 그러
나 갈등당사자의 관점과 진리가 지닌 상대성을 감안하면 오히려 갈

등을 해결할 수 있는 방법은 더 늘어날 것이다.

4) 갈등 심층구조 분석

갈등을 근원적으로 해결하기 위해서는 갈등의 표면뿐 아니라 그 밑에 있는 뿌리까지 처리되어야 한다. 갈등의 원인을 이해할 때만 그 원인을 제거할 수 있고 갈등당사자의 진정한 동기와 욕구를 만족시킬 수 있는 해결책도 모색할 수 있다.

인간의 동기는 단지 자기이익만이 아니다. 갈등상황에서는 자기이익을 최대화하는 것만이 유일한 동기라고 많은 문헌에서 강조하고 있다(Fisher et al., 2002; Kressel & Pruitt, 1989). 이 가정을 조직 갈등조정에 적용하면 갈등당사자의 유일한 동기는 금전적 이익이 될 것이다. 그래서 인간의 동기에 대한 일원론적 가정은 자기이익만을 강조하는 갈등조정에 대한 첫 번째 신화를 낳기까지 하였다(문용갑, 2011). 하지만 갈등의 심층구조를 들여다보면 이 가정은 수정이 불가피하다. 갈등의 심층구조를 다원주의적 관점에서 분석하면 갈등의 원인은 사기이익뿐만 아니라 그 밖에 다양한 동기들에서 찾을 수 있다.

다양한 동기를 규명하기 위해서는 '과거보다는 미래에 초점을 맞춘다.'는 갈등조정의 두 번째 신화를 극복해야 한다. 이 신화는 경제적 인간행동모델에 기초하고 있다(Pruitt & Carnevale, 1993). 과거에만 매달리는 것은 비효율적일뿐 아니라 손실만 더 커지므로 후회조차 할 필요가 없다는 것이다. 하지만 이러한 가정에 대해 '실수

하면서 배운다.'는 반대의 목소리도 크다. 인간의 동기는 경제적 인간행동모델에서 강조하는 자기이익뿐 아니라 공정성과 같은 사회적 동기도 있다. 과거에 사회적 규범인 신뢰가 손상되었다면 그 신뢰는 과거에 불공정하게 행동한 당사자로부터 다시 회복되어야 한다. 규범 위반 사실이 규명되고 불공정한 행동을 다시는 반복하지 않는다는 약속과 함께 공정성 규범이 준수되어야 할 것이다.

정 또한 처리되어야 한다. 갈등은 항상 감정을 동반하므로 과거의 감정뿐 아니라 현재의 감정도 처리되어야 한다. 현재의 감정을 분석하면 갈등의 심층구조로 가는 비밀 열쇠를 찾을 수 있다. 갈등당사자는 왜 상대방이 모든 책임을 져야 한다고 하는가, 왜 상대방에 대해 그렇게 격분하는가, 무엇 때문에 분노하는가 등과 같은 질문을 통해 상대방의 감정을 파악한다. 이때 중요한 것은 갈등당사자들이 정해진 대화 규칙에 따라 서로의 감정을 전달하는 것이다.

5) 윈윈 해결책

갈등당사자 모두가 승자가 되는 윈윈 해결책은 일도양단으로 승자와 패자를 가르는 방법과는 사뭇 다르다. 앞에서 언급한 '오렌지 예'(310쪽)에서도 볼 수 있듯이, 대립하는 입장만 강조하고 이해관계는 협상할 수 없다는 가정하에서 도출된 해결책으로도 갈등은 종결될 수 있다. 하지만 이런 방법은 '윈윈 협상'과는 거리가 멀다. 협상에서 중요한 것은 해결범위의 확대, 즉 '파이 크기를 키우는 것'이며 입장 뒤에 숨겨진 이해관계들을 최대한 만족시키는 것이다. 그래야

만 모두가 승자가 되는 해결책이 있을 수 있기 때문이다. 윈윈 해결
책은 '마지막 남은 앙금까지 씻고' 새로운 갈등이 발생하더라도 쉽
게 해결될 수 있는 대화 및 갈등문화 형성에 기여한다.

결과는 물론 절차와 상호작용이 공정한 것도 중요하다. 갈등당사
자가 손해를 감수해 가며 '최선의 대안'을 수용하기 위해서는 분배
와 절차 및 상호작용에 대한 주관적 공정성이 가장 중요하다(Folger,
1996; Tyler, 2000).

조직갈등조정에 관한 문헌에서는 대개 주관적 공정성을 소홀히
다루고 있다. 하버드협상모델만 보더라도 협상당사자는 단지 자기
이익만을 극대화한다는 가정에 기초하고 있다. 많은 실증적 연구 결
과에 따르면, 공정성이 인간 행동 동기에서 차지하는 비중이 매우
크다(문용갑, 2011). 조직갈등조정이 성공하기 위해서는 갈등당사자
가 갈등조정을 공정하다고 인식하여야 하고 그 공정성을 위해 노력
하여야 한다. 갈등조정이 공정하게 진행되어야만 자기이익만을 추
구하려는 경향도 줄어들고 협력하고자 하는 마음도 커진다.

6) 평 가

갈등조정과정을 최적화하기 위해서는 형성평가가 필요하다. 갈등
조정상황에서 실수나 장애가 발생할 경우 조정자는 과정에 대한 평
가를 통해 즉시 조치를 취해서 갈등조정을 원활히 이끌어 갈 수 있다.

갈등조정에 대한 최종적 종합평가를 함으로써 해결책이 합의한
대로 이행되고 있는지 여부를 파악하고 미래 갈등에 대한 전략수립

및 학습효과도 극대화할 수 있다. 종합평가 결과는 종종 조정의뢰자에게 보고해야 하는 사항이 되기도 한다. 보다 넓은 의미에서 보면, 종합평가를 통해 성공한 조직갈등조정에 대한 지식도 축적하고 심리학적 조정 기준도 마련할 수 있다. 이러한 점에서 조직갈등조정에 대한 평가는 조직의 윤리원칙으로 자리 잡아야 할 것이다.

조직갈등조정이 지속적으로 발전하기 위해서는 조정의 '성공'을 입증하는 통계 자료가 필요하다. 통계 자료가 있으면 갈등당사자는 더 신뢰하는 마음으로 갈등조정을 선택할 것이고 갈등관리자나 조정의 신뢰자도 경제적으로 헛된 투자가 아니었음을 확인할 수 있다. 조정자 또한 자신이 한 역할에 대한 피드백을 받고 갈등조정의 확산을 위해 필요한 장점을 극대화할 수 있다. 조직갈등조정의 운명은 효과성과 효율성에 달려 있다. 효과성과 효율성에 대한 평가가 제대로 이루어지지 않으면 갈등조정은 조직에서 설자리를 잃을 것이다.

5. 담배를 피워도 되나, 그 결과는

사람들은 별다른 뜻 없이 자기가 들었던 이야기를 들은 그대로 전하지만 그 내용은 서로 다르다. 의견이 다를수록 그 내용은 더 달라진다. 기도하면서 담배 피는 것과 담배 피면서 기도하는 것은 단지 뉘앙스의 차이로 들릴 수 있다. 하지만 결정적인 차이를 만드는 것은 바로 뉘앙스다. '예'와 '아니요'를 결정하는 것은 바로 그 뉘앙스인 것이다.

다음날 아침 B가 A를 보고 말했다.

B: 문제가 좀 있는데 당신이 해결할 수 있을 것 같아요. 좀 도와줄
   수 있어요?
A: 물론이지요, 기꺼이.

문제를 해결해 주고 나서 A는 용기 내어 B에게 말을 걸었다.

A: 묻고 싶은 것이 있습니다. 오늘 당신과 저녁 식사를 하고 싶은데,
   초대하고 싶습니다.
B: 그렇게 말하시니 거절할 수 없네요! 이번에는 당신이 이야기를 들
   려줘야 해요.

조직갈등조정 사례

여기서는 실제 조직갈등조정 사례를 통해 조정 절차 및 방법을 보다 상세히 살펴본다. 이 사례는 5장에서 제시한 조정 단계에 따라 기술되었으며, 한 명의 조정자와 두 명의 갈등당사자가 참여한 실제 갈등조정 사례다. 갈등조정 초기 상황을 간략히 소개하고 갈등조정 절차를 단계별로 기술하고자 한다.

초기 상황

외국계 조직인 ABC 인터내셔널은 6개월 전에 전사적인 조직개편을 단행하였다. 세분화되어 있던 많은 부서들이 대단위 부서로 통폐합되었고, 몇 개의 본부로 그루핑되었다.

4개의 부서를 총괄하는 본부장 A는 조직개편 후 기회가 있을 때마다 통합과 원만한 업무추진을 당부하였다. 4개 부서 중 유독 B부장(남자)과 C부장(여자)이 공동으로 관리하고 있는 상품개발부에서 직원간 협력이 되지 않고 분위기도 좋지 않다는 불평들이 끊이지 않고 제기되었으며, 성과 또한 목표치에 크게 미달하고 있다.

최근 전사적으로 추진 중이던 '신상품개발사업'이 상품개발부의 실수로 예정일에 출시될 수 없는 상황이 벌어졌다. 경영진은 본부장 A에게 원인 파악과 근본적인 대책수립을 요구하였다.

A는 조사과정에서 B와 C의 갈등이 심각함을 파악하고 본부장선에서 해결하고자 하였으나, 양측이 상대방에게 잘못과 책임을 전가하고 비난하는 바람에 실패하고 말았다. A는 양측의 의견을 물어 전문조정자에게 갈등조정을 의뢰하게 되었다.

1. 단계 1: 갈등조정 준비

조정자는 본격적인 갈등조정에 앞서 필요한 자료분석과 사전 면담을 진행하였다.

본부장 A에게 조직구조와 체계의 특성을 파악하기 위한 관련 자료를 요청하였다. 조직개편 전과 후 조직도, 개인별과 팀별 담당업무 및 통합목표와 경영비전 등의 자료를 받아 본 조정자는 몇 가지 중요한 정보를 얻게 되었다. B와 C는 통합 전에도 핵심 부서의 부장이었다. 효율적인 조직운영과 업무추진을 위해 두 부서가 통합되었고 시너지를 내기 위해 두 사람이 공동부장으로 임명되었으며 부하직원들도 동일한 직무를 수행하고 있다.

본부장 A와 면담을 통해 조정배경을 파악하였다. A는 B와 C의 능력을 높이 평가하고 있고 양측이 상호보완적으로 협력만 하면 탁월한 성과를 낼 것으로 믿기 때문에 누구도 잃고 싶어 하지 않았다. 그는 경영진의 요구대로 신속한 갈등해결을 바라고 있으나 갈등과 관련한 자신의 책임에 대하여는 인식하지 못하고 있다.

조정자는 갈등조정 원칙에 대한 설명과 함께 비밀보장원칙 준수

를 강조하였다. A와 사전에 대화한 사실을 밝히고 A에게는 갈등조 정 결과만을 전달할 뿐, 갈등조정에서 다루어진 세부 내용에 대해서 는 언급하지 않을 것임을 강조하였다. 갈등조정에서 다루어진 내용 들 중 무엇이 전달될 것인지에 대한 우려에 대해 조정자는 우선 전 달하지 않는 것을 원칙으로 하고, 갈등조정이 종결된 후에 이 문제 를 다시 한번 주제로 삼아 상세히 논의할 것을 제안하였다. 양측은 이미 A를 통해 갈등조정에 협조할 의사를 밝혔지만, 갈등조정 원칙 과 절차에 관한 대화가 이루어진 후에야 기꺼이 갈등조정에 임하게 되었다. 갈등당사자 간 대화와 회의 규칙에 대한 합의가 이루어졌고 조정계약도 체결되었다.

2. 단계 2: 문제와 갈등 파악

갈등을 파악하기 위해 B와 C의 갈등에 대한 각자의 생각을 들어 보았다.

B는 15년 동안 이 조직에 근무하고 있다. 그는 C가 의도적으로 업무처리를 지체하고 있다고 불평한다. 아이디어를 제안하거나 프레젠테이션을 할 때마다 C는 시비를 걸거나 늘 마감 일자를 코 앞에 두고 업무를 처리한다. 비협조적인 C의 생각이나 아이디어 에는 동의하고 싶지 않다. 최근 신상품개발사업과 관련한 부서의 과실은 C가 자신에게 창피를 주고자 고의적으로 상품개발 제안서

제출일자를 잘못 전달했기 때문이라고 비난하였다.

C는 4년째 이 조직에서 일하고 있으며, 최근 조직개편 전까지는 예전 부서를 무리 없이 잘 관리하고 있었다. C가 보기에 B의 업무방식은 구태의연하고 비효율적이다. 자신은 새 부서의 업무추진에 충분한 자질과 경험을 갖고 있음에도 B는 이 모든 것을 무시하고 자신의 방식대로만 하려 한다. C는 답답한 마음에 종종 예전 부서 부하직원들과 만나 이야기를 나누곤 한다. 이러한 사실을 안 B는 더 강하게 자신의 입장을 내세우고 A에게 C의 약점을 알려 반감을 갖도록 부추긴다. 최근 신상품개발사업 관련 문제해결을 위한 회의에서도 C는 불필요한 논쟁을 피하기 위해 B에게는 단지 회의 일자만을 통보하는 정도다.

조정자는 갈등당사자 B와 C의 말을 듣고 양측이 공동업무를 처리해야 하지만 양측의 상이한 업무처리 방법으로 인해 갈등이 발생했음을 알고 조정의 목표는 앞으로 부서에 적합하고 질적으로 수준 높은 업무처리를 위해 필요한 효과적이고 원활한 협력방식을 강구하는 것으로 하였다. B와 C는 갈등주제와 조정목표에 동의했다.

3. 단계 3: 갈등처리

갈등처리단계에서는 갈등의 심층구조에 대한 이해가 중요하다. B

와 C가 좀 더 열린 마음으로 조정에 임할 수 있도록 하기 위해 양측과 개별면담이 이루어졌다. 두 사람은 모두 회사를 위해 중요한 일을 하고 싶어 한다. 하지만 두 사람 모두 최근 조직개편의 여파로 어느 한 사람이 해고당할 것에 대한 걱정이 이만저만이 아니다. 이러한 걱정과 함께 두 사람은 서로 상대방이 자신을 오해하고 있으며 능력을 인정하지 않는다고 느끼고 있다. 두 사람의 심층구조는 다음과 같다.

B는 15년 동안 일하면서 쌓은 어떤 교육으로도 얻을 수 없는 자신만의 경험을 강조한다. 함께 일하는 C가 새로운 업무처리 방식만을 고집한 후로 B는 자신의 경험이 더 이상 쓸모없게 되는 것에 대한 우려가 크다.

B는 이 난처한 처지를 입사 동기인 A를 통해 만회하고 싶지만 믿고 의지하는 A가 외면할 수 있다는 두려움도 가지고 있다. 이러한 두려움은 최근 부서에서 자신의 처지를 보면 더 커져만 간다. 그는 부하직원들과 한번도 진솔한 관계를 맺어 본 적도 없거니와 그렇다고 갈등이 있은 적도 없다. 하지만 C와 공동으로 새 부서를 관리하고 C의 예전 부하직원들이 합류하면서부터 자신의 입지는 점차 좁아지고 있음을 느낀다. C의 민주적인 관리방식 때문에 부하직원들과의 관계도 예진만큼 수월치 않다. C의 예전 부하직원들은 B를 존중하지도 않으며, 그도 그들을 신뢰할 수 없다. 부하직원들이 그에게 무례한 것은 C가 그들 앞에서 B의 능력을 폄하하고 자신만 잘났

다고 했기 때문이라고 믿고 있다. 예전 자신의 부하직원들마저도 이제는 자신보다 C를 더 존중한다는 느낌도 가지고 있다. 이렇게 B의 불안은 점차 커져만 간다.

B는 자신의 관리방식을 여러 사례를 들어 설명한다. 그의 관리방식은 업무중심적이고 냉정하다고 할 수 있다. 표면적으로 권위적인 그의 모습은 심리적 불안과 깊은 관련이 있다. B는 C의 실력을 인정하고 있으며 그녀의 잠재력에 대해서도 잘 알고 있다.

B의 실질적 이슈

B의 실질적 이슈는 C로 인해 부서가 두 동강 난 것 그리고 무엇보다도 자신의 관리능력이 약화된 것이다. B는 A와 돈독한 관계에 있지만 이 이슈에 대해 이야기한 적이 없다. 이로 인해 자신의 입지가 더 악화되지 않을까 하는 걱정 때문이다.

C는 4년 전에 이 회사에 입사하였다. 그녀는 사내에서 모두에게 인정받고 승진도 빠른 능력 있는 사람이다. 조직개편 전 부서를 성공적으로 이끌어 높은 성과를 올렸다. 그래서 조직개편 시 경영진으로부터 본부장이 될 것이라는 암시를 자주 받았다. 하지만 본부장 자리는 경영진의 불투명한 의사결정으로 A에게 돌아갔다. 현재까지도 C는 이 일을 매우 부당하게 느끼고 있다. 뿐만 아니라 A는 편견을 가지고 있어 자신의 획기적인 아이디어에 반대만 하

고 능력도 부족하여 본부장 자리에는 걸맞지 않는 사람이라고 생각한다. 무엇보다도 최근 벌어진 부서의 문제들을 모두 A의 탓으로 보고 있다. A는 전후 사정은 고려하지 않고 오랜 친분 때문인지 매번 B의 편만 들고 있고 자신의 성과는 인정해 주지 않는다. 조정자를 초청한 것도 A가 이 갈등에 대한 책임을 다른 사람들에게 돌리려는 의도에 불과하다. C는 부하직원들과 경영진으로부터 인정과 지지를 받고 있지만, 직속상관인 A만 자신을 '따돌림'시키는 것 같아 회사에서 쫓겨날까 불안하기까지 하다.

B의 관리방식은 권위적이지만 그와 함께하는 일들은 모두 잘되고 있다. 개인적으로 B가 더 혁신적이고 새로운 방식으로 일하기를 바라지만, 경험을 토대로 한 그의 관리방식과 능력에 대해서는 의문을 갖지 않는다. C는 회의가 말다툼으로 끝나는 것을 피하기 위해 철저히 준비하여 B를 설득시키려고 한 것을 B와의 갈등 원인으로 보고 있다.

C의 실질적 이슈

C의 실질적 이슈는 B가 아니라 A와의 관계다. C는 자신을 보호하기 위해 A와 친분이 두터운 B를 경계하고 멀리하였을 뿐이다.

조정자는 조정 시작 단계에서 구축한 신뢰를 바탕으로 전문적이고 능숙한 솜씨로 대화를 이끌었다. 그 결과 드러난 갈등은 빙산의 일각에 지나지 않는다는 것이 뚜렷해졌다. 이슈는 신상품개발 제안서를 마감 일자에 맞춰 제출하지 못한 것에 대한 책임 소재보다 더 복잡하다. B는 부서가 두 쪽으로 갈라지는 것을 막고 부하직원들로부터도 상사로서 인정을 받길 갈망한다. 그렇기 때문에 그의 갈등 상대는 C뿐만 아니라 부서의 모든 부하직원들이다. C는 과거 부당한 대우를 받아 승진하지 못한 것에 대해 앙금이 남아 있다. 따라서 C의 갈등 상대는 상관인 A다.

갈등의 심층구조가 밝혀지면서 이슈는 이전보다 훨씬 넓어졌다. 부서를 공동으로 관리하는 B와 C의 갈등도 규명되어야 하지만, C가 경영진으로부터 부당한 대우를 받아 발생한 A와 C의 갈등과 관리방식의 차이로 인한 B와 부서직원들 간 갈등도 규명되어야 한다. 갈등을 근원적이고 효과적으로 해결하기 위해서는 갈등당사자에 B와 C뿐만 아니라 부하직원들과 A도 포함되어야 한다는 점이 명백해졌다. 갈등당사자들의 협의와 동의하에 C와 A, B와 부하직원들을 대상으로 한두 번의 추가 갈등조정이 이루어졌다. 갈등이 점차 복잡해지면서 추가 갈등조정은 한 명의 조정자가 아니라 조정팀에 의해 진행되었다.

추 갈등조정에 앞서 B와 C는 이미 새로운 관점에서 초기 문제들을 바라보게 되었고 갈등을 새롭게 이해하게 되었다. B는 C가 경험을 토대로 한 자신의 능력을 높게 평가하고 있다는 것에 대하여 매우 놀라워했다. 그리고 C가 고의적으로 부서를 분열시키려 하지 않았다는 것에 대해서도 안심을 했다. 부서가 분열된 것은 관리방식의 차이에서 비롯된 피할 수 없는 결과일 뿐이다. C는 거듭 B가 갈등의 책임자로 자신을 지목한 것에 놀라워했다. 양측은 갈등상황에서 상대 탓만 했음을 이해하게 되었다. 그리고 갈등조정을 통해 서로가 원하는 공통점을 찾아낼 수 있었다. 첫째, 양측은 부서의 효율적인 업무처리를 가장 중요하게 여기고 있다. 둘째, 양측은 일자리를 잃을 수 있다는 것에 대한 두려움이 크다. 이로써 양측에 공감대도 형성되었다.

4. 단계 4: 해결방안 모색과 합의안 도출

이제 문제는 해결방안을 찾고 합의안을 도출하는 것이다. 표면화된 이슈는 비교적 쉽게 규명되었다. 신상품개발사업 제안서 지연 제출과 관련한 갈등은 B와 C의 불편한 관계에서 비롯된 원활치 못한 의사소통 때문이었다. 제안서 제출 지연은 실제 제출 일자와 부서 내부적으로 정한 제출 일자가 서로 달라 갈등이 시작된 것으로 보인다. C는 그저 일이 차질 없이 진행되고 말다툼을 하고 싶지 않아 부서에서 정한 제출 일자만을 B에게 알려 주었다. 앞으로 이런 오해와 갈등을 피하기 위해 부서의 원활한 의사소통을 위한 시스템이 필요하다는 것에 대해 모두 동의하였다. 갈등의 심층구조 분석을 통해 서로가 협력해서 효과적으로 일할 수 있는 기반이 만들어진 것이다. B와 C는 서로가 상대방의 능력을 높게 평가한다는 것을 알고는 앞으로 협력하여 더욱더 효율적으로 일하고자 하는 마음이 생겼다.

협력을 위해 B와 C는 자신의 업무와 역량을 분석하였다. 분석은 B와 C가 서로 의존해야 하는 경우, 각자 독립적으로 할 수 있는 경우, 그리고 두 사람 중 한 사람의 역량이 특별히 필요한 경우로 구분하여 이루어졌다. 이에 따라 두 사람은 정기적으로 서로에게 각자의 업무처리 상황을 보고할 것이며 업무가 겹치는 경우에는 사전 회의를 통해 조율할 것을 합의하였다. 또한 원활한 의사소통과 원만한 관계를 위한 규칙을 정했고 서로 대등한 지위에 있음을 인정했다. C는 앞으로 갈등이 생길 경우 예전 부하직원들이 아닌 B와 직접 대화하기로 했다. C는 A와의 관계에서 해결해야 할 부분이 따로 있다는 것도 알고 있다. 이제부터 B는 A와의 친분 관계에만 매달리지 않을 것이다.

무엇보다 침체된 부서 분위기를 살리기는 것이 가장 시급한 과제이므로 부서 전체 직원이 참여하는 모더레이션을 진행하기로 하였다. 그리고 이 모든 합의 사항들은 갈등조정합의안으로 서면 정리하였다.

A의 역할은 갈등조정이 모두 종결된 후에 처리하기로 하였다. 그 이유는 B와 C의 합의안은 C와 A의 관계와 밀접한 관련이 있기 때문이다. C와 A의 관계는 A가 C를 인정해 줌으로써 개선될 수 있다. 탁월한 실력자인 C에 대한 회사의 대우 문제는 경영진이 개입하여 해결되어야 할 것이다. B는 한 부서를 책임지는 관리자로서의 역할을 다하기 위해 교육과 훈련을 더 받아야 할 것이다.

이렇게 C와 B의 이슈는 추가 갈등조정에서 모두 처리되었다. 두 사람은 추가 갈등조정에 참여하여 합의안을 재검토하고 일부 내용에 대해서는 수정하기도 하였다.

5. 단계 5: 갈등조정 평가

갈등조정 평가는 모든 갈등조정이 종결된 후에 실시되었다. 먼저 갈등당사자 A, B, C 그리고 부하직원들이 합의안을 얼마나 이행했는지 확인하였다. 이행이 미흡한 부분에 대해서는 그 이유를 파악하여 처리함으로써 합의안이 지속적으로 이행될 수 있게 하였다.

종합평가에 앞서 두 차례 평가 회의를 통해 C와 B 간의 합의안이 얼마나 이행되었는지 검토하였다. 이행에 어려운 점들은 평가 회의에서 논의하였으며, 갈등조정이 종결된 후에 갈등이 근본적으로 규명되었는지 다시 한번 확인하였다. 이런 과정을 통해 C와 B의 관계가 돈독해지고 미래 갈등을 미연에 방지하고 또 다른 갈등이 발생하더라도 외부 도움 없이 해결할 수 있기 위해서다.

설문지를 이용하여 갈등조정 절차, 결과, 해결책의 효율성, 조정자의 갈등조정 진행능력과 제편성 등에 관한 종합평가가 이루어졌다.

6. 시사점

이 사례가 시사하는 바는 다음과 같다.

· 조직에서 심리학적 갈등조정이 얼마나 어렵고 복잡한지를 알 수 있다. 갈등이 복잡하면 그만큼 조정자가 고려하여야 할 사항들도 많아진다. 예를 들어, 갈등과 관련한 이해관계자의 관심사도 고려하여야 한다. 조정에 참여하는 대표자는 하나가 아니라 여러 이해관계를 대표하므로 소속 집단구성원들에게 자신의 행동을 설명하여야 하고 그들로부터 받을 압력이 만만치 않다는 점도 염두에 두어야 한다.

· 심리학적 갈등조정의 장점은 심층구조 분석을 통해 찾을 수 있다. 사례에서 보듯이, 모든 참여자가 승자가 되는 지속 가능한 갈등해결을 위해서는 갈등의 실체가 밝혀져야 한다. 이는 심층구조 분석을 통해 가능하다. B와 C 간의 갈등이 해결되기 위해서는 반드시 A의 역할이 고려되어야 한다. 조직개발 차원에서 경영진이 C와 B의 지위를 보장한다고 했지만 두 사람 모두 지위에 대해 불안감과 두려움을 느끼고 있다. C는 회사의 조치가 부당하다고까지 하였다. B는 그런 불안감을 떨치기 위한 행동으로 인해 부서에서 따돌림을 당하는 처지가 되었다.

· 동료 간 그리고 상사와 부하직원 간 관계를 개선하기 위해 '종합대책'이 마련되었다. 이 대책으로 추후 또 다른 갈등을 미연에 방지하거나 쉽게 해결할 수 있으며 불공정성을 바로잡고 감정을 성찰하는 계기가 되었다. 직원들도 자신의 능력을 최대한 발휘할 수 있었고 사원교육도 장려되었다.

만일 갈등이 '위에서 명령'하는 식으로 해결되었다면 갈등은 근본적으로 해결되지 않았을 것이다. ABC 인터내셔널은 재정 절감을 위해 부서들을 통합하여 두 명의 부장에게 공동관리하도록 했다. 하지만 이러한 경영방침은 인사정책과 별개로 실시되었고 조직문화로 자리 잡지도 못하였다. 그 결과 역할스트레스는 이미 예견된 것으로서, 실제로 A, B, C 세 갈등당사자에게 관계스트레스로 나타났다. 갈등은 개인과 구조가 변할 때 근원적으로 해결된다. 이러한 변화의 필요성은 조정을 통해 밝혀진다.

이 사례는 개인 간 갈등에 관한 것이나 조직에서 갈등은 매우 다양한 형태로 나타난다. 예를 들면, 제조업체와 부품공급업체 간 갈등, 노사갈등, 다국적 모회사와 자회사 간 갈등 등이 있을 수 있으며, 조정은 갈등의 유형을 불문하고 적용이 가능하다. 문화가 다른 조직 사이에서 발생하는 갈등에 대해서는 조정자에게 더 많은 역량이 요구된다. 조정자는 자신의 문화에 대해 성찰할 수 있어야 하며 다른 문화에 대해서도 깊은 이해와 함께 민감해야 한다.

조직 내에서 복잡한 구조들과 조직 단위들이 충돌하지만 상호작용과 결정의 주체는 개인이나 소집단이다. 따라서 조정에 참여하고 협상테이블에 앉는 주체는 갈등당사자와 이해관계자로서의 개인이지 추상적인 집합체가 아니다. 따라서 감정개입, 위협에 대한 방어행동, 자기보호, 욕구 충족 등 심리적 기제가 작용한다.

조직갈등조정은 갈등이 조직의 어느 차원에서 발생하건 또 얼마나 복잡하건 상관없이 적용 가능한 갈등해결방법이다. 갈등당사자가 조정할 자세가 되어 있고 갈등조정을 위한 여건이 조성되어 있으

면 갈등을 재판이 아닌 갈등조정으로 해결하는 것은 경제적으로나 윤리적으로나 의미 있는 일이다.

갈등관리시스템 구축

> 이 장에서는 조직이 대화 및 갈등문화를 지속적으로 개선하기 위해 조정을 도입하는 절차에 관해 살펴본다. 먼저 갈등관리시스템의 핵심 요소로서 내부 갈등관리자, 관리자 그리고 홍보를 살펴본 다음, 조정 도입 절차 8단계 모델을 제시한다.

1. 제약업체의 사내 협력 증진 방안 모색

두 개의 우수 제약업체가 합병하여 거대 제약업체가 설립되었다. 두 업체의 문화는 너무 상이해서 합병작업은 적지 않은 진통을 겪었다. 가장 중요한 기술적 통합작업을 하면서 이 업체는 면밀한 분석을 통해 갈등관리시스템를 구축하기로 하였다.

분석은 외주를 주었다. 종업원을 대상으로 한 합병에 관한 설문조사가 중단되었고 퇴사자도 급격히 증가했기 때문이다. 특히 유능한 두 명의 관리자가 경쟁사로 이직한 것은 커다란 손실이었다.

이런 상황에서 이 업체는 갈등관리능력 향상과 협력문화 창달에 주력하게 되었다.

2. 갈등관리시스템의 목적

조직구성원이나 관리자는 동료와 문제가 있으면 일반적으로 동료, 상사 또는 담당부서를 찾아 상의한다.

동료를 찾아 하소연하면 마음이 잠시 가벼워질 수는 있지만, 그렇다고 갈등이 해결되는 것은 아니다. 상사를 만나 의논할 때 '상사가 어떻게 반응할까? 나와 다른 생각을 하는 것은 아닐까? 나를 능력 없는 사람으로 보지는 않을까?' 하는 걱정이 앞선다. 담당부서를 찾아 도움을 청할 수도 있지만, 그로 인해 오히려 더 큰 충돌이 발생하고 더 큰 곤란에 빠질 수 있다.

갈등관리시스템은 조직구성원들이 겪는 분쟁, 문제, 차이 또는 긴장을 생산적으로 처리하도록 구조화하고 안정적이며 투명한 방법을 제공하는 것이 목적이다. 물론 조직관리에서 갈등관리를 분리해 내거나 관리자의 갈등관리 업무를 대신하는 것이 갈등관리시스템의 목표는 아니다. 갈등관리시스템은 조직구성원들이 갈등을 생산적으로 처리함에 있어 관리자의 개인적 성향과 역량에만 의존하지 않고 자발적으로 할 수 있는 체계적인 방법들을 제공하는 데 핵심 목표를 두고 있다. 갈등이 조직 내 갈등담당부서에서 처리될 수 있도록 함으로써 문제해결의 돌파구를 열고 갈등에 내재된 창조적 잠재요소를 발굴하여 조직 활성화에 이용할 수 있다.

투명한 갈등처리 과정을 통해 조직구성원들은 생산적인 갈등관리에 대한 기대감과 안도감을 갖게 되고 그 결과 조직풍토 개선, 이직률과 질병률 감소, 근로의욕 고취 등의 긍정적 변화를 꾀할 수 있다.

3. 갈등관리시스템의 핵심 요소

조직에서 실제적인 갈등관리시스템은 기본적으로 갈등관리자, 관리자의 지원 그리고 홍보를 기반으로 한다([그림 8-1] 참조).

[그림 8-1] 갈등관리시스템의 핵심 요소

1) 갈등관리자

갈등관리자는 사내 또는 외부 교육기관에서 갈등조정에 관한 교육훈련을 이수한 전문 조정자로서, 대립과 긴장 상황에 처한 당사자

에게 대화 상대가 되어 줄 수 있고 갈등조정 역량과 함께 문제해결
을 위한 적절한 조처를 취할 수 있어야 한다. 갈등관리자의 기본 역
량은 다음과 같다(Altmann, Fiebiger, & Müller, 2004).

- 사회적 역량/공감능력
- 의사소통 능력
- 체계론적 사고능력(요소, 전체, 관계를 함께 보는 전체적 사고)
- 도덕적 용기
- 환경과 맥락의 변화에 대한 개방적 태도
- 자아성찰과 조언에 대한 수용적 태도

조직에는 자질과 신망이 높고 조정에도 타고난 소질이 있는 사람
들이 있다. 이들 중에는 이미 갈등관리자로 활동하고 있지만 전문적
갈등조정방법에 대해서는 구체적으로 알지 못하는 사람들도 있을 것
이다. 그런 갈등관리자가 조정에 관한 전문교육을 받고 조정자로 활
동하게 되면 갈등관리시스템의 효율성과 신빙성도 높아질 것이다.

갈등조정 도입은 대개 갈등문화의 개선에 대한 욕구(needs)를 가
진 사람으로부터 시작된다. 그들은 이른바 '변화 엔진' 역할을 하며
조직 내에서 새로운 혁신 바람과 아이디어를 제공하는 바, 갈등조
정 도입 프로젝트도 그들에게 위임하여 이끌도록 하는 것이 바람직
하다.

2) 관리자의 지원

갈등관리는 조직관리의 핵이다. 관리자가 조직구성원의 행동과 조직문화에 지대한 영향을 미친다는 것은 두말할 나위 없다. 조직원들은 자신의 활동, 경력, 직위와 직급에 대한 결정권한을 가진 관리자를 따르게 마련이다. 관리자가 개방적이고 직접적인 대화 및 갈등문화를 선호하면 조직원들도 대립과 갈등에 대해 자발적이고 자율적으로 해결방안을 찾으려 할 것이다. 하지만 관리자의 대화방법이 은폐적이거나 권위적이면 조직원들도 갈등에 대해 변화된 행동을 하지 않을 것이다. 관리자가 먼저 솔선수범하여 개방적 대화 및 갈등문화를 선도하면 조직원의 신뢰도 높아질 것이다(Proksch, 2007).

이미 언급하였듯이 갈등관리는 리더의 주요 과제다. 리더는 구성원들의 집중력을 떨어뜨리고 업무를 방해하며 비용을 유발하는 갈등을 해결하는 능력과 자질이 있어야 한다. '갈등관리의 책임은 리더에게 있다.'는 말을 놓고 많은 관리자가 모든 갈등은 자신이 해결해야 한다는 의미로 해석하여 심지어 '갈등 있는 관리자는 무능하다.'고까지 오해하는 경우도 많다. 갈등관리와 관련하여 자신의 한계가 무엇인지, 어떤 갈등을 언제 스스로 해결할 수 없는지를 판단하지 못하는 관리자도 많다. 갈등에 따라 적절한 방법을 활용하고 자신이 어떤 역할을 할 것인지 그리고 외부로부터 어떤 지원이 필요한지를 판단하는 것은 모두 관리자의 몫이다.

갈등관리시스템이 성공적으로 운용되기 위해서는 관리자에게 필요한 관리의 방법적 요소뿐 아니라 자신에 대한 인식 또한 중요하다. 갈등상황에서 관리자가 어떻게 대처하고 그 대처를 위해 자신이 어떤 자질을 갖추었는지 스스로 인식하는 것은 갈등관리의 매우 중요한 측면이다. 자신의 행동패턴을 인식하는 관리자만이 갈등상황에서 당황하지 않고 어떻게 대응할 것인지를 자유롭게 결정할 수 있다. 만약 관리자가 자신이 어려운 상황에서는 항상 사무실 문을 닫고 혼자 있는 것을 인식하게 되면, 이후에는 회피 대신에 당당하게 맞서 처리할 수 있는 방법을 찾을 것이다. 자의식은 갈등관리뿐 아니라 효과적인 조직관리의 필수요건이다.

3) 홍 보

프로젝트가 성공하기 위해서는 홍보가 필수적이다. 아무리 좋은 방법이라도 조직구성원들에게 알려지지 않으면 쓸모없어지고, 결국에는 흔적도 없이 사라지게 된다.

갈등조정과 같은 새로운 방법은 한번 성공하여 입소문만 나면 금방 확산될 것이라고 쉽게 생각할 수도 있다. 조직에서는 여러 프로젝트가 동시다발적으로 진행되기 때문에 관심을 끌지 못하는 프로젝트는 금방 실패할 수 있다. 갈등관리시스템도 프로젝트 초기 단계에서는 프로젝트 홍보를 적극적으로 전개하는 것이 매우 중요하다.

갈등조정을 홍보하기 위해서는 사내 신문, 이메일, 게시판 등의 일반적인 방법 활용과 강연이나 설명회를 통한 개별 접촉도 갈등조정과 조정자에 대한 신뢰를 획득하는 데 매우 유용하다. 물론 갈등조

정의 성공을 통한 입소문이 가장 확실한 홍보임은 분명한 사실이다.

갈등조정에서는 갈등당사자의 인적 사항은 물론 이슈 및 내용에 대한 비밀보장이 최우선적으로 준수되어야 한다. 비밀이 지켜지지 않고 갈등조정 관련 정보가 유출되면 갈등은 더욱더 고조될 것이며 해결책은 어려워지고 입소문에 의한 부정적 홍보로 갈등관리시스템의 정상적인 작동이 어렵게 된다.

갈등조정 홍보에 사용되는 언어 선택 또한 중요하다. 갈등 또는 문제 등과 같이 부정적인 뉘앙스를 풍기는 단어는 방어적인 태도를 유발한다. 일반인에게 여전히 생소한 갈등조정도 항상 갈등을 연상케 하는 단어다. 이에 비해, 합의, 협력, 미래지향 등과 같은 긍정적인 용어는 쉽게 받아들인다. 갈등조정은 갈등해결을 위한 방법일 뿐 아니라 대립이나 긴장 상황을 사전에 예방하고 창조적인 해결책을 강구하는 방법임을 적극 강조하여 홍보해야 할 것이다.

4. 갈등조정 도입 절차

갈등조정 도입 절차는 [그림 8-2]에서 보듯이 크게 여덟 단계로 구분된다. 이 단계모델은 갈등관리시스템을 구축하는 관리자와 프로젝트관리자뿐 아니라 외부 전문가와 협업을 통해 일관되게 진행되는 것이 중요하다.

[그림 8-2] 조정 도입 절차

1) 기 획

기획단계에서는 갈등조정이 조직을 위해 어떻게 활용될 수 있는 지에 대한 기본적인 생각들, 예를 들어 조정이란 무엇인가, 갈등조 정은 언제 활용될 수 있는가, 갈등조정을 위한 전제 조건들은 무엇 인가 등을 문서로 기록한다. 갈등조정 도입 프로젝트의 비전과 전략 은 조직의 비전 및 전략과 연계하여 기본 골격이 잡히면 경영진이나 이사회로부터 승인 받을 가능성이 크다.

다음은 한 대형할인점 업체의 문서화된 갈등관리의 기본 비전이다.

예: 우리는 모든 갈등을 자율적이고 생산적으로 해결한다. 우리는 서로 협력하여 해결책을 강구한다. 갈등은 늘 우리와 함께하는 현 실이다. 갈등은 건설적으로 해결되면 새로운 발전을 위한 원동력 이 될 수 있다. 불합리한 것이 있다면 즉시 해명하고, 갈등이 있으 면 여러 각도에서 종합적으로 검토하고 서로 협력하여 해결책을 강구한다. '갈등을 자율적이고 생산적으로 해결한다.'는 것은 갈

등이 발생할 경우에 상사나 외부에 위임하는 것이 아니라 갈등당 사자 또는 관련자가 스스로 책임지고 해결한다는 의미다. 이를 위해 조정은 가장 적절한 방법이다.

비전과 전략이 문서로 작성되면 인사부서, 법무부서, 기획부서, 노조, 상담소 등 관련 부서에 회람을 돌려 다양한 의견들을 모아 수정 · 보완한다.

갈등조정 도입에 대한 경영진의 최종적 동의를 얻기 위해서는 다음과 같은 질문에 답할 준비가 되어 있어야 한다.

· 갈등조정 도입 프로젝트가 회사에 가져올 이익은 무엇인가?
· 갈등조정 도입 프로젝트에 드는 비용은 얼마나 되는가?
· 갈등조정 도입을 통해 비용을 얼마나 절감할 수 있는가?
· 갈등조정 도입에 드는 시간과 인력자원은 얼마나 되는가?

갈등조정 도입 프로젝트가 경영진으로부터 최종 승인과 함께 전폭적인 지원을 받는다는 사실이 조직 전체에 알려지는 것은 대단히 중요하다. 그렇지 않은 경우, 갈등조정 도입은 맥 빠진 프로젝트에 지나지 않을 것이다.

2) 프로젝트팀 구성

프로젝트에는 되도록 많은 사람이 참여하는 것이 좋다. 인사팀,

법무팀, 노조뿐 아니라 가능한 한 모든 관련 부서 직원들이 참여하도록 한다. 스스로 이해관계가 있다고 생각하는 집단이 빠질 경우 추후 프로젝트 결과에 반대하거나 진행에 걸림돌이 될 가능성이 높다.

프로젝트 관리자는 참여자들이 의사결정에서 소외되거나 무시되는 상황이 발생하지 않도록 세심한 관리를 하여야 한다. 프로젝트에 실질적인 영향을 미치는 사람은 누구인지, 참여를 원치 않는 사람이 있는지 등에 대한 질문을 끊임없이 제기하며 프로젝트 추진의 동력이 떨어지지 않도록 한다.

이해관계자 모두를 프로젝트에 참석시키는 것은 비효율적일 수 있다. 이때는 대표회(sounding board)와 같은 의견수렴 기구를 설치하여 정기적으로 프로젝트 진행 관련 정보를 제공하고 추가적인 정보를 수집함으로써 가능한 한 많은 사람들의 참여의식을 고취시키고 공감대를 형성해 가는 것이 프로젝트 성공에 도움이 된다.

프로젝트의 성공을 위해 최소한 한 명 이상의 '강력한 후원자'를 찾는 것도 중요하다. 후원자는 최고경영자, 이사 또는 대표이사 등이 될 수 있으며, 프로젝트를 대내외적으로 대변하고 지원하며 프로젝트가 전략적 차원에서 난관에 부딪쳤을 때 실질적 도움을 줄 수 있는 사람이다. 조직 내부에서 전문적으로 조언하고 자문해 줄 수 있는 인사팀장과 같은 '전문 후원자'와 제삼자적 관점에서 객관적인 자문을 해 줄 수 있는 외부 전문조정자도 필요하다.

3) 분 석

어떤 갈등에 대해 어떤 상황에서 갈등조정을 할 수 있으며 또 해야 하는지를 가늠하기 위한 보편타당한 기준은 없다. 직원회의, 고객과의 거래, 업무분담 등 조직의 여러 영역에서 수많은 갈등이 발생하지만, 어느 조직에서나 빈번히 발생하여 업무를 가로막는 대표적인 갈등이 있을 수 있다. 그런 갈등을 즉시 확인하여 처리할 수 있다면 그 파급 효과는 대단히 클 것이다. 분석단계에서는 다음과 같은 질문을 통해 조직의 갈등관리시스템에 대한 검토가 필요하다.

· 어떤 갈등이 자주 발생하는가?
· 누가 갈등당사자인가?
· 갈등은 어떻게 해결되는가?
· 갈등을 해결하는 데 드는 비용은 얼마인가?
· 이미 활용되고 있는 갈등관리방법은 무엇이며 그 활용 이유는 무엇인가?
· 기존의 갈등관리방법들을 활용하는 이유는 무엇인가?
· 갈등조정 활용에 대해서는 어떤 찬반 의견이 있는가?

분석은 갈등조정 도입 프로젝트를 총괄하는 팀장이 주도한다. 팀장은 이미 조직에 속한 사람이기 때문에 '나는 우리 회사에 대해 충분히 알고 있다.'는 생각에 중요 요소들을 간과할 수 있으므로 특별한 주의가 필요하다.

앞의 질문들에 대한 답이 모이면 어떤 영역에 어떤 갈등이 충분히 해결되지 않고 있으며 갈등조정을 활용할 곳이 어딘지에 대한 분석이 필요하다. 분석을 통해 기존의 고전적인 갈등관리방법과 상호보완적인 갈등관리방법의 활용을 극대화시킬 수 있다.

분석 결과를 갈등조정에 적용함에 있어 고려해야 할 기본 원칙을 정리하면 다음과 같다.

- 갈등조정은 갈등당사자 쌍방이 모두 조정에 관심을 가질 때 가능하다. 관심이 서로 다른 경우에는 상사가 개입하여 화해를 시도하거나 일방적으로 결정한다.
- 갈등당사자 쌍방이 조정에 참여하거나 적어도 자발적인 참여의사가 있어야 한다. 갈등조정의 장단점에 관한 정보를 제공하여 갈등당사자의 참여를 독려할 수 있다.
- 갈등조정은 특히 갈등이 좌절감, 분노, 두려움 등의 감정싸움으로 비화되거나, 협력업체나 고객 등과의 오랜 관계가 위기에 처할 때 적용될 수 있다. 특히 상사가 관련된 갈등에 대해서는 갈등조정이 적절한 방법이다.
- 갈등조정은 특히 갈등 대상이 '나눌 수 없는' 귀중품이나 공정성과 같은 물질적·비물질적 재화일 때 적합한 방법이다. 예산 등과 같은 분리 가능한 대상에 대해서는 대개 갈등조정이 아닌 다른 방법이 활용된다.
- 조직에서는 갈등에 대해 경영진의 결정이 내려지면 갈등조정은 더 이상 불가능하다. 결정 절차가 마무리되고 경영진의 입장이

정해지면, 그 결정은 체면을 지키기 위해서라도 모든 수단이 동원되어 관철된다.

갈등을 건설적으로 다루기 위해서는 적절한 여건도 조성되어야 한다. 조직원들이 기꺼이 조정을 활용하도록 유도하기 위한 인센티브 제도가 필요하다. 예를 들어, 갈등이 빈번한 팀에서 한 팀원이 갈등 횟수를 현저하게 줄였다면 그에 상응하는 상여금을 지급한다. 물론 모든 팀원들에게 적용 가능한 객관적인 인센티브 기준을 정하는 것은 쉽지 않다. 그렇지만 인센티브가 팀원들에게 동기를 부여하는 자극제가 되는 것은 분명하다.

4) 갈등관리자 선발 및 교육

갈등처리 전문가로서 조직 내부적으로 양성되는 갈등관리자는 공개 모집, 사회성 측정 행렬표(sociometric matrix) 등의 다양한 방법을 통해 일차적으로 후보자들을 선발한 다음, 개인면담을 거쳐 최종 선발한다. 갈등조정의 신뢰성을 훼손할 정도로 능력이 부족하거나 비사교적이고 감수성이 약한 후보자는 제외한다. 갈등관리자에게는 갈등조정의 원칙, 갈등조정 방법 및 기법, 갈등인지 및 분석, 갈등관리방법 등을 핵심 골자로 하는 갈등조정에 관한 교육이 필요하다. 교육을 받은 갈등관리자는 사내 전문조정자로서 조직 내 갈등을 관리할 뿐 아니라 고충이나 불만을 가진 직원에게는 대화상대가 되고, 지나치게 고조되었거나 복잡한 갈등은 외부 전문조정자에게 의뢰한다.

갈등관리자는 조직 전체에 건설적인 갈등문화가 확산되는 데도 노력한다.

갈등관리자가 책임과 역할을 원만하게 수행하기 위해서는 관리자 및 경영자도 교육과 훈련이 필요하다. 교육훈련은 의견 차이, 긴장, 대립, 불화 등에 대한 인식능력, 갈등분석 및 갈등관리 방법, 자아성찰, 자의식 등 갈등관리에 필요한 핵심 요소들을 포함한다.

오늘날 역동적인 변화의 시기에 갈등관리는 관리자의 업무성과를 가늠하는 중요한 잣대다. 갈등관리 교육을 받은 관리자는 갈등조정 기법으로 갈등을 사전에 예방하거나 필요한 경우에는 적시에 적절한 지원을 요청할 수 있다.

리자는 특히 자아발견이 필요하다. 그 이유는 관리자는 갈등에 대한 자신의 책임, 개인적 한계, 중립성 유지 등에 대해 명확히 인식하고 있어야 하기 때문이다.

5) 홍 보

갈등조정을 성공적으로 도입하기 위해서는 홍보가 필수적이므로 이에 대한 치밀한 계획이 필요하다. 먼저 갈등조정 도입에 호의적이고 확산에 적극적인 자들과 잠정적 수요자들에게는 명단을 작성해서 직접 방문하여 개별상담 또는 프레젠테이션을 하거나 이메일, 전화, 게시판, 사내 신문 등의 매체를 통해 홍보한다. 개별상담과 프레젠테이션은 조정자에 대한 신뢰를 형성하는 데 가장 좋은 방법이다.

다음 단계로 갈등조정은 단순한 상업적 서비스가 아니라 문제 및 갈등 해결과 관계개선을 위한 것임을 강조하는 홍보 타이틀과 주요 문구를 정한다. 그리고 향후 갈등조정을 필요로 하는 자들을 위한 안내문이나 기타 자료를 준비한다.

6) 갈등조정 실행과 슈퍼비전

갈등조정 도입에 대한 여론이 긍정적이고 갈등조정의 장점이 회자되면 조정 활용도도 높아질 것이다. 갈등조정이 갈등관리방법의 하나이긴 하나 모든 갈등에 적용할 수 있는 만병통치약은 아니다. 갈등조정의 타당성을 높이기 위해서는 실행에 앞서 코칭, 슈퍼비전, 팀개발 등 다른 갈등관리방법들을 염두에 두고 의뢰된 갈등 사례에 대해 면밀한 내용 분석을 해야 한다. 첫 번째 갈등조정이 성공하기 위해서는 경험 많은 외부 전문조정자와 공동갈등조정(co-mediation)을 하거나 외부 전문조정자가 슈퍼바이저로서 참여하여 조언하는 협업시스템을 구축하는 것이 바람직하다. 갈등관리자는 외부 조정자와 공동으로 갈등 사례를 분석하고 서로의 의견을 나눔으로써 자신감과 전문성을 쌓는다. 갈등관리자는 또한 동료들과 조정팀을 구성하여 인터비전(intervision)을 함으로써 자신감과 전문성을 더 높일 수 있다.

인터비전은 갈등조정에 대한 노하우 공유, 서로의 장단점 확인 및 상호 학습의 기회로서 갈등조정의 질을 높이는 데 기여한다. 조정팀은 최소한 두 달에 한 번씩 만나 갈등조정 사례에 대한 의견을 서로 나누는 것이 바람직하다.

갈등 사례를 내부 조정자가 모두 처리할 수는 없다. 특히 조정자 자신이나 최고경영진이 연관된 갈등에 대해서는 중립성이 훼손될 수 있으므로 외부 조정자에게 의뢰하는 것이 적합하다.

7) 제도화

프로젝트가 예정대로 완료되고 조직 내부적으로 성공적이라는 평가를 받게 되면, 다음 단계로 갈등조정을 조직 내에 제도화하는 작업을 시작한다. 갈등조정을 전담하는 조직을 신설하거나 내부 여건을 고려하여 기존의 관련 조직에 갈등조정을 위임할 수 있다. 인사팀, 조직개발팀, 법무팀, 이사회 등을 고려할 수 있으며, 가능한 한 상위 조직에 속할수록 갈등조정의 제도화도 그만큼 빨라질 것이다. 다만 어디에 소속되든 갈등조정업무 자체는 독립된 업무로서 수행될 수 있도록 하기 위해 중립성 확보가 무엇보다 중요하다.

8) 사후 관리

갈등조정의 효과와 질을 높이기 위해서는 철저한 사후 관리가 필요하다. 다만 사후 관리는 비밀보장 원칙이 훼손되지 않는 수준에서 이루어져야 한다. 평가는 조정 종결 후 즉시 갈등조정의 각 단계에 대한 형성평가와 갈등조정 전체의 효과에 대한 종합평가로 구분하여 각각 실시한다(275쪽). 그 이유는 신속한 평가를 통해 갈등조정의 효과와 문제점을 즉시 파악할 수 있기 때문이다.

평가 결과는 익명의 형태로 문서화하여 정기적으로 경영진에 보고한다.

5. 제약업체의 사내 협력 증진 방안 모색, 그 결과는

사내 협력 증진과 갈등조정을 중심으로 하는 갈등관리시스템 구축을 위한 프로젝트는 총 11개월이 걸렸다. 외부에서 갈등조정 교육훈련을 받은 직원 세 명으로 조정팀이 구성되었고, 그중 한 명이 갈등조정 도입을 총괄하였다. 내부에서 4주 훈련을 받은 네 명이 충원되어 조정자는 모두 7인으로 확대되었다.

조정팀의 갈등 원인과 갈등관리방법에 대한 조사 결과에 따르면, 고위관리자급의 권위적인 리더십으로 인해 부서나 팀에서 갈등이 빈발한 것으로 나타났다. 관리자 및 경영진을 대상으로 조정과 갈등관리에 대한 교육이 집중적으로 이루어졌다. 교육은 외부 조정전문가를 초빙하여 갈등관리 전반에 대한 이해와 회사의 갈등관리 실태에 대한 개관 및 간단한 실습으로 총 20시간 진행되었다. 참여자 대부분이 새로운 개념과 접근방법에 많은 관심과 호기심을 보이면서 만족하였다. 대부분의 종업원도 새로운 방법에 대해 큰 관심을 보였기 때문에 홍보는 순조롭게 진행되었다. 얼마 후 갈등조정 외뢰가 쇄도하였고 대부분의 갈등 사례가 완만하게 해결되었다.

현재까지 이 제약업체에는 갈등조정을 중심으로 한 갈등관리시스템이 기존 인사관리시스템과 충돌 없이 운영되고 있으며 갈등조정도 적극적으로 활용되고 있다. 매년 종업원을 대상으로 실시하는 조사에서도 사내 협력과 갈등문화가 눈에 띄게 개선된 것으로 나타났다.

갈등조정 도입 사례

이 장에서는 갈등조정을 도입한 은행과 병원 사례를 소개한다. 도입과정은 8장에서 제시한 도입 절차에 따라 기술한다.

1. 은행에서의 갈등조정 도입

1) 갈등조정 도입 프로젝트 배경

세계적인 금융위기로 날로 격해지는 경쟁상황에서 비슷한 규모의 두 개 은행이 합병을 진행하고 있다. 합병이 완료되면 종업원 수 13만 명의 초대형 은행이 탄생한다. 합병작업은 각기 상이한 구조를 가진 IT 시스템 통합부터 경쟁관계에 있었던 부서들 간 통합까지 촉박한 일정으로 진행되고 있으며, 모든 과정이 일상 업무와 함께 추진됨으로써 갈등이 끊이지 않고 있다.

IT 시스템 통합, 프로세스 관리 및 전략 프로젝트 등이 동시다발로 진행되면서 관리자들에 대한 변화관리 교육, 팀개발 워크숍 및 개인코칭까지 원활한 합병을 지원하기 위한 노력도 병행되었다.

문화와 시스템 구조가 전혀 다른 두 은행은 일련의 조치를 통해 물리적인 통합은 어느 정도 달성하였으나 미진한 화학적 통합으로 인해 크고 작은 저항과 불상사가 끊이지 않고 있다. 일상 업무가 제 대로 돌아가지 않는 부서도 있고 집단따돌림과 함께 일부 핵심 직원 들의 퇴사 사태도 벌어졌다. 일부 부서가 동일하거나 유사한 업무를 동시에 수행함으로써 경쟁 심화와 공동목표 상실이라는 우려되는 현상도 나타나고 있다.

이사회는 '협력과 팀워크, 건설적인 비판과 갈등문화는 성공의 지름길'이라는 비전을 공표하면서 갈등을 건설적으로 처리하고 해 결하기 위해 조속한 갈등조정 도입을 지시하였다.

2) 기 획

갈등조정 도입 프로젝트 관리자는 현상 분석을 통하여 조직 내 미 해결된 갈등이 누적되어 있으며 지속적인 갈등과 스트레스로 인한 생산성 저하, 이직률 상승 및 합병 피로감 증가가 심각함을 파악하 였다. 원활한 갈등조정 도입을 도모하기 위하여 다음과 같은 내용을 포함하는 분석자료를 작성하였다.

- 비효율적 통합으로 인한 갈등 사례 수집
- 갈등으로 인한 전사적인 비용규모 추산
- 조직의 화학적 결합을 위한 갈등관리 필요성 도출
- 갈등조정 도입 및 추진방향 제시

3) 프로젝트팀 구성

프로젝트팀 구성은 갈등관리 및 갈등조정 경험이 있는 전문조정자 집단과 갈등조정 도입에 도움을 줄 수 있는 후원자 집단으로 구분하여 내부에서 선발하였다. 회사 내에서 갈등조정교육을 이수한 사람과 그에 준하는 직원을 프로젝트팀에 합류시켰다. 특히 후원자 집단으로 경영진과 소통하고 어려운 문제해결에 자문 역할을 해 줄 인물로 지목된 인사팀장을 설득하여 정기적으로 프로젝트 회의에 참석하도록 함으로써 추진동력이 분산되지 않도록 하였다.

4) 분 석

갈등조정 도입 시 고려하여야 할 구체적인 니즈와 원츠 파악은 가능한 한 많은 관리자와 직원들에 대한 개별면담을 통해 이루어졌다. 그렇게 조사된 내용에 기반을 두어 추진 계획안이 완성되었고, 경영진과의 면담을 통해 운용목표를 다음과 같이 확정하였다.

· 이직률 20% 감소
· 발병률 20% 감소
· 갈등조정을 통한 직원만족도 50% 증가
· 분기별 조정목표 관리: 분기별 갈등 10개 사례

또 다른 핵심 사안은 갈등조정에 대한 홍보였다. 한 이사는 "이 프로젝트에서는 갈등조정 의뢰 수를 얼마만큼 끌어올릴 수 있느냐가 관건이다."라는 말로 홍보의 중요성을 강조하였다.

5) 갈등관리자 선발 및 교육

은행 내에서 선발된 조정자들은 이미 갈등조정에 관한 교육을 이수한 상태였기에 별다른 교육 없이 곧바로 갈등조정에 투입할 수 있었다. 관리자 교육은 다소 어려움이 있었다.

관리자 대부분이 프로젝트 추진에는 긍정적이었지만 갈등관리 및 조정교육 참가에는 소극적이었다. 바쁜 업무수행에 별도 시간을 내기가 어렵다는 것과 이미 자신들은 갈등관리 지식과 경험이 충분하다고 생각하고 있었기 때문이다. 다행히 이사회의 전폭적인 지지로 대부분의 관리자가 두 번의 워크숍을 통해 갈등관리 및 조정에 대한 이론과 실습 교육을 받았다.

6) 홍 보

프로젝트팀의 임무는 갈등조정을 은행 전체에 알리고 모두가 수용하도록 하는 것이었다. 갈등조정과 같이 가까운 직원 간의 껄끄러운 관계를 다루는 서비스는 사내 신문과 이메일뿐 아니라 직접대화를 통해 홍보한다는 취지 아래, 대면적 대화(face to face)를 홍보의 기본 수단으로 정했다. 본부 부서 및 지역 본부에서 프레젠테이션을 통해 갈등조정을 소개한 후 직원들과 개별 접촉을 가졌다.

프레젠테이션은 총 20회에 걸쳐 정규회의 또는 별도 기일을 정해 약 30분 정도 진행하고 참여자들과 토론이 이어졌다. 갈등조정이 명령이나 권고가 아닌 자발적인 방법으로 제공된다는 점에서 많은 참여자들이 긍정적인 태도를 보였으며, 일부 참여자들은 당장이라도 조정을 받고 싶다고 하였다.

프레젠테이션은 특히 관심이 컸던 노동조합에서도 진행되었다. 노조의 긍정적인 반응은 프레젠테이션이 자회사와 주요 협력사까지 확대되는 갈등조정 홍보의 분기점이 되었다.

본격적인 갈등조정이 이루어진 이후로는 사내 신문을 통한 홍보를 지속적으로 전개하였다. 추후 분석한 결과, 갈등조정은 조정자를 개인적으로 잘 알거나 지인의 권유를 받아 주로 요청하는 것으로 파악되었다. 또 다른 홍보수단은 사내 이메일 시스템이었다. '뉴스레터' 형태로 갈등조정이 필요할 것으로 예상되는 직원들에게 관련 정보를 발송하였다. 이후 관심을 보인 직원들에게는 갈등관리와 갈등조정 및 대화에 대한 최신 정보를 매월 전송했다.

7) 갈등조정 실행과 슈퍼비전

갈등조정을 의뢰한 갈등 사례는 먼저 갈등조정이 적합한지 아니면 코칭, 팀개발, 모더레이션 등 다른 방법을 적용해야 하는지가 검토되었다. '해결될 수 없음'으로 판단된 사례는 거절하였다. 갈등조정이 적합한 사례에 대해서는 외부 조정자와 내부 조정자가 함께하는 공동조정 형태로 진행되었다.

첫 프레젠테이션에서 의뢰된 영업팀 팀원들과 팀장 사이의 갈등
은 세 차례 갈등조정회의로 참여자 모두가 만족스럽게 해결되었고,
이를 계기로 팀의 자신감도 강해졌다. 컨설턴트로 참여한 외부 조정
자가 철수할 때까지 진행된 갈등조정은 총 8건이었으며, 모두 동료
간 갈등, 팀 갈등 또는 상사와 부하 간 갈등에 관한 것이었다.

조정자들은 인터비전 집단을 구성하여 매월 1회 회의에서 조정
사례나 기타 주요 사안들에 대해 논의하여 적절한 해결책을 찾고 서
로 도움을 주거나 학습할 수 있는 기회를 가졌다.

8) 제도화

갈등조정 도입 프로젝트팀은 애초부터 인사팀에 배치되었다. 프
로젝트팀은 정기적으로 진행 상황을 인사팀장과 이사회에 보고하였
다. 프로젝트가 관련 부서의 주도로 진행된다는 점에서 장점이었으
나 실제 갈등조정이 이루어지면서부터 부작용이 크게 대두되었다.
많은 직원들이 자신들의 인사를 관리하는 인사팀에서 갈등조정 내용
이 관리된다는 점에 대해 자신들의 인사카드에 어떻게 기록될지 큰
우려를 나타냈다. 충분한 해명을 하였지만 그런 우려는 완전히 해소
되지 않았다.

프로젝트팀을 이사회 산하로 편입시키는 사안을 놓고 많은 토론
을 하였으나 외부 컨설턴트가 떠난 이후 아직까지 프로젝트팀은 여
전히 인사팀에 속해 있다.

9) 사후 관리

갈등조정 도입 프로젝트는 크게 세 개 목표로 구분되어 진행되었다.

(1) 갈등관리와 갈등조정
· 구체적인 조정 내용
· 갈등관리와 코칭

(2) 홍보
· 여러 부서를 대상으로 한 프레젠테이션과 설명회
· 사내 신문 기사, 프로젝트에 대한 질의응답, 관련 이익집단과의
  소통
· 경영진에 대한 설득 작업과 로비

(3) 갈등관리를 위한 조직화 작업
· 조정팀 구성과 확대
· 동료 간 슈퍼비전과 코칭
· 사후 관리 작업(보고서, 평가, 홍보 등)

이들 목표는 모두 충분히 구체화되었고 그 성취 여부는 갈등조정 성공률, 프레젠테이션 횟수, 프로젝트에 대한 반향 등 여러 기준에 따라 평가되었다. 평가 결과는 홍보시스템을 통해 매년 정기적으로 공개한다.

2. 병원에서의 갈등조정 도입

1) 갈등조정 도입 프로젝트 배경

외부 조정자가 한 병원으로부터 갈등조정 사례에 대한 슈퍼비전 요청을 받았다. 이 병원은 5개 지역 병원에 총 7,400명이 종사하고 있는 대형 종합병원이다. 전문 인력 충원, 비용절감 및 환자의 요구 증대 등으로 병원조직은 계속적으로 변화하여야 한다. 변화는 조직과 조직원들에게는 늘 스트레스지만 그래도 조직이 안정적으로 기능할 수 있는 것은 조직원들의 노고 덕분이다.

율적인 업무 프로세스, 불명확한 업무규칙, 사소한 오해 등으로 인해 불화와 갈등이 끊이지 않는 상황에서 비공식적인 조치로 버티고 있지만 이로 인해 조직의 적잖은 에너지가 소진되고 있으며 조직원의 불만도 커져 가고 있다. 최근에는 병원장과 담당의사와의 갈등으로 환자가 심각한 합병증으로 사망할 뻔한 사건이 발생하였다. 이를 계기로 이사회는 2009년 초 '조정 도입' 프로젝트를 결의하였다.

경영진의 활동과 의사결정은 조직의 비전과 전략에 기초한다. 이 병원의 비전은 다음과 같다.

"우리는 매일 배려, 관용, 신뢰, 낙관주의 그리고 협력을 위해 노력한다. 우리는 혁신을 할 준비가 되어 있다."

이 병원의 주요 전략은 다음과 같다.

"환자와 조직원에 대한 존중하는 태도와 주변에 대한 배려는 도
전이자 의무다.…조직원 모두는 동료, 상사 그리고 부하와의 관계에
서 존중과 인정을 주고받을 때 환자의 건강을 위해 최선을 다할 수
있다."

병원의 비전에서 조직원 만족과 작업분위기에 대한 경영진의 기
본태도와 마찰, 불화 그리고 갈등에 대한 기본 대처 방향을 엿볼 수
있다. 갈등처리 및 해결을 위한 갈등조정 도입 프로젝트를 위한 기
본 여건이 이미 조성된 셈이다.

2) 기획, 프로젝트팀 구성, 조정자 교육

인사팀장의 말에 따르면, 이 병원에서는 이미 갈등관리에 대한 관
심이 컸고 갈등에 대한 효율적이고 신속한 해결방법을 찾고자 노력
하였다. 동료 간 갈등, 상사와 부하 간 갈등, 부서 간 갈등은 직무불
만족, 자원낭비 등을 증가시켰을 뿐 아니라 환자에게도 커다란 악영
향을 미쳤으며 병원의 명성에도 타격을 주었다. 조직원 간 또는 경
영진 내에서 발생하는 사실 및 관계 갈등으로 빚어진 환자의 불만으
로 병원의 명성은 날로 낮아졌다. 이런 상황에서 갈등조정은 갈등처
리에 시의적절한 방법이었다.
병원의 기본 구상으로 세 명의 조직원이 갈등조정교육을 이수하

였다. 이들은 자신들의 노하우를 병원조직에 전수하고 내부적으로 갈등조정 서비스를 제공하게 되었고, 바쁜 일상에서 미해결된 크고 작은 갈등으로 어려움을 겪고 있던 조직원들에게는 좋은 기회였다.

'갈등조정 도입을 위한 프로젝트팀'이 결성되었다. 프로젝트팀의 임무는 먼저 갈등조정의 장점과 도입으로 인한 예상 문제들을 검토하는 것이었다.

3) 분 석

이미 갈등이 산적해 있었기 때문에 갈등 현황에 대한 체계적인 조사는 이루어지지 않았다. 프로젝트에 참여한 한 간호사는 다음과 같이 말했다. "준비 작업은 없었어요. 갈등관리의 요구가 워낙 컸기 때문에 특별히 조사는 하지 않았어요. 매일매일 갈등관리가 필요한 상황이었죠."

프로젝트팀은 자신을 요구하는 대상을 잘 알고 있었기 때문에 면밀한 분석 작업을 과감히 생략하였다. 하지만 분석 작업을 생략하는 것은 프로젝트팀에게는 최선이었지만 경영진의 요구에 상충될 경우 필요한 지원을 받을 수 없는 위험도 내포하고 있었다.

프로젝트 진행과 함께 전 조직원을 대상으로 하는 갈등조정과 갈등관리에 대한 세미나가 조정자들에 의해 일괄적으로 제공되었고, 참여자로부터 높은 호평을 받았다.

4) 홍 보

홍보는 기본적인 수준에서만 이루어졌다. 이메일, 인트라넷, 홈페이지 그리고 일부 강의 등을 통한 홍보는 적극적으로 이루어지지 않았다. 이유는 조직 전체가 갈등조정 도입에 대해 처음부터 호의적이었고 갈등조정 성공에 대한 입소문만으로도 홍보가 충분했기 때문이다. 갈등조정자들이 일상 업무를 할 수 없을 정도로 조정 의뢰가 쌓이면서 홍보에는 거의 시간을 할애할 수 없었다.

프로젝트는 초기단계부터 대성공이었다. 조정자들은 이사회의 결의에 따라 공식적으로 일과시간 이외에 갈등조정을 할 수 있었으며, 병원 당국에 갈등조정 비용을 정식으로 청구할 수 있게 되었다. 이러한 공식적인 조처는 갈등조정에 대한 높은 평가와 공식적인 승인을 의미한다. 하지만 갈등조정 비용 처리가 공식화됨에 따라 조정 사실과 갈등당사자가 노출되는 위험도 배제할 수 없었다. 경영진은 공식 서한을 통해 모든 조직원들에게 갈등조정 서비스를 알렸으며 사내 신문에 갈등조정에 관한 기사도 실었다.

5) 갈등조정 실행과 동료슈퍼비전

이 병원에서는 이미 갈등조정에 대한 요구가 컸다. 인사팀이나 노조를 통해 접수된 갈등 사례는 조정팀에 의뢰되었다. 조정팀은 투명한 진행 절차([그림 9-1] 참조)를 통해 각 사례에 대한 처리 방향을 정했다.

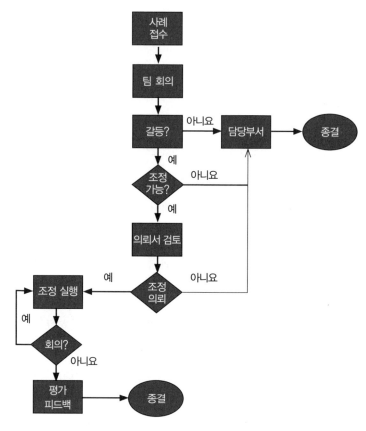

[그림 9-1] 갈등조정과정 구조

갈등조정이 적합한 갈등 사례에 대해서는 먼저 갈등당사자와 사전 면담을 통해 갈등조정 의사를 확인한 후에 갈등조정이 시작되었다. 갈등조정 대상은 병실에서의 갈등부터 사무처에서의 마찰, 의사들 사이의 긴장과 불화, 부서 간 갈등 또는 의사와 간호사 간의 갈등까지 다양했다. 접수된 대부분의 갈등이 성공적으로 처리되었다.

매월 1회 외부 조정자는 조정팀을 대상으로 슈퍼비전을 했다. 슈

퍼비전은 사내 조정의 한계, 협상 주제 등과 같은 갈등조정 관련 주요 사안들을 대상으로 이루어졌다.

6) 제도화

프로젝트는 프로젝트팀원들에 의해 진행되었다. 프로젝트는 인사팀 소관으로 인사팀 소속 세 명의 조정자에 의해 진행되었다. 프로젝트팀은 이 세 명의 조정자 이외에 인사팀, 품질관리팀, 의사 그리고 노조 대리인으로 구성되었다. 세 명의 조정자는 비정기적으로 인사팀장과 프로젝트팀원들에게 갈등조정에 관해 보고하였다. 업무분담은 인사팀에서 결정하였다. 가령 갈등조정이 적절치 않은 사례는 인사팀의 결정에 따라 코칭 또는 슈퍼비전이 제공되거나 추후에 재평가를 통해 조정하게 된다.

프로젝트가 병원 조직체계의 한 부분으로 자리 잡기 위해서는 공식적인 조직구조가 필요했다. 즉, 조직도에 명시되고 재정 및 인력자원이 확보되고 한시적 프로젝트에서 명실상부한 조직의 한 부분이 되는 것이다. 이 병원에서는 최종적으로 조정팀이 인사팀 산하 조직으로 발족되었다.

7) 사후 관리

프로젝트팀이 정한 프로젝트의 전체 목표는 병원에 갈등조정을 도입하여 모든 관리자와 조직원이 갈등을 적시에 파악하고 처리할 수 있도록 하는 것이다. 그리고 갈등조정을 체계적으로 활용함으로써 병원의 갈등문화를 획기적으로 변화시키는 것도 빼놓을 수 없는 목표다.

상호 오해, 스트레스 상황, 불명확한 조직 규칙 등으로 인한 갈등이나 불화는 갈등조정을 통해 처리하고 해결한다. 갈등조정은 문제를 처리하고 대화를 촉진하며 일방적인 권력 행사를 예방하고 갈등을 합의하여 해결하기 위한 방법이다.

이들 목표를 위해 프로젝트는 네 개의 사업영역으로 구분되는데, 이것을 구체적으로 살펴보면 다음과 같다.

(1) 갈등조정과정의 구조화 및 평가

갈등조정 접수 과정, 갈등조정 절차, 갈등조정 비용 등을 공식화하여 갈등조정과정을 구조화하고 병원 조직체계로 편입한다. 이로써 갈등조정을 구조적으로 안정화하고 활용도를 높인다.

(2) 관리자를 대상으로 한 갈등조정 적용 분야와 장점에 관한 홍보

관리자들에게는 홍보 책자, 웹페이지, 홍보 행사, 사내 신문 등의 채널을 통해 홍보한다. 톱 다운(Top down) 방식의 홍보 전략으로 갈등조정을 조직 전체로 확산시킨다.

(3) 갈등조정 시범 운영

갈등조정 시범은 이미 조사 시점에 시작되었다. 조정팀은 이미 여러 갈등조정 사례를 성공적으로 처리하였다. 갈등조정 절차는 다음과 같이 진행된다.

우선 갈등 사례가 접수되면 세 명의 조정자가 갈등조정 적합 여부를 심의한다. 갈등조정이 아니라 코칭이나 슈퍼비전이 적합한 사례에 대해서는 인사팀과 협의하여 결정한다. 갈등조정이 적합한 사례는 두 명의 조정자가 하는 공동갈등조정을 한다. 갈등조정에 앞서 갈등조정의뢰인은 조정을 서면으로 신청한다. 갈등조정이 종결되면 갈등조정참여자들의 동의하에 갈등조정의뢰인에게 갈등조정회의록 요약본을 제공한다. 갈등조정회의에서 갈등당사자들은 공동의 해결책을 강구한다. 이 과정에서 조정자의 비밀보장과 갈등조정에 참여한 갈등당사자의 자발성과 자율성이 보장되어야 한다.

(4) 향후 방향 제안

프로젝트 보고서를 작성하고 향후 갈등조정 발전을 위한 방향을 제안한다.

갈등조정의 제도화를 위해 갈등조정과정을 구조화하였다([그림 9-1] 참조). 이 과정모델은 갈등조정 평가 결과를 근거로 한 갈등조정 소요 시간, 필요 자원, 비용 등을 숫자로 표시하여 더욱 정교화되었다. 이는 목표와 현실을 비교하여 항상 개선책을 강구하기 위함이다.

부록: 조정 기법

갈등조정회의에서는 여러 문제들이 돌발한다. 이들 문제를 처리하기 위해 조정자는 적절한 기법이 필요하다. 장인이 작품을 위해 가장 알맞은 도구를 골라 쓰듯이, 조정자 역시 최적의 기법을 선택하여 활용하여야 할 것이다. 갈등조정에만 특화된 기법은 없다. 심리상담, 집단역동, 모더레이션, 컨설팅, 비폭력대화 등 여러 분야에서 개발된 기법들을 갈등조정에서도 활용할 수 있다. 조정자뿐 아니라 갈등당사자에게도 필요한 기본적인 기법들을 정리하면 다음과 같다.

1. 기본 기법

1) 질 문

무지의 세계에 대한 경험, 가설 검증, 사실에 대한 의문, 감정 규명, 목적 달성, 상대방 이해 등 질문의 목적은 다양하다. 질문은 폐쇄형 질문과 개방형 질문으로 나눌 수 있다.

'폐쇄형' 질문은 사전에 응답할 항목을 응답자에게 제시해 놓고 그중에서 응답자가 택할 수 있도록 하는 방법이다. 폐쇄형 질문에는 '왜?' '언제?' '어느 정도?' '어디?' 등의 의문부호로 특정 상태를 묻는 질문이나 '예/아니요'처럼 간단한 대답 또는 사지선다형 문제처럼 제한된 답변을 요구하는 형태의 질문이 있다. 이들 질문의 공통점은 응답이 간단하고 명백하다는 것이다. 이들 질문은 대화에서 구체적인 정보 이외에 '새로운 내용'이 없다는 점에서 폐쇄적이다. 폐쇄형 질문은 사실에 관한 정보 획득, 과정 및 절차 탐색, 증거 확보와 검증 등에 적합하며, 특히 사전 대화나 대화 시작단계에서 정보를 교환하거나, 심층단계에서 일반적 내용을 구체화하거나 구체적인 합의안을 도출할 때 활용한다. 폐쇄형 질문을 연이어 사용할 경우 응답자는 캐묻거나 신문을 당하는 느낌을 갖게 되어 위험스럽다. 갈등규명에서도 폐쇄형 질문은 갈등당사자의 생각보다는 조정자가 추측을 확인하기 위한 것일 수 있으므로 오히려 악영향을 미칠 수 있다. 심문하듯 폐쇄형 질문을 하면 새로운 정보들을 얻기 어렵다. 폐쇄형 질문은 가급적이면 자제하여야 한다.

'개방형' 질문은 응답 범주를 제시하지 않고 응답자가 자유롭게 응답하도록 하는 질문이다. 개방형 질문은 응답자가 더 상세히 풀어서 설명하고 새로운 내용을 말하도록 한다. 개방형 질문은 감정과 갈등의 배경을 밝히는 데 적합하다. 개방형 질문의 예는 다음과 같다.

"그 문제에 대해 당신은 어떻게 생각하십니까?"

"그 밖에 당신에게 중요한 사건이나 사실들이 있습니까?"

"그 사실을 안다면 당신은 어떻게 할 것입니까?"

"당신은 어떻게 '아니요, 나는 그것을 원치 않습니다.'라고 분명히 말할 수 있습니까?"

"당신은 지금 무엇을 원하십니까?"

"당신은 '문제가 되지 않는다.'라고 하는데, 지금 무엇을 원하는지 좀 더 자세히 말해 줄 수 있습니까?"

"당신은 '결코 그것을 할 수 없다.'라고 하는데, 그 이유를 말해 줄 수 있습니까?"

"그런 말을 들으면 당신은 어떤 느낌이 듭니까?"

"'이번이 마지막이다.'라고 하는데, 더 이상 못하는 이유가 무엇입니까?"

개방형 질문은 갈등조정 사전단계나 도입단계에서 참여자들의 말에 숨겨진 의미를 말로 표현하도록 하거나 반대 또는 저항의 이유를 밝히는 데 도움이 되며, 갈등당사자의 관점을 이해하는 데 중요하다. 개방형 질문은 응답자의 생각이나 사고를 자극하고 마음을 열게 하여 다양한 정보를 얻게 해 준다. 이에 비해, 폐쇄형 질문은 풍부한 정보보다는 단순 명료한 응답에 초점을 맞춘다. 갈등규명단계에서 '개방형' 질문은 갈등당사자로 하여금 자신의 감정을 충분히 표현하도록 도와준다. 문제해결단계에서는 개방형 질문을 통해 합의안 도출에 필요한 다양한 아이디어를 발상하도록 할 수 있다. 갈등조정은 항상 개방형 질문을 통한 시작과 폐쇄형 질문을 통한 마무리를 되풀이하며 진행된다.

2) 나–메시지

대화에서 자신의 생각과 감정을 상대방에게 전달하려면 '나'를 주어로 하는 메시지로 표현해야 한다. '사람' 또는 '우리'를 주어로 한 표현은 자신의 의견을 일반적인 의견으로 포장하려는 것과 같다. 갈등해결을 위해서는 '포장되지 않은' 표현이 필요하다.

'나–메시지(I-massage)'는 감정과 사실(정보)로 구성된다. 자신의 감정은 '나'를 주어로 표현하고 그 감정을 유발한 것에 대해서는 사실적인 정보 형태로 전달한다.

"당신이 약속을 지키지 않은 것에 대해 나는 실망했습니다!"

감정에 대해서는 그 근거를 따지지 않고 그대로 신중하게 받아들여야 한다. '나'를 주어로 하는 감정 표현은 '너–메시지(You-massage)'처럼 상대방에게 상처를 주는 비판이나 비난(예: "당신은 거짓말쟁이다!")이 아니다.

3) 적극적 경청

'적극적 경청'은 반영이나 공감적 요약정리 등의 기법들을 모두 포함하는 상위개념으로서 응답자가 어떤 감정을 느끼고 또 표현하려고 하는지를 이해하기 위해 유심히 공감적으로 듣는 것을 의미한다.

적극적으로 경청하는 사람은 자신의 문제나 생각에서 벗어나서

상대방에게만 관심을 기울이고 상대방 말의 내용에 대해서는 대응하지 않는다. 적극적 경청에서 중요한 것은 상대방이 말하는 것을 온전히 정확하게 이해하는 것이다. 경청을 '적극적으로' 한다는 것은 내가 당신의 말을 잘 듣고 있다는 것을 상대방에게 언어적·비언어적 표현으로 전달한다는 의미다. 이때 상대방이 표현하지 않은 감정을 '해독'해서 전달할 수도 있다. 해독이 맞으면 상대방은 정말로 이해받는다고 느끼게 되고 자신의 감정이 더 명료해진다. 적극적 경청을 하는 사람은 상대방을 이해할 뿐 아니라 자신이 이해한 것을 상대방에게 전달함으로써 검증하기도 한다. 전달한 내용이 상대방의 의도와 불일치할 경우, 상대방은 자신의 관심사를 다시 명확히 표현할 수 있다.

적극적 경청을 하게 되면 상대방은 더 많은 내용을 설명하게 된다. 그래서 대화는 더 깊어진다. 이해받는다고 느끼는 사람은 더 장황하게 말하거나 반복할 필요가 없으며 여유가 생겨서 상대방의 의견을 듣고자 한다.

주의 사항: 적극적 경청은 상대방의 말에 동조하는 것이 아니라 상대방과 그의 말을 정확히 이해하는 것이 핵심이다.

4) 반 영

'반영(mirroring)' 또는 '바꾸어 말해 주기(paraphrasing)'는 상대방이 한 말을 자신의 언어로 짧게 반복하는 것이다. 반영은 상대방

의 말을 경청하고 있고 제대로 이해하고 있는지를 확인하는 데 쓰는 가장 중요한 대화 수단이다. 반영을 통해 오해도 예방할 수 있다.

반영할 때 주의할 사항은 다음과 같다.

- 상대방의 생각을 그대로 말하라!

"당신은 …을 제안하는군요."

"당신은 제가 …을 해서 방해받았다고 느끼시는군요."(너-메시지)

- 사실과 감정에 주의하라!

"당신은 제가 당신에게 문제를 설명할 기회를 주지 않아서 몹시 화가 났군요."

- 묻지도 따지지도 말아라!

"당신은 불공정한 대우를 받았다고 느끼시는군요." 또는 "저도 당신이라면 그렇게 느꼈을 것입니다."

- 핵심만 짧게, 상대방보다 더 짧게 말하라!

- 반영이 제대로 되지 않은 경우에는 다음과 같은 방법을 쓸 수 있다.

"나는 내가 당신을 제대로 이해했는지 확인하고 싶습니다."

"실제로 당신은 …을 말하는 것이지요."

"답하기 전에 당신이 나에게 말한 내용을 내 언어로 표현할 수 있는지 한번 시도해 보겠습니다."

　주의 사항: 반영을 너무 자주 하게 되면 상대방은 자신이 제대로 표현하지 못했거나 자신에 대해 스스로 표현할 수 없는 사람이라는 생각을 하게 된다. 따라서 반영은 중요한 메시지에 한해서 사용하도록 한다.

　갈등조정에서 자신의 입장을 밝히는 단계에서 관련 이야기를 더 하고 싶고 자신의 말이 중단되는 것을 싫어하는 경우에 대부분의 당사자들은 반영을 불편하게 여긴다. 그런 경우에는 다음에서 살펴보는 공감적 요약정리가 더 효과적이다.

5) 사실적 요약과 공감적 요약

　조정자는 항상 갈등당사자의 말을 일목요연하게 정리하고 중요한 내용만을 강조해야 한다. 요약정리를 해 줌으로써 갈등당사자는 대화의 핵심을 찾고 자신의 생각과 감정을 명확히 할 수 있다. 반영과 달리, 요약에 있어서 중요한 것은 개별 문장이나 문구가 아니라 요약된 대화 내용이다.

　공감적 요약을 할 때는 상대방이 기술하는 상황으로 인해 야기되는 감정과 그 원인이 되는 욕구를 명명하는 것이 중요하다.

　갈등조정에서 당사자가 자신의 입장을 밝히는 단계에서 조정자는 충분히 말하고 싶은 당사자를 방해할 수 있으므로 중간에 질문이나 발언으로 끼어들지 않도록 한다. 이 단계에서는 잦은 반영보다는 공감적 요약이 더 효과적이다.

반영과 같이 요약은 상대방이 한 말을 수용하고 이해한다는 것을 나타내 준다. 조정자는 요약을 함으로써 갈등당사자 간 대화내용을 단계별로 매듭짓고 새로운 주제로 이끌 수 있다.

6) 다른 말로 바꾸기

적대적인 표현을 하면 듣는 상대방은 방어 자세로 역공을 펴게 된다. 그 결과 메시지의 핵심 내용은 사라지고 대화는 본의 아니게 진행된다. 이처럼 파괴적인 대화는 갈등상황에서 흔히 발생한다. 이때 조정자는 평가하고 상처를 주며 자극하는 말들을 중립적이고 원만한 말로 바꾸는(rewording) 방법으로 개입할 수 있다.

예: "그가 고집만 피우지 않으면 사과할 수 있다."는 표현을 "그가 대화할 준비가 되어 있으면 그에게 사과할 수 있다는 말이죠!"로 바꿀 수 있다.

7) 리프레이밍

리프레이밍(reframing)은 다른 말로 바꾸기의 한 유형으로 메시지의 언어뿐만 아니라 내용도 바꾸는 것이다. 프레임이란 세상을 바라보는 틀이다. 리프레이밍은 그 틀을 바꾸는 방법이다. 상대방 행동의 틀을 바꾸어 볼 수 있다. 조정자는 갈등당사자의 스트레스 상황을 새로운 틀로 보게 하여 인내할 수 있도록 하거나 새로운 관점으로 대처해 나가도록 할 수 있다.

리프레이밍의 가장 간단한 방법은 물 컵에 물이 '반이 비었다.'를 '반이 차 있다.'로 바꾸는 것이다. 해석의 틀을 완전히 바꾸면 더 감탄스럽고 홀가분해질 수 있다.

예: 열 살짜리 소녀가 "사랑이란 무엇인가?"라는 질문에 답했다. "나는 큰언니가 나를 사랑한다는 것을 안다. 큰언니는 항상 나에게 자기 옷을 물려주고 새로운 옷을 사러 가야 한다."

8) 중간 휴식

휴식은 육체적 피로회복뿐 아니라 가열된 논쟁을 식혀 주고 당사자들의 사고와 감정을 맑게 해 준다. 휴식하면 마음이 진정되고 새로운 아이디어도 생긴다. 마음이 상쾌해지면 자신의 관심사도 더 명확해져서 대화도 순조롭게 진행된다.

일반적으로 휴식 후에는 분위기도 전과 달라진다. 휴식은 대화 방법이나 내용이 바뀌는 전환점이 되기도 한다.

9) 반영팀

둘 이상의 조정자가 협업하는 경우, 조정자들은 갈등당사자들이 듣고 보는 자리에서 앞으로 갈등조정 진행방향에 대한 자신들의 생각을 교환한다. 반영팀(refecting team) 방법은 참여자들이 갈등조정 과정이 조정자들의 눈에 어떻게 보였는지를 알 수 있다는 장점이 있다. 물론 갈등조정 참여자에 대해 평가, 분석 또는 폄하할 수 없다.

갈등당사자들은 갈등조정과정을 메타(meta) 수준에서 바라봄으로써 자신들의 행동과 대화를 더 잘 인식하고 이해할 수 있다.

10) 개별면담

갈등조정에서의 대화는 일반적으로 갈등당사자들이 모두 참가한 상태에서 이루어지지만, 다음과 같은 상황에서는 각자에 대한 개별면담이 필요할 수 있다.

- 갈등당사자들이 감정이 격해지고 계속해서 기본 규칙을 위반하며 약속을 어긴다.
- 대화방식이나 문화가 서로 다르기 때문에 갈등에 대해 말하지 않거나 말을 해도 이해가 되지 않는다.
- 갈등당사자와 조정자 사이에 신뢰가 훼손되었다.
- 정보를 감추거나 거짓된 주장을 한다는 의심이 든다.
- 갈등당사자가 비현실적인 양보를 하거나 권력을 행사하거나 압박을 가한다.
- 대화가 막히고 아무도 양보할 기미가 보이지 않는다.
- 갈등당사자가 상대방 앞에서 말하고 싶지 않은 사안을 말하기 위해 개별면담을 원한다.
- 더 이상 다른 방법이 없다.

개별면담 내용은 비밀이 보장되어야 한다. 개별면담이 자칫 사전

'밀약'에 의한 것이라는 의심을 살 수 있으므로 조정자는 갈등조정 시작단계부터 개별면담의 가능성을 알리고 그 이유를 설명하여야 하고, 대화를 이끌어 가는 동안 불편부당함을 보여 주어 갈등당사자 들로부터 신뢰를 받아야 한다. 갈등당사자는 조정자가 개별면담을 자신의 편에 서게 하는 기회로 삼을 수 있으므로 각별한 주의가 필요 하다.

개별면담은 갈등조정 전 의뢰단계뿐 아니라 갈등조정회의 중이 나 사이에도 가능하다. 개별면담의 변형으로는 '혼합복식(mixed doubles)'(Watzke, 2004)과 '왕복조정(pendel mediation 또는 shuttle mediation)'이 있다. 특히 혼합복식에서는 조정자들이 갈등당사 자들과 개별적으로 면담을 하여 갈등에 대한 각자의 견해를 파악한 다. 조정자들은 면담 내용을 갈등당사자의 동의하에 요약함으로써 개별면담을 종료하고 그 내용을 갈등당사자들이 다시 모인 자리에 서 자신들이 이해한 것과 요약한 내용을 보고한다. 조정자들은 갈 등상황에 대한 자신들의 견해를 피력할 수 있으며 다음 갈등조정과 정에 대해 자문(반영팀)할 수 있다. 이 모든 것은 갈등당사자들 앞에 서 공개적으로 이루어진다.

11) 재 연

'이제 더 이상 방법이 없다. 이렇게 대화해서는 아무런 소용이 없다.'는 감정이 들 때 조정자는 갈등당사자의 말을 그대로 재연 (doppeln)(Thomann & Schulz von Thun, 2003)하는 기법을 사용할 수 있다. 조정자가 갈등당사자에게 이 같은 감정을 한숨 쉬듯이 표현하는 것은 결코 도움이 되지 않는다. 재연은 다음과 같이 진행한다.

· 먼저 갈등당사자들에게 재연에 대한 동의를 얻는다. "제가 당신 옆으로 가서 당신이 상대방에게 말한 그대로 한번 해 보겠습니다. 제가 하는 것을 보시고 맞는지 말씀해 주시겠습니까?"
· 조정자는 갈등당사자가 한 말 그대로 상대방에게 재연한다.
· 그 재연이 맞는지 갈등당사자에게 묻는다. "제가 한 것이 맞습니까?"

맞지 않을 경우, 그 갈등당사자는 조정자의 재연을 수정하거나 스스로 다시 말할 수 있다. 맞을 경우에는 그 갈등당사자로 하여금 조정자가 재연한 대로 상대방에게 다시 말하도록 한다.

재연과 적극적 경청의 다른 점은 다음과 같다.

· 너 메시지가 아니라 나 메시지
· 쌍방적 대화 형식
· 상대방의 이름을 부르는 형식으로 시작
  "당신도 알다시피…." 이름을 부르는 것은 '열려라 참깨'라는 표현과 같다.

12) 관점 바꾸기

관점 바꾸기는 갈등당사자로 하여금 갈등을 상대방의 관점에서

보도록 하는 기법이다. 이 기법을 통해 갈등당사자가 이해한 내용과 상대방의 생각이 명확해진다. 갈등당사자가 상대방의 관점을 자신의 언어로 표현함으로써 서로의 신뢰가 두터워질 수 있다.

관점 바꾸기는 다양한 방법으로 진행할 수 있다.

(1) 간단한 관점 바꾸기

· 조정자가 갈등당사자 A에게 갈등당사자 B의 관심사가 무엇인지 묻는다.

· A는 자신이 이해한 내용을 조정자에게 말한다.

· 조정자는 B에게 A의 말이 맞는지 묻는다.

· 맞지 않을 경우, B는 자신의 관심사를 다시 설명한다.

· 조정자는 A에게 B의 관심사를 다시 요약하도록 한다.

· B에게도 동일하게 진행한다.

(2) 의자 교환

· 조정자는 갈등당사자들이 상대방의 관점을 좀 더 심도 있게 동감하고 상대방에 대해 이해한 내용을 명확히 하는 방법으로 '의자 교환'을 제안한다.

· 조정자는 갈등당사자들에게 이 기법을 자세히 설명하고 동의를 얻는다.

· 갈등당사자 A와 B는 서로 상대방 의자에 앉거나 관점 바꾸기를 할 당사자는 따로 준비된 빈 의자에 앉는다.

· 갈등당사자 A는 상대방의 의자에 앉아 나 – 메시지로 상대방 B

의 관심사 또는 관점을 표현한다.

· 조정자는 상대방 B의 반응을 살피고 A의 표현을 수정하도록 한다.

· A는 B의 관점을 다시 한번 정확히 표현한다.

· B에게도 동일하게 진행한다.

관점 바꾸기를 하기 위해서는 관련 정보와 사전 작업이 필요하므로 성급한 시도는 자제하는 것이 좋다. 상대방이 공감보다는 단지 선입견과 비방만 듣게 되면 오히려 갈등당사자 간 간극이 더 벌어질 수 있다(예: "당신은 제가 그 사람에게 당신에 대해 말한 것 때문에 화가 나서 나에게 복수하려 한 것이지요.").

관점 바꾸기에서 중요한 것은 상대방에 대한 이해 여부가 아니라 정확히 이해하는 것이다.

13) 순환질문

순환질문(circular questions)은 일종의 관점 바꾸기 방법으로서 갈등당사자가 상대방 또는 제삼자가 자신이나 갈등에 대해 어떤 생각을 하고 있는지를 짐작하기 위한 것이다.

· 조정자가 갈등당사자 A에게 묻는다.

예: "당신은 B가 당신에 대해 어떤 상사라고 할 것 같습니까?" 또는 "만약 당신의 동료가 사장에게 그 말을 전하면 사장은 어떤 반응을 보일 것 같습니까?"

· 상대방이 배석한 상황에서는 간단한 관점 바꾸기나 의자 교환을
  시도할 수 있다.

주의 사항: 순환질문은 언어적인 혼란을 야기할 수 있으므로 신중
히 적절한 표현을 준비하여야 한다.

14) 브레인스토밍

임의의 질문 또는 단어에 대해 갈등당사자들이 즉흥적으로 떠오
르는 자신의 아이디어를 말로 표현하게 하여 보드에 적는다. 아이디
어는 간단한 단어로 표현되어야 한다. 브레인스토밍 동안에는 어떠
한 평가도 허용되지 않으며 아이디어에 대해 논의하는 것도 금지한
다. 모든 아이디어에 대해 묻지도 따지지도 않는다. 이들 아이디어
는 환상을 불러일으키고 새로운 생각을 하게끔 한다.
브레인스토밍 시간은 대략 2~5분 정도다. 아이디어들을 일일이
평가하여 가장 바람직한 것을 선택하여 해결책으로 제안한다.

15) 카드질문

브레인스토밍과 유사하게 아이디어를 카드에 하나씩 적어 벽에
붙여 놓고 최종적으로 해결책을 선정한다.

변형: 브레인스토밍과 카드질문을 외부인에게 의뢰하여 문제해결

을 위한 새로운 아이디어를 개발할 수 있다.

16) 합의 정도

갈등조정에서는 갈등을 다수결이 아니라 갈등조정 참여자들의 공동 합의안 도출을 통해 해결한다. 합의 사항에 대해서는 찬성과 반대로 이분법적으로 묻는 것이 아니라 여러 단계로 구분하여 평가하도록 하는 것이 도움이 된다.

선택 범주를 '찬성' '반대' 그리고 '중립'으로 한정하지 않고 다음과 같이 더 넓힐 수 있다.

· ① 적극 찬성

"그 제안에 무조건 찬성이다."

· ② 찬성

"우려도 있지만 찬성한다."

· ③ 포기

"여러분의 결정에 따르겠다."

· ④ 중립

"찬성하지 않지만 통과시켜도 무방하다."

· ⑤ 반대

"우려가 크고 반감이 생긴다."

·⑥ 적극 반대

"나의 생각과 가치에 상충한다."

⑤ 또는 ⑥에 답한 경우 새로운 제안이 필요하다. ① ~ ⑤ 중에 답한 경우 합의가 가능하지만, 특히 ⑤의 우려 사항을 염두에 두고 최종 결정해야 한다. 찬성 정도가 높을수록 합의에 의한 결정이 수월하다. 다수가 적극 반대(⑥)에 답한 경우 조정 참여자들 간에 분열이 발생할 수 있다(Sahler et al., 2004).

17) 주제 중심 상호작용

(1) 나의 주인은 바로 나 자신이다

자신에 대한 책임은 자신이 진다. 언제 그리고 무엇을 말할 것인지 그리고 자신에게 중요한 것이 무엇인지 스스로 결정한다. 자신의 생각, 소망, 감정을 중요시하고 상대방에게 줄 수 있는 것과 바라는 것을 스스로 선택한다.

(2) 방해요소를 적절히 처리한다

고통, 혐오감, 선입견 등은 공동작업을 하는 데 있어 집중력을 떨어뜨린다. 따라서 대화에 더 이상 참여할 수 없거나 무료하고 화가 나서 집중할 수 없으면 대화를 중단한다. 이러한 방해요소들을 방치하게 되면 공동의 작업을 할 수 없으므로 더 큰 화를 부를 수 있다. 방해요소들은 무시한다고 해서 사라지는 것이 아니다. 방해요소를 제거하는 데 드는 시간은 더욱 집중적인 작업으로 만회할 수 있다.

(3) 말하는 주체가 된다

'인간' 또는 '우리'가 아니라 '나'를 주어로 하여 말한다. "다 알다시피…." "사람들이 말하기를…." "우리 모두가 원하기를…." 등과 같이 일반화하여 말하는 것은 일종의 '은폐전략'과 같다. 자신이 말한 내용에 대해 책임지지 않으려는 것이다. 공공의 견해 또는 다수의 주장으로 치장하여 자기 자신과 상대방을 설득하려는 것과 같다.

(4) 가능한 한 정보 질문만 한다

질문을 할 때는 질문의 이유와 중요성에 대해 말한다. 진정한 질문은 어떤 것을 이해하거나 과정을 위해 필요한 정보를 요구한다. 정보를 요구하지 않는 질문은 가식적이어서 빗나간 대답이나 역질문을 유발하여 결국에는 쌍방적 대화(dialogue)가 아니라 면담(interview)이 된다. 질문 대신 의견을 말하면 또 다른 상호작용을 불러일으킨다. 자신이 경험한 것들과 생각들을 말하도록 한다.

(5) 비공식적인 만남을 먼저 한다

비공식적 만남은 방해가 될 가능성도 있지만 대개는 중요하다. 비공식적 만남은 깊은 대화를 위해 매우 중요하다. 비공식적 만남으로 새로운 자극을 받게 되고 불명확한 것들이 명료해지고 오해나 잘못된 관계도 파악할 수 있다.

(6) 순서를 정해 말한다

한번에 여러 말을 경청할 수 없다. 대화에 집중하기 위해서는 순

서를 정해 말해야 한다. 여러 사람이 동시에 말하려 하면 듣는 사람은 듣고 싶은 말만 듣고 말하는 순서만 따지게 된다. 하지만 순서를 정해 말하고 경청하면 서로의 관심사에 집중하고 공감대가 형성된다.

(7) 대화를 진심으로 조심스럽게 한다

자신의 생각과 감정을 의식하고 할 말과 행동을 선택한다. '진심'은 자신의 생각과 감정과 만나 현재 자신의 필요, 소망 또는 행동에 대해 표현하고 그중에서 상대방에게 하고 싶은 말이나 요구 사항을 정한다. 자신이 말하는 모든 것은 진실이어야 한다. 진실이 아닌 것은 말하지 않는다.

(8) 자신과 상대방의 신체적 신호에 주의한다

자신의 신체적 언어를 감지하는 사람은 생각과 신체적으로 표현되는 감정을 의식하고 또 그것을 표현할 수 있다. 신체적 언어에 주의하면 말보다 더 많은 정보를 얻을 수 있다. 신체적 언어는 말보다 감정을 더 잘 표현한다.

(9) 자신의 개인적 반응을 표현하고 가능한 한 해석은 자제한다

해석이 적절치 않으면 방어를 야기하고 대화는 느려지거나 중단된다. 하지만 직접적인 개인적 반응, 즉 생각과 감정은 항상 또 다른 행동으로 이어지고 즉시적인 상호작용을 촉진한다(Cohn, 2004).

2. 갈등처리단계

갈등처리단계에서는 다음과 같은 기법을 활용할 수 있다.

1) 그림 그리기

갈등당사자들에게 자신의 입장을 설명하기 전에 갈등에 대한 '이미지'를 그림으로 표현하도록 한다. 이때 중요한 것은 그림을 잘 그리는 것이 아니라 비언어적 수단(예: 그림, 상징, 선, 화살표, 낙서 등)으로 갈등을 상세히 표현하는 것이다. 갈등당사자들에게 어린아이 장난 같은 느낌이나 부담감을 줄 수 있으므로 조심스럽게 도움을 주어야 한다. 그림 그리기는 갈등당사자들로 하여금 상대방이 어떤 말을 하든 상관없이 갈등에서 자신에게 가장 중요한 것이 무엇인지 생각하도록 자극한다. 비언어적 수단은 요점에 집중하도록 하고 많은 말보다 자신에 대해 더 많은 내용을 표현하게 한다.

그림 그리기를 마친 다음, 갈등당사자들은 차례대로 자신의 그림을 가지고 갈등에 대한 자신의 의견을 설명한다. 이때 조정자는 명료하고 심도 깊은 질문을 할 수 있다. 그림은 갈등당사자에게는 자신이 하고 싶은 말을, 다른 참여자들에게는 상대방에게 중요한 것을 상기시키는 '메모지'와 같은 기능을 한다. 그림 그리기는 집단갈등이나 관점이 분분할 때 특히 유용하다.

2) 말로 표현하도록 하기

갈등당사자를 대화에 참여시키기 위한 방법이다.

"남편과 함께 저를 찾아오셨는데 그 이유에 대해 말씀해 주실 수 있겠습니까?"
"무엇이 당신을 그토록 의심하게 만들었습니까? 눈물은 어떤 의미입니까?"

갈등당사자들은 어려운 상황에서 자신의 모든 상태를 말로 표현하는 것을 배워야 한다.

3) 반응하도록 하기

조정자는 듣기만 하거나 침묵하는 사람을 반응하도록 하여 대화에 참여토록 한다.

"그 말에 어떻게 반응하였습니까?"
"그 일로 지금 어떠십니까?"
"그것에 대해 벌써 알고 있었습니까?"
"그것에 대해 말씀해 주시겠습니까?"
"당신은 모르고 있었습니까? 아니면 이미 알고 있었습니까?"

이 기법은 갈등당사자 간에 팽팽한 긴장을 해소하는 데 특히 효과
적이다.

4) 침 묵

상대방이 터무니없는 주장이나 답변을 하면 '표시 나게' 침묵하여
그가 자신의 잘못된 생각을 인식하고 수정하도록 한다.

5) 메아리-응답

말하는 사람의 말 중에 불분명한 점이 있으면 그가 쓰는 단어나
문장을 반복하여 더 분명히 말하도록 한다. 메아리-응답으로 간단
히 대화의 방향을 바꿀 수 있다.

"그의 개들은 아주 크고 흉측스러운데다 하루 종일 짖어 댑니다."
"흉측스럽군요."
예: "갑자기 달려들기 때문에 나나 우리 아이를 물까 봐 무서워요."

"신경질적인 그가 말하면 성질이 나고 정신이 없어요."
"정신이 없어요."
예: "일에 집중할 수 없어요."

6) 극적 경청

극적 경청은 적극적 경청의 일종이다.

"남편이 옷을 아무 데나 벗어 놓으면 정신이 없어요."를 반영하면 "남편이 정리정돈을 하지 않으면 화가 나 가슴에 불이 나는군요? 남편이 당신을 이해해 주지 않는 것 같군요?"로, 또는 "정신이 없다."를 "가슴에 불이 난다."로 표현한다.

극적 경청으로 상대방의 분노를 진심으로 이해해 준다.

7) 반대 제안: 과대 대응(역설적)

반대 제안(contra suggestion)은 역설적으로 극적 반응을 하는 방법이다. 다시 말해, 원하는 것과 정반대의 것을 말함으로써 저항하도록 자극한다.

"그렇군요. 남들이 당신을 믿지 않아도 상관하지 않는군요. 당신은 자신이 있기 때문에 남들의 인정이나 신뢰가 필요 없으시군요."(비꼬는 어조 또는 쓸쓸한 웃음)

8) 구체적으로 표현하도록 하기

갈등당사자가 애매하고 간접적인 표현을 하면 조정자는 구체적으로 표현하도록 독려한다.

"예를 들어 주시겠어요?"
"좀 더 구체적으로 말해 주시겠어요?"

9) 미지의 추측

구체적으로 표현하도록 하는 것이 실패하거나 오히려 반항을 불러일으키는 경우에는 미지의 추측(into the blue)이 도움이 된다.

"그의 행동방식이 나를 힘들게 합니다."라는 표현을 "예를 들어, 그가 양말을 밥상 위에 놓으면 화가 나는군요."로 미지의 추측을 하면, 상대방은 "아니요, 그게 아니라 예를 들면…"이라고 실제 사례를 들어 설명한다.

10) 신체적 메시지 파악: 비언어적 대화에서 의미 파악

갈등당사자의 내면을 나타내는 것은 의식적으로 통제할 수 없는 그의 표정과 몸짓이다. 한숨, 웃음, 손가락장난, 앉은 자세 등은 그의 겉으로 드러나지 않은 많은 관심사를 나타낸다.

비언어적 메시지를 통해 '나는 당신의 마음을 안다.'거나 '나는 당신을 꿰뚫고 있다.'고 할 수 없다. 단지 비언어적 메시지를 통해 내외적 상황을 이해하고자 하는 것이다.

"한숨을 쉬시는데, 무슨 말을 하고 싶으신지요?"
"웃고 계신데, 무엇 때문에 웃으시는지요?"

신체적 신호에 대해 언급하면 말하는 사람은 자신의 은밀한 내면세계가 침해받는 것으로 느낄 수 있다. 따라서 사전에 동의를 구하도록 한다. 놀라서 신체적 신호를 감추려 할 경우에는 '못된 행동'을 비판하고자 하는 것이 아니라 몸짓에 진심이 숨겨져 있다는 점을 분명하게 설명한다.

11) 언어적 의미 파악

'원래' '칙적으로' '당연히' '항상' 등과 같은 평소 자주 쓰는 사소한 단어들에는 당사자의 심적 상태가 담겨 있다.

"원래 우리는 함께하고 있습니다."
"원칙적으로 나는 그것에 대해 찬성입니다."
"당연히 당신이 알고 있어야지요!"
"항상 그는 긍정적입니다."

이러한 일상적 단어들은 말한 내용과는 다른 반대 또는 다른 측면이 있음을 나타내 준다.

12) 작은 실언

갈등당사자의 작은 실언에는 자신의 본심, 숨은 소망 그리고 두려움이 담겨 있다.
'배경'이란 말 대신에 '속셈'이라는 단어를 쓴다.

13) 핵심문장 파악

핵심문장은 갈등당사자의 자신에 대한 진심의 표현이다. 핵심문장을 듣는 상대방은 '아하' 하고 감동의 탄성을 지르는 경험(Aha experience)을 하게 되며 그동안 그의 불분명했던 행동을 이해할 수 있다.

"나는 앞으로 닥칠 모든 일들을 알아야 한다."
"나는 누가 끈질기게 조르거나 성가시게 하면 불쾌하다."

핵심문장은 자아인식의 출발점이다.

14) 신체적 증상 파악

두통, 가슴통증, 손 떨림 등의 신체적 증상은 언어적 표현으로 다시 표현될 수 있다.

예: 두통
"나는 두렵다."
"나는 무기력하다."
"나는 의존적이다."
"나는 평안한 게 좋다."

15) 이미지언어, 비유 그리고 은유

언어 대신 이미지나 사례 또는 비유를 들어 표현하면 더 효과적이다.

"당신은 전쟁과 관련된 용어들을 자주 씁니다. 회사를 생각하면 군대 같은 느낌이 드는군요?"

16) 직접 대면 시도

할 말이 있으면 당사자에게 직접 표현하도록 한다.

"그것을 상대방에게 직접 말해 보십시오."

"그에게 한번 말해 보십시오."

또는 손짓으로 가리킨다.

표현이 '너무 노골적'이어서 오히려 저항을 불러일으킬 수 있는 상황에서는 '재연'이 더 적합할 수 있다.

17) 이해 검토

일반적으로 사람은 상대방에게 자신이 어떻게 이해하고 있는지를 구체적으로 표현하지 않는다. 대개는 "그래요, 이해하고 있어요." 또는 "나는 당신을 이미 충분히 이해하고 있어요." 하는 정도다. 하지만 이러한 표현은 역설적으로 이해받지 못한다는 느낌을 주며, 특히 '그러나'로 이어서 말하면 이는 이해하고 있지 못하다는 표시가 된다.

예: "그에 대해서 지금까지 무엇을 이해하고 있는지 말해 주십시오. 그의 상황, 그가 믿고 있는 것, 그의 심정 등을 이해하고 있으십니까?"

이러한 연습을 해 보면, 갈등당사자들이 서로에 대해 얼마나 이해하지 못하고 있는지 파악할 수 있다. 검토 과정이 없으면 자신의 입장을 정당화 또는 방어하거나 상대방에게 항의하는 말이 뒤따르게 된다. 특히 처음 만남에서는 이해 검토가 '재연'으로 대치되어야 하는 이유가 여기에 있다.

18) 대화 진단

조정자는 갈등당사자 간 대화를 관찰하고 그들이 보고 들은 것들과, 그리고 그것들이 갈등에 미칠 영향에 대한 추측을 설명한다.

19) 나-너 핵심문장 교환

"저는 당신이 사장님에게 '저는 사장님이 원하시면 무엇이든 다 할 수 있습니다.'라고 말하길 바랍니다. 사장님이 당신의 마음을 알 수 있도록 사장님에게 직접 말해 주십시오."

이렇게 말하면 감정폭발이 일어날 수 있다. 하지만 감정폭발은 부수현상일 뿐, 이 방법의 목표는 아니다. 핵심문장 교환은 실질적으로 이해를 돕기 위한 것으로 상대방이 "그렇군요."라고 응답하도록 하기 위한 것이다.

20) 역할 연기

(1) 소망-역할 연기

갈등당사자 B는 상대방 A의 역할 연기를 통해 A가 자신으로부터 어떤 대우를 받기 원하는지 알 수 있다. A가 B의 역할 연기를 하는 동안 조정자는 A의 역할을 한다. 역할 연기를 마친 뒤 모든 참여자들은 역할 연기 전체에 대해 의견을 나눈다.

(2) 과거 사건

갈등당사자 모두가 기억하고 있는 상황이 실제로 어떠했는지를 알기 위해 역할 연기를 한다. 역할 연기는 갈등당사자들의 당시 상황에 대한 인식 재고와 조정자의 갈등 진단과 갈등조정에 기여한다.

(3) 역할 교환

갈등당사자들이 과거 사건에 대해 역할을 서로 바꿔서 역할 연기를 한다. 역할 연기를 통해 갈등당사자는 상대방에 대해 훨씬 더 잘 이해할 수 있다.

(3) 소망 상태

한 갈등당사자가 역할 연기를 연출하는 감독이 되어 다른 참여자들에게 자신이 소망하는 대로 연기하도록 지시한다. 참여자들은 감독을 더 잘 이해할 수 있을 뿐 아니라 자신들의 소망과 비교해 볼 수 있다.

(5) 최악의 상황 가정

최악의 상황을 가정한 역할극은 참여자들의 최종 목표에 대한 두려움을 제거하는 데 일조한다 "최악의 경우 어떤 일이 발생할 수 있는가?" 또는 "…하다면, …할 것이다."

이들 역할극은 일반적으로 다음과 같은 과정으로 진행된다.

· 역할을 맡은 자들은 지시를 받아야 하고 상황, 시간, 장소에 대

해 충분히 알아야 한다. 조정자는 역할극의 목표를 명확히 밝혀
야 한다.

· 역할극의 기간과 중단에 대해 누가 어떻게 할 것인지 명확히 한다.

· 조정자는 각자의 역할과 상황을 계획한다.

· 그리고 역할극을 한다.

· 조정자는 모든 참여자로 하여금 역할극이 어떠했는지, 어떻게
  느꼈는지, 무엇을 깨달았는지 등으로 평가하도록 한다.

· 역할극 종료 후, 역할을 맡은 참여자는 자신의 역할에서 벗어나
  야 한다. "당신은 이제 더 이상 당신이 역할을 맡은 나쁜 박 부장이
  아닙니다. 이제는 다시 김 과장입니다."

21) 관람객이 있는 대화극

갈등당사자들은 관람객으로서 조정자들이 하는 자신들에 대한 역
할극을 관람한다.

· 장면 1: 현재 상황(be-state)을 갈등당사자들에게 있는 그대로
  보여 준다.
· 장면 2: 조정자들은 갈등당사자의 특성과 처지를 존중하여 생동
  감 있게 연기한다.

이 방법은 갈등당사자들이 쌍방적 대화(dialogue)를 못하거나 처
음으로 경험할 때 사용할 수 있다.

22) 상황극

(1) 현재와 이상

한 사람은 연출자이고 상대방은 '배우'가 된다. "승용차에 탄 한 사람이 2초 동안 옆에 서 있는 당신을 쳐다보고 있다…." 이 장면을 실제 상황과 다르게 연출할 수 있지만 말없이 표정과 몸짓으로만 표현하도록 한다. 조정자는 말할 수 있으며 조언도 할 수 있다.

연출가도 이 장면의 일부가 된다. "이 체계 안에서 당신은 어디에 속합니까?" 장면에 동원된 참여자들은 자기 자리에서 1분가량 멈춘 상태에서 각자 자신의 감정을 의식한다.

끝으로 조정자는 모두에게 자신의 처지에 대한 느낌을 묻는다.

상대방 역시 연출자가 되어 자신의 작품을 연출할 수 있다. 현재 장면이 충격적이라고 여겨지면 소망 또는 이상의 장면을 연출할 수 있다.

(2) 변형

조정자가 연출자가 되면, 제삼자 관점에서 자신의 역할을 바라볼 수 있다.

"갈등당사자는 상대방이 연출한 장면을 더 많이 기억한다."

(3) 인형극

상황극과 유사하지만 현재가 약간의 시간이 지나서 이상으로 바

뀌는 단계가 있는 것이 차이점이다. 바뀌는 상황에서 누가 어떤 방향으로 변해야 하는지가 명료해진다(Boal, 1979).

3. 문제해결단계

다음과 같은 방법들은 문제해결단계에서 활용할 수 있다.

1) 공동 문제 목록

문제를 서로 다른 견해가 아니라 공동의 관심사로 보기 위해 갈등당사자들의 문제들을 목록으로 작성한다.

2) 원인과 징후의 구분

· 갈등당사자들이 공동으로 문제 및 관심 사안에 대한 목록을 작성한다.
· 전체 문제 목록을 보고 원인과 징후로 구분해서 표시한다.
· 원인과 징후를 순서에 따라 나열한다.

징후는 간단한 방법으로 처리가 가능하지만 원인 처리는 장기적인 계획과 변화가 필요하다.

3) 문제이해 연습

갈등당사자들이 실제로 서로 이해했는지를 검토하는 방법은 각자 상대방의 입장을 다시 한번 말로 표현하도록 해서 상대방으로 하여금 그 말이 맞는지를 검토하게 하는 것이다.

4) 플러스-마이너스 카드

아이디어를 평가, 비교하기 위한 기법이다. 아이디어를 카드에 적고 장점과 단점을 표시한다.

5) 촉진요소와 방해요소

플러스-마이너스 카드처럼 촉진요소와 방해요소만을 적어서 촉진요소는 강화시키고 방해요소는 약화시키는 방법을 찾는다.

6) 예상되는 영향 파악

제시된 해결책이 관련 당사자에게 미칠 영향을 검토하여 목록화한다. 이 기법은 논의가 감정적이지 않고 객관적으로 이루어지는 데 도움을 준다.

7) 해결책 기준 목록

해결책 선정에 대해 논의하기 전에 해결책 평가를 위한 기준이 만들어져야 한다. 평가 기준은 대개 갈등당사자의 가장 중요한 욕구, 이해관계, 관심사와 밀접한 관련이 있다. 이 방법은 특히 복잡한 갈등에서 필요하다.

8) 역할협상

(1) 역할협상기법 실시 과정

· 1단계 – 계약체결: 각 갈등당사자는 상대방의 명단을 준비하고 상대방의 신념이나 감정이 아니라 그의 행동에 대해서만 언급한다. 즉, 상대방이 더 해야 할 행동, 더 적게 해야 할 행동, 계속해야 할 행동 등만을 제시한다.

· 2단계 – 문제 진단: 각 갈등당사자는 상대방이 기대하는 것이 무엇이며 변화가 자신의 실적에 미치는 영향을 적는다. 갈등당사자들은 서로의 문제 진단 내용을 공유한다.

· 3단계 – 영향력 거래 또는 협상: 갈등당사자들은 서로에게 가장 중요한 변화에 대해 논의해서 각자에게 필요한 변화를 명시한다. 변화에 대한 합의가 이루어지면 협상을 종료한다.

· 4단계– 역할협상 합의안 작성: 모든 합의 내용은 서면으로 작성하여 모든 갈등당사자에게 전달한다.

(2) 역할 전달

· 역할 변화 사항을 당사자에게 서면으로 전달한다.

수신자: _____

발신자: _____

…하기 위해 _____

당신은 다음과 같은 내용을 해야 합니다.

1. 더 해야 할 것   _____

2. 변함없이 계속해야 할 것   _____

3. 더 적게 해야 할 것   _____

변함없이 계속해야 할 것은 수신자의 행동에 대한 지지를 의미한다(Harrison, 1977).

9) 단일 텍스트 기법

갈등당사자들이 최종적으로 해결책에 대해 합의하기 위한 기법이다.

· 갈등당사자 또는 조정자가 갈등당사자들의 이해관계, 욕구, 관심사를 포함하는 해결책을 제시한다.

· 모든 갈등당사자는 이 해결책에 대해 비판한다.

· 모든 비판을 감안하여 더 개선된 해결책을 제시한다.

· 모든 갈등당사자는 이 해결책에 대해 비판한다.

· 더 이상 개선될 점이 없을 때까지 이 과정을 계속한다. 갈등당 사자는 최종 해결책을 수용할 것인지 결정한다(Fisher et al., 2002).

이 밖에 De Bono(1989)의 기법들을 소개하면 다음과 같다.

10) PMI 기법

PMI 기법은 제시된 아이디어에 대해 판단, 감정, 편견을 배제하 고 2~3분간 먼저 장점(Plus)을, 그다음으로 단점(Minus)을 그리고 마지막으로 그 아이디어가 가지고 있는 흥미로운 점(Interesting)으 로 구분하여 평가하는 기법이다. 주의할 점은 아이디어에 대해 P, M, I를 철저히 분리해서 생각해야 한다는 것이다. 이 기법은 여러 가지 요인들을 고려하여야 하는 상황에서 단계별로 냉철한 판단 아 래, 사고를 전개시킬 수 있는 이점을 가지고 있다.

P +	제시된 아이디어의 좋은 점(왜 그것을 좋아하는가?)
M −	제시된 아이디어의 나쁜 점(왜 그것을 좋아하지 않는가?)
I ?	제시된 아이디어에서 흥미롭게 생각되는 점

11) ADI 방법

갈등에서 늘 등장하는 주제들을 정해 놓고 갈등당사자들로 하여금 찬성(Agreement), 반대(Disagreement), 중간입장(Irrelevance)으로 답하도록 한 다음, 먼저 종이 카드에 찬성하는 주제들을 적도록 한다. 그리고 다른 카드에는 반대하는 주제들을, 끝으로 중간입장인 주제들은 또 다른 카드에 적게 한다. 갈등당사자들은 반대하는 주제들이 찬성하는 주제들과 비교하여 상대적으로 적음을 알 수 있을 것이다.

12) EBS

EBS(Examine Both Sides)는 주제나 의견에 대해 찬성 측면과 반대 측면을 함께 생각하는 것이다.

13) OPV

OPV(Other People's Views)는 갈등당사자뿐 아니라 관련 이해관계자들을 파악하고 그들의 눈으로 세계를 바라보는 것이다.

14) 임의의 단어

임의의 단어에 대해 물어 낯설고 새로운 해결책을 찾기 위한 공상을 하도록 한다. 임의의 단어는 새로운 해결방안을 찾기 위한 브레

인스토밍의 단서가 된다.

15) 서로를 위한 긍정적 소망

상대방의 불행을 담보로 얻은 행복은 더 많은 문제들을 초래한다. 상대방에게 피해나 상처를 주는 소망은 바람직하지 못하다. 소망과 노력은 상대방에게도 긍정적이어야 한다. 상반된 목표들을 서로에게 긍정적인 의미로 정의하면 절망적인 갈등도 해결될 수 있다.

16) 인식의 충돌

갈등당사자 간 인식이 충돌할 때는 불일치하는 것보다 일치하는 것에 중점을 두어 공통점을 찾는다. 앞에서 설명한 ADI 방법을 이용하여 찬성, 반대 또는 중간입장을 찾아낼 수 있다.

17) 핵심 쟁점

핵심 쟁점에만 매달리다 보면 방안을 찾을 수 없다. 하지만 다른 쟁점들을 먼저 다뤄 방안들을 찾게 되면 그 핵심 쟁점은 저절로 사라지기도 한다.

18) 뒤에서 앞으로 나아가기

갈등의 해결책을 먼저 명확히 하고 그 해결책 이행을 위한 현재의 상황변화에 대해 생각한다. 그리고 그 상황변화를 이루기 위한 구체적인 방법들을 찾아 나간다.

19) 상황변화

상황이 변하면 그 속에 잠재된 심리상태도 변할 수 있다.

20) 타부 없는 가정

새로운 아이디어의 발상은 일단 자유롭고 제한이 없어야 한다. 처음부터 테두리를 정해 놓으면 우물 안 개구리처럼 창의적인 사고를 할 수 없다.

21) 연결 과정

목표를 위한 계획을 세우기 위해서는 첫 단계가 긍정적이어야 하고, 숲 전체를 보고 그 속에 있는 나무 하나하나의 연관성을 보듯, 각 단계들을 서로 잇는 연결과정이 중요하다.

22) 시간을 기준으로

갈등상황에서 갈등당사자들이 미래에 대해 서로 다른 생각을 할 경우, 갈등당사자 각자가 가지고 있는 가치들을 현재의 가치와 미래의 가치로 구분하여 서로 조율한다.

23) 합의문 작성

갈등해결책의 실제 이행을 위해서는 구체적인 이행 사항들에 관한 합의문을 작성한다.

참고문헌

문용갑(2011). 갈등조정의 심리학. 서울: 학지사.

박현미(2009). 한국의 노사갈등 해결시스템 제안- 한국형 고충처리제도: 노사갈등 해결 시스템과 노조의 과제. 노동저널, 4, 72-83.

원창희(2003). 노사분쟁의 예방적 조정. 산업관계연구, 13(1), 15-32.

유홍준, 원혜욱(2005). 노사갈등 해소를 위한 형사정책적 대처방안. 형사정책연구원.

장동운(2004). 갈등관리유형으로 본 한국 노사관계의 발전과정. 경영사학, 19(1), 245-272.

Alt, R., Althaus, H.-J., Schmidt, W., Deutschmann, C., & Warneken, B. J. (1994). *Vom Werktätigen zum Arbeitnehmer. Der Umbruch von Arbeitsbeziehungenund Sozialpolitik in ostdeutschen Betrieben.* Hans-Böckler-Stiftung. Düsseldorf.

Altmann, G., Fiebiger, H., & Müller, R. (2004). *Mediation. Konfliktmanagement für moderne Unternehmen* (3. Aufl.). Weinheim: Beltz.

Aula, P., & Siira, K. (2000). Organizational Communication and Conflict Management Systems: A Social Complexity Approach. *Nordicom Review, 31*(1), 124-141.

Bähner, C., Oboth, M., & Schmidt, J. (2008). *Praxisbox Konfliktklärung in Teams & Gruppen. Praktische Anleitung und Methoden zur Mediation in Gruppen.* Paderborn: Junfermann.

Bales, R. F. (1970). *Personality and Interpersonal Behavior.* New York: Holt, Rinehart, and Winston.

Bamsey, C., Barrenstein, P., Born, A., Kobus, P., Kowalewski, K., Narger, J., Ritter, J., & Wilier, D. (1992). *Kreatives Problemlosen.* (Handbuch im Rahmen des PD-Olympics-Projektes "Bedürfnisverandemngen-Herausforderungen für den Handel"). Düsseldorf: McKinsey & Company, Inc.

Bandler, R., & Grinder, J. (2002). *Neue Wege der Kurzzeit-Therapie-Neurolinguistische Programme* (13. Aufl.). Paderborn: Junfermann.

Bardmann, T. M., Kersting, H. J., & Vogel, H. C. (1991). *Das gepfefferte Ferkel–Lesebuch für SozialarbeiterInnen und andere Konstruktivisten*. Aachen: Verlag des Instituts für Beratung und Supervsion.

Bastians, F., & Kluge, S. (1998). Diagnose sozialer Kompetenzen. Entwicklung eines multimedialen Diagnosesystems zur Erfassung sozialer Kompetenzen. URL: http://www.psycho.uni-osnabrueck.de/~runde/dsp/sk.htm.

Baumgartner, I., & Häfele, W. (1998). *OE-Prozesse. Die Prinzipien Systemischer Organisationsentwicklung*. Bern/Stuttgart/Wien: Haupt.

Beckhard, R. (1969). *Organization development: Strategies and models*. Reading, MA: Addison-Wesley.

Berkel, K. (1984). *Konfliktforschung und Konfliktbewältigung. Ein organisationspsychologischer Ansatz*. Berlin: Duncker & Humblot.

Berkel, K. (2002). *Konflikttraining. Konflikte verstehen, analysieren, bewältigen* (7. Aufl.). Heidelberg: Sauer.

Berkel, K. (2003). Konflikte in und zwischen Gruppen. In L. v. Rosenstiel, E. Regnet & M. Domsch (Hrsg.). *Führung von Mitarbeitern: Handbuch für erfolgreiches Personalmanagement* (397-414). Stuttgart: Schäffer-Poeschel.

Berkel, K. (2005). Wertkonflikte als Drama—Reflexion statt Training. *Wirtschaftspsychologie, 7*(4), 62-70.

Besemer, C. (2003). *Mediation − Vermittlung in Konflikten* (10. Aufl.). Heidelberg: Werkstatt für Gewaltfreie Aktion, Baden.

Bierbrauer, G., & Klinger, E. W. (2001). Akzeptanz von Entscheidungen durch faire Verfahren. In J. Haft, H. Hof & S. Wesche (Hrsg.), *Bausteine zu einer Verhaltenstheorie des Rechts*(349-360). Baden-Baden: Nomos.

Bierhoff, H. W. (1992). Prozedurale Gerechtigkeit. Das Wie und Warum

der Fairness. *Zeitschrift für Sozialpsychologie, 23*, 163-178.

Bies, R. J., & Moag, J. S. (1986). Interactional justice: Communication criteria of fairness. In R. J. Lewicki, B. H. Sheppard, & M. H. Bazerman. (Eds.), *Research in Negotiation in Organizations* (43-55). Greenwich, CT: JAI Press.

Blake, R. R., & Mouton, J. S. (1964). *The managerial grid.* Houston: Gulf.

Boal, A. (1979). *Theater der Unterdrückten. Übungen und Spiele für Schauspieler und Nicht-Schauspieler.* Frankfurt: Suhrkamp.

Bradshaw, W., Roseborough, D., & Umbreit, M. S. (2006). The effect of victim offender mediation on juvenile offender recidivism: a meta-analysis. *Conflict Resolution Quarterly, 24*(1), 87-98.

Buchanan, D., & Huczynski, A. (1997). *Organizational behaviour: an introductory text* (3rd ed.). London: Prentice-Hall.

Buchinger, K. (1988). *Supervision in Organisationen.* Heidelberg: Carl Auer Systeme.

Budde, A. (2003). *Mediation und Arbeitsrecht.* Rahmenbedingungen für die Implementierung von Mediation im Betrieb. Berlin: Leutner.

Bühring-Uhle, M. (1996). *Arbitration and mediation in international business: Designing procedures for effective conflict management.* Den Haag: Kluwer Law International.

Burton, J. (1969). *Conflict and Communication: The Use of Controlled Communication in International Relations.* New York: Free Press.

Cohn, R. C. (2004). *Von der Psychoanalyse zur Themenzentrierten Interaktion* (15. Aufl.). Stuttgart: Klett-Cotta.

Colquitt, J. A. et al. (2001). Justice at the millennium: A metaanalytic review of 25 years of organizational justice research. *Journal of Applied Psychology, 86*, 425-445.

Constantino, C. A., & Merchant, S.C. (1996). *Designing conflict management systems.* San Francisco, CA: Jossey-Bass.

Cronin-Harris, C. (1997). *Building ADR Into the Corporate Law Department: ADR Systems Design.* New York: CPR Institute for Dispute Resolution.

Crozier, M., & Friedberg, E. (1979). *Macht und Organisation.* Königstein/Ts.

Dana, D. (2006). *Managing Differences: How to Build Better Relationships at Work and Home.* Shawnee, KS: MTI Publications.

Davison, G. C., Neale, J. M., & Hautzinger, M. (2002). *Klinische Psychologie: Ein Lehrbuch* (6. Aufl.). Weinheim: Beltz.

De Bono, E. (1989). *Konflikt. Neue Lösungsmodelle und Strategien.* Düsseldorf: Econ.

De Dreu, C., & van de Vliert, E. (Ed.) (1997). *Using Conflict in Organizations.* London, Thousand Oaks & New Delhi: Sage.

Dendorfer, R. (2001). Ja, Gerne–ein Slogan wird zur Unternehmensphilosophie. Konfliktmana-gement im Unternehmen MARITIM. *Zeitschrift für Konfliktmanagement,* 2001, 167-183.

Deutsch, M. (1975). Equity, equality, and need: What determines which value will be used as the basis of distributive justice? *Journal of Social Issues, 31*(3), 137-149.

Deutsch, M. (1976). *Konstruktive und destruktive Processe.* München u. a.: Reinhart.

Deutsch, M. (2000b). *Justice und conflict. In Deutsch* / P. T. Coleman (Eds.), The handbook of conflict resolution: Theory and practice (41-64). San Francisco: Jossey-Bass.

Disselkamp, M., Eyer, E., Rohde, S., & Stoppkotte, E.-M. (2004). *Wirtschaftsmediation. Verhandeln in Konflikten.* Frankfurt a. M.: Bund.

Ditges, Th. (2005). Mediation und Rechtsstreit - ein Kosten- und Effizienzvergleich. *Journal of International Dispute Resolution 2/2,* 74-85.

Doppler, K., & Lauterburg, C. (1994). *Change Management. Den Unternehmenswandel gestalten.* Frankfurt a. M.: Campus.

Dulabaum, N. L. (2003). *Mediation: Das ABC* (4. Aufl.). Weinheim: Beltz.

Duss-von Werdt, J. (2008). *Einführung in Mediation.* Heidelberg: Carl-Auer.

Duve, C. (2007). Vermeidung und Beilegung von Gesellschafterstreitigkeiten. *Anwaltsblatt,* 6/2007, 389-95.

Duve, C., Eidenmüller, H., & Hacke, A. (2003). *Mediation in der Wirtschaft: Wege zum professionellen Konfliktmanagement.* Köln:

Otto Schmidt.

Eidenmüller, H., & Hacke, A. (2003). Institutionalisierung der Mediation im betrieblichen Konfliktmanagement. *Personalführung, 3*/2003, 20-29.

Eyer, E. (Hrsg.). (2004). *Spezialreport Wirtschaftsmediation*. Düsseldorf: Symposion.

Eyer, E., & Quinting, R. (2004). Innerbetriebliche Mediatoren als Konfliktloser im Unternehmen. In E. Eyer (Hrsg.), *Spezialreport Wirtschaftsmediation*(253-262). Düsseldorf: Symposion.

Eyer, E., & Redmann, B. (1999). Wirtschaftsmediation als Alternative zu Stillstand und Einigungsstelle. *Personal, 12*, 618-619.

Falk, G., Heintel, P., & Pelikan, C. (Hrsg.). (1998). *Die Welt der Mediation*. Entwicklung und Anwendungsgebiete eines interdisziplinären Konfliktregelungsverfahrens. Klagenfurt: Alekto.

Faller, D., & Faller, K. (2014). *Innerbetriebliche Wirtschaftsmediation*. Frankfurt/M: Woflgang Metzner Verlag.

Fietkau, H.-J. (2000). *Psychologie der Mediation: Lernchancen, Gruppenprozesse und Überwindung von Denkblockaden in Umweltkonflikten*. Berlin: Edition Sigma.

Filner, B. (1998). Using mediation to resolve business conflicts. In G. Falk, P. Heintel & C. Pelikan (Hrsg.), *Die Welt der Mediation. Entwicklung und Anwendungsgebiete eines interdisziplinären Kon fliktregelungsverfahrens*(244-252). Klugenfurt: Alekto.

Fischer, U. (1997). Mediation. In D. Deter, K. Sander, & B. Terjung (Hrsg.). *Die Kraft des personzentrierten Ansatzes*. Praxis und Anwendungsgebiete(71-74). Köln: GwG.

Fisher, R., & Ury, W. (1981). *Getting to yes: Negotiating agreement without giving* in. Boston: Houghton Mifflin.

Fisher, R., Ury, W., & Patton, B. (2002). *Das Harvard-Konzept* (21. Aufl.). Frankfurt a. M.: Campus.

Folger, J. P. (Ed.). (1994). *New directions in mediation: Communication research and perspectives*. Thousand Oaks, CA: Sage.

Folger, R. (1996). Distributive and procedural justice: Multifaceted meanings and interrelations. *Social Justice Research, 9*, 395–416.

Ford, J. (2003). Organizational Conflict Management-What's a System?

http://www.mediate.com/articles/ford9.cfm

Frank, E., & Frey, D. (2002). Theoretische Modelle zu Kooperation, Kompetition und Verhandeln bei interpersonalen Konflikten. In D. Frey & M. Irle (Hrsg.), *Theorien der Sozialpsychologie Bd.* Ⅱ (120-155). Bern: Huber.

French. W., & Bell, C. (1973). *Organisationsentwicklung.* Bern, Stuttgart&Wien: Haupt.

Frey, D. (2000). Kommunikations- und Kooperationskultur aus sozialpsychologischer Sicht. In H. Mandl & G. Reinmann-Rothmeier(Hrsg.), *Wissensmanagement: Informationszuwachs - Wissensschwund?* (73-92). München: Oldenbourg.

Frijda, N. H. (1987). Emotion, cognitive structure, and action tendency. *Cognition and Emotion, 1,* 115-143.

Frindte, W. (1998). *Soziale Konstruktionen: Sozialpsychologische Vorlesungen.* Opladen: Westdeutscher Verlag.

Funk, T., & Malarski, R. (2003). *Mediation im Ausbildungsalltag.* Konstruktiv streiten lernen. Lübeck: Hiba.

Gäde, E. G., & Listing, T. (1992). *Gruppen erfolgreich leiten. Empfehlungen für die Zusammenarbeit mit Erwachsenen.* Mainz: Matthias Grünewald.

Gaitanides, M. (1992). Ablauforganisation. In E. Frese (Hg.). *Handwörterbuchder Organisation.* Stuttgart: Schäffer-Poeschel Verlag.

Gans, W. G. (2001). Verankerung von Mediation in Unternehmen. *Zeitschrift für Konfliktmanagement, 2001*(2), 66-72.

Gergen, K. J. (2002). *Eine Hinführung zum sozialen Konstruktivismus.* Stuttgart: Kohlhammer.

Glasl, F. (2003). Das Anwendungsspektrum unterschiedlicher Mediationsformen: Ein kontingenztheoretisches Modell. In G. Mehta & K. Rückert (Hrsg.), *Mediation und Demokratie* (S102-119). Heidelberg: Carl-Auer-Systeme.

Glasl, F. (2004). *Konfliktmanagement* (8. Aufl.). Stuttgart: Freies Geistesleben.

Gleason, E. (1997). *Workplace Dispute Resolution: Directions for the Twenty-First Century.* Michigan: Michigan State University Press.

Goerke, W. (1981). *Organisationsgestaltung als ganzheitliche Innovationsstrategie.* Berlin & New York: De Gruyter.

Goldber, A. A., & Larson, C. E. (1975). *Group Communication.* Prentice-Hall.

Goldberg, S. B., Sander, F. E. A., & Rogers, N. H. (1999). *Dispute Resolution: Negotiation, mediation and other processes* (3. Aufl.). New York: Aspen.

Gordon, T. (1993). *Die neue Familienkonferenz.* Hamburg: Hoffmann & Campe.

Graumann, C. (1960). *Grundlagen einer Phänomenologie und Psychologie der Perspektivität.* Berlin: de Gruyter.

Gullo, A. (2006). *Mediation unter der Herrschaft des Rechts?* Berlin: Rhombos.

Günther, K., & Hoffer, H. (2000). Mediation im Zivilrecht, insbesondere Wirtschaftsrecht. In M. Henssler & L. Koch (Hrsg.), *Meidation in der Anwaltpraxis.* Bonn: Deutscher Anwaltverlag.

Günther, U., & Sperber, W. (1995). *Handbuch für Kommunikations- und Verhaltenstrainer: Psychologische und organisatorische Durchführung von Trainingsseminaren.* München: Reinhardt.

Haberleitner, E., Deistler, E., & Ungvari, R. (2009). *Führen, Fördern, Coachen - So entwickeln Sie die Potentiale ihrer Mitarbeiter.* Müunchen: Piper.

Harrison, R. (1977). Rollenverhandeln: ein "harter" Ansatz zur Team-Entwicklung. In B. Sievers (Hrsg.), *Organisationsentwicklung als Problem* (116-133). Stuttgart: Klett-Cotta.

Hege, R., & Kremser, G. (1993). *Die Faszination erfolgreicher Kommunikation.* Ehningen: expert.

Heimerl-Wagner, P. (1993). Organisationsentwicklung. In H. Kaspar & W. Mayrhofer (Hrsg.). *Managementseminar Personal, Führung* (227-297). Ueberreuter: Wien.

Hernstein Institut (2003). Hernstein Management Report: Konfliktmanagement.

Höher, P., & Höher, F. (2002). *Konfliktmanagement. Konflikte kompetent erkennen und lösen.* Freiburg/Berlin/München: Rudolf Haufe.

Horney, K. (1973). *Feminine psychology.* New York: W.W. Norton.

Ina Krischek (2005). *Wirtschaftsmediation als alternatives Streitbe-ilegungsverfahren. Gerichtsverfahren, Schiedsverfahren und im Vergleich. Frankfurt/*M: Peter Lang.

Ittner, H. (2007). Mediation im Licht der Forschung? – Eindrücke aus der Postersession "Qualität – Erfolg und Scheitern in der Mediation". In K. Lange, I'. Kaeding, M. Lehmkuhl, & Ü. Pfingstcn-Wismer (Hrsg.), *Frischer Wüul für Mediation*(50-58). Berlin: Bundesverband Mediation e. V.

Janis, I. L. (1972). *Victims of Groupthink.* Boston: Houghton Mifflin Company.

Jones, T. S., & Brinkert R. (2008). *Conflict coaching: Conflict management strategies and skills for the individual.* Los Angeles: Sage

Kals, E., & Ittner, H. (2008). *Wirtschaftsmediation.* Göttingen: Hogrefe.

Kanning, U. P. (2005). *Soziale Kompetenzen. Entstehung, Diagnose und Förderung.* Göttingen: Hogrefe.

Kerntke, W. (2004). *Mediation als Organisationsentwicklung.* Bern: Haupt.

Kieselbach, T., & Beelmann, G. (2007). Psychologie der Arbeitslosigkeit: Befunde, Interventionen und Forschungsperspektiven. In D. Frey & L. von Rosenstiel (Hrsg.), *Wirtschaftspsychologie*(537-571). Göttingen: Hogrefe.

Kirchhoff, L. (2012). Konfliktmanagement(-systeme) 2.0. *Konfliktdy-namik, 1,* 4-14.

Klammer, G., & Geißler, P. (1999). *Mediation: Einblicke in Theorie und Praxis professioneller Konfliktregelung.* Wien: Falter Verlag.

Klappenbach, D. (2006). *Mediative Kommunikation.* Paderborn: Junfermann.

Klebert, K., Scharder, E., & Straub, W. (2002). *Moderationsmethode: Das Standardwerk.* Hamburg: Windmühlen.

Kolb, D. M., & Bartunek, J. M. (1992). *Hidden conflict in organizations.* Newbury Park, CA: Stage.

Kolodej, C. (2005). *Mobbing. Psychoterror am Arbeitsplatz und seine Bewältigung.* Mit zahlreichen Fallbeispielen. Wien: WUV.

König, E., & Volmer, G. (2000). *Systemische Organisationsberatung* (6.

Aufl.). Weinheim: Deutscher Studien Verlag.

Köstler, A. (2010). *Mediation*. Stuttgart: UTB.

Kotter, J. (1998). *Chaos. Wandel. Führung. Leading Change*. Düsseldorf & München: Econ.

Krahè, B. (2001). *The social psychology of aggression*. Hove: Psychology Press.

Kressel, K., & Pruitt, D. G. (Eds.). (1989). *Mediation research*. San Francisco: Jossey-Bass.

Kreuser, K., & Robrecht, T.(2010). *Führung und Erfolg*. Wiesbaden: Galber.

Kreyenberg, J. (2005). *Konfliktmanagement* (2. Aufl.). Berlin: Comelsen.

Küpper, W., & Ortmann, G. (Hg.) (1988). *Mikropolitik*. Opladen: VS.

Latimer, J., Dowden, C., & Muise, D. (2005). The effectiveness of restorative justice practices: A meta–analysis. *Prison Journal, 85*(2), 127–144.

Lenz, C., & Mueller, A. (1999). *Business Mediation–Einigung ohne Gericht*. Lech: Moderne Industrie.

Leventhal, G. S. (1980). What should be done with equity theory? New approaches to tin – study of fairness in social relationships. ln K. J. Gergen, M. S. Greenberg, & R. Ü. Willis (Eds.), *Social exchange: Advances in theory and research* (27–55). New York: Plenum Press.

Lewicki, R. J., Saunders, D. M., & Minton, J. W. (2007). *Negotiation: Readings, exercises, and cases* (5th rev. ed.). Boston: McGraw-Hill.

Lievegoed, R. (1975). *Organisationen im Wandel*. Bern & Stuttgart: Haupt.

Linneweh, K. (1981). *Kreatives Denken*. Rheinzabern: Gitzel.

Linneweh, K. (1999). *Kreatives Denken* (7. Aufl.). Rheinzabern: Gitzel.

Lionnet, K., & Lionnet, A. (2005). *Handbuch der internationalen und nationalen Schiedsgerichtsbarkeit*. Nürnberg: Boorberg.

Lipsky, D. B., & Seeber, R. L. (1998). *The appropriate resolution of corporate disputes: A report on the growing use of ADR by U.S. corporations*. Ithaca, NY: Institute on Conflict Resolution.

Lohmeier, F. (1989). Blockierungen kreativer Prozesse und pädagogische Konsequenzen. *Pädagogische Rundschau, 41*(1), 81-99.

Löhner, M. (1990). Kommunikationspsychologie in der Einvernahme. *Kriminalistik, 44*(11), 611-616.

Luhmann, N. (1964). *Funktionen und Folgen formaler Organisation.* Berlin: Duncker & Humblot.

Machatzky, A. (1996). Ist NLP nützlich? Eine Überprüfung der pragmatischen Ansprüche des Neurolinguistischen Programmierens durch Befragung potentieller Anwenderinnen. *MultiMind -1MLP aktuell, 5*(6), 29-38.

Maslow, A. H. (1958). A dynamic theory of human motivation. In C. L. Stacey & M. DeMartino (Eds.), *Understanding human motivation* (26-47). Cleveland: Howard Allen.

Matis, H. (1988). *Das Industriesystem.* Wien: Ueberreuter.

McGillicuddy, N. B., Welton, G. L., & Pruitt, D. G. (1987). Third party intervention: A field experiment comparing three different models. *Journal of Personality and Social Psychology, 53*, 104-112.

Mediation Training Institute (1988). *Conflict Transformation: A Vision and Skills for Peacemaking and Conflict Resolution in Our Dayly Lives.* Akron, PA: Mennonite Conciliation Service.

Merten, J. (2003). *Einführung in die Emotionspsychologie.* Stuttgart: Kohlhammer.

Mikula, G., & Wenzel, M. (2000). Justice and social conflicts. *International Journal of Psychology, 35*(2), 126-135.

Miller, J. G. (1978). *Living Systems.* New York: McGraw-Hil.

Mitchell, C., & Banks, M. (1996). *Handbook of Conflict Resolution: The Analytical Problem-Solving Approach.* London/New York: Frances Pinter.

Morgan, G. (2002). *Bilder der Organisation.* Stuttgart: Klett-Cotta.

Müller-Fohrbrodt, G. (1999). *Konflikte konstruktiv bearbeiten lernen.* Opladen: Leske + Budrich.

Müller-Wolf, H. M. (1994). Mediation von Konflikten und kritischen Prozessen in der beruflichen Praxis. *Gruppendynamik, 25*(3), 253-272.

Murray, J., Rau, A., & Sherman, E. (1989). *Processes of Dispute Resolution — The Role of Lawyers.* New York: Foundation Press.

Neuberger, O. (1994). *Personalentwicklung.* Stuttgart. Enke.

Neuberger, O. (1995). *Mikropolitik. Der alltägliche Aufbau und Einsatz von Macht in Organisationen.* Stuttgart: Enke.

Neuberger, O. (1996). Politikvergessenheit und Politikversessenhcit – Zur Allgegenwart und Unvermeidbarkeit von Mikropolitik in Organisationen. *Organisationsentwicklung, H. 3,* 66-71.

Nugent, W. R., Williams, M., & Umbreit, M. S. (2004). Participation in victim-offender mediation and the prevalence of subsequent delinquent behavior: a meta-analysis. *Research on Social Work Practice, 14*(6), 408-416.

Osborn, A. (1963). *Applied imagination: Principles and procedures of creative problem solving.* New York: Scribner.

Otto., J.-H., Euler, H.-A., & Mandl, Ü. (Hrsg.). (2000). *Emotionspsycologie. Ein Handbuch.* Weinheim: PVU.

Pennington, G. (1995). Kreatives Konfliktmanagement. *MultiMind – NLP aktuell, 1,* 5-8.

Poitras, J., Belair, F., & Byrne, S. (2005). A reflection on unintended consequences of workplace mediation. *Conflict Resolution Quarterly, 23*(1), 43-51.

Ponschab, R., & Dendorfer, R. (2001). Mediation in der Arbeitswelt – eine ökonomisch sinnvolle Perspektive. *Beilage zu Betriebs-Berater, 16,* 1-8.

Pricewaterhouse Coopers (2005). *Commercial dispute resolution. Konfliktbearbeitungsverfahren im Vergleich.* Frankfurt a. M.: PwC.

Proksch, S. (2007). Die Schaffung einer nachhaltig konstruktiven Konfliktkultur in derOrganisation durch Einführung von komplementären Formen des Konfliktmanagements. Dissertationsschrift. Wien.

Proksch, S. (2010). *Konflitmanagement im Unternehmen.* Heidelberg: Springer.

Proksch, S. et al. (2004). *Das Ende der Eiszeit. Konfliktmanagement und Mediation in Unternehmen.* Wien: Service Verlag der Wirtschaftskammer.

Pruitt, D. G., & Carnevale, P. J. (1993). *Negotiation in social conflict.* Buckingham: Open University Press.

Prutting, H. (2002). Mediation im Arbeitsrecht. In F. Haft & K. von

Schlieffen(Hrsg.), *Handbuch Mediation*(959-966). München: Beck.

Rapaport, A. (1976). Kämpfe, und: 3 *Konfliktmodelle*. Darmstadt: Darmstädter Blätter.

Rechtien,W. (2007). *Angewandte Gruppendynamik*. München: Beltz.

Redlich, A. (2009). *Konfliktmoderation*. Hamburg: Windmühle.

Regnet, E. (2001). *Konflikte in Organisationen*(2. Aufl.). Göttingen: Hogrefe.

Regnet, E. (2007). *Konflikt und Kooperation: Konflikthandhabung in Führungs - und Teamsituationen*. Göttingen: Hogrefe.

Regnet, E. (2001). *Konflikte in Organisationen. Formen, Funktion und Bewältigung* (2. Aufl.). Stuttgart: Verlag für Angewandte Psychologie.

Reisenzein, R. (2000). *Worum geht es in der Debatte um die Basisemotionen?* In F. Försterling, L.-M. Silny, & J. Stiensmeier-Pelster(Hrsg.), Kognitive und emotionale Aspekte der Motivation (205-237). Göttingen: Hogrefe.

Risse, J. (2000). Wirtschaftsmediation. *Neue Juristische Wochenzeitschrift*, *22*, 1614-1620.

Rogers, C. R. (1972). *Die klientenzentrierte Psychotherapie*. München: Kindler.

Rosenberg, M. B. (2007). *Gewaltfreie Kommunikation* (6. Aufl.). Paderborn: Junfermann.

Rosenberg, M. B., & Seils, G. (2004). *Konflikte lösen durch Gewaltfreie Kommunikation*. Freiburg: Herder.

Rubin, J. Z., Pruitt, D. G., & Kim, S. H. (1994). *Social conflict*. New York: McGraw-Hill.

Rüttinger, B., & Sauer, J. (2000). *Konflikt und Konfliktlösen*. Leonberg: Rosenberger Fachverlag.

Sahler, B., Besemer, C., Wohland, U., R., Traupe, A., & Löwensprung, K. (2004). *Konsens: Handbuch zur gewaltfreien Entscheidungsfindung* Baden: Werkstatt für Gewaltfreie Aktion.

Sandner, K. (1990). *Prozesse der Macht*. Berlin: Springer.

Sathe, V. (1985). *Culture and related corporate realities*. Homewood, Ill.: Richard D Irwin.

Satir, V. (1997). *Familienbehandlung*. Kommunikation und Beziehung in

Theorie, Erleben und Therapie. Freiburg: Lambertus.

Schein, I. (1980). *Organizational psychology.* Englewood Cliffs: Prentice-Hall.

Schmidt-Atzert, L. (1996). *Lehrbuch der Emotionspsychologie.* Stuttgart: Kohlhammer.

Schlippe, A. von (1995). *Familientherapie irn Überblick.* Paderborn: Junfermann.

Schlippe, A. von & Schweitzer, I. (1999). *Lehrbuch der systemischen Therapie und Beratung.* Göttingen: Vandenhoeck & Ruprecht.

Schmal, A., Fritzemeyer, T., Günster, A., Hartl, M., Kärcher, J., Lux, V., Mehl, B., & Wallerius, A. (1999). Training zur Problemlösekompetenz – und Kreativitätsförderung. Unveröff. Bericht. Trier: Universität Trier, Fachbereich I – Psychologie.

Schmid, B. (1993). Menschen, Rollen und Systeme – Professionalisierung aus systemischer Sicht. *Organisationsentwicklung, 4,* 19-25.

Scholz, C. (1997). *Strategische Organisation.* Landsberg/Lech: Moderne Industrie.

Schuler, H. (2002). "Emotionale Intelligenz" – nur ein Etikettenschwindel? *Personalführung, 35* (12), 62-67.

Schuler, H., & Görlich, Y. (2007). *Kreativität. Ursachen, Messung, Förderung und Umsetzung in Innovation.* Göttingen: Hogrefe.

Schulz von Thun, F. (2006). *Miteinander reden 1.* Störungen und Klärungen: Allgemeine Psychologie der Kommunikation (45. Aufl.). Reinbek: Rowohlt.

Schulze, R., Freund, A., & Roberts, R. D. (2006). *Emotionale Intelligenz. Ein internationales Handbuch.* Göttingen: Hogrefe.

Schwarz, G. (2005). *Konfliktmanagement* (7. Aufl.). Wiesbaden: Gabler.

Scott-Morgan, P. (1994). *Die heimlichen Spielregeln.* Frankfurt/M. & New York: Campus.

Selvini-Palazzoli, M., Anolli, L., Di Blasio, P., Giossi, L., Pisano, J., Ricci, C., Sacchi, M., & Ugazio, V. (1995). *Hinter den Kulissen der Organisation.* Stuttgart: Klett-Cotta.

Senge, P. M. (1990). *The Fifth Discipline: The Art & Practice of the Learning Organization.* New York: Currency.

Sikora, J. (1976). *Handbuch der Kreativ-Methoden.* Heidelberg: Quelle

& Meyer.

Singer, L. (1990). *Settling Disputes*. Boulder: Westview Press.

Smith, S., & Martinez, J. (2009). An Analytic Framework for Dispute Systems Design. *Harvard Negotiation Law Review, 14*, 129-30.

Spangenberg, B., & Spangenberg, E. (1997). Mediation und NLP. *NLP aktuell, 6*(4), 14-15.

Spieß, E. (2004). Kooperation und Konflikt. In H. Schuler (Hrsg.), *Das hab'ich nicht gesagt! Kommunikationsprobleme im Alltag*. Hamburg: Kabel.

Spisak. M. (2003). Konflikte in Organisationen. In Th. Steiger & E. Lippmann (Hrsg.), *Handbuch angewandte Psychologie für Führungskräfte, Führungskompetenz und Führungswissen, Band II* (2. Aufl.)(319-338). Berlin: Springer Verlag.

Statistisches Bundesamt (2010). Krankheitskosten in Mio. € für Deutschland 2008, www.gbe-bund.de.

Straube, R., Leuschner, H., & Müller, P. (2008). *Konfliktmangement für Projektleiter*. München: Rudolf Haufe.

Tannen, D. (1992). *Das hab'ich nicht gesagt! Kommunikationsprobleme im Alltag*. Hamburg: Ernst Kabel.

Thibault, J., & Walker, L. (1975). *Procedural justice: A psychological analysis*. Hillsdale, NJ: Lawrence Erlbaum.

Thomann, C. (2004). *Konflikte im Beruf Methoden und Modelle klärender Gespräche* (2. Aufl.). Reinbek: Rowohlt.

Thomann, C., & Schulz von Thun, F. (2003). *Klärungshilfe I. Handbuch für Therapeuten, Gesprächshelfer und Moderatoren in schwierixen Gesprächen*(15. Aufl.). Reinbek: Kowohlt.

Thomas, K. W., & Schmidt, W. H. (1976). A Survey of Managerial Interests with Respect to Conflict. *Academy of Management Journal, 19*, 315-318.

Thomson, L. L. (1990). An examination of naive and experienced negotiators. *Journal of Personality and Social Psychology, 59*, 82-90.

Tyler, T.R. (2000). Social justice: Outcome and procedure. *International Journal of Psychology, 35*(2), 117-125.

Ulich, E. (2001). *Arbeitspsychologie* (5. Aufl.). Stuttgart: Schäffer-Poeschel.

Ury, W., Breet, J., & Goldberg, S. (1990). *Konfliktmanagent - Wirksame Strategien für den sachgerechten Interessenausgleich.* Frankfurt a. M.: Campus.

Van de Vliert, E. (1997). Enhancing performance by conflict-stimulating intervention. In C. De Dreu & E. Van de Vliert (Eds.), *Using conflict in organizations*(208-223). London: SAGE Publications.

von Schlippe, A., & Schweitzer, J. (2003). *Lehrbuch der systemischen Therapie und Beratung* (9. Aufl.). Göttingen: Vandenhoeck & Ruprecht.

Wack, O. G., Detlinger, G.,& Grothoff, H. (1998). *Kreativ sein kann jeder.* Hamburg: Windmühle.

Wagner, J., & Hollenbeck, J. (1992). *Management of organizational behavior.* Upper Saddle River, NJ: Prentice Hall.

Walz, R. (2006). *Formularbuch Außergerichtliche Streitbeilegung.* Köln: Schmidt.

Watzke, E. (2004). *Äquilibristischer Tanz zwischen Welten. Neue Methoden professioneller Konfliktmediation.* Godesberg: Forum Verlag.

Watzlawick, P. (1983). *Anleitung zum Unglücklichsein.* München: Pieper.

Watzlawick, P. (1997). *Wie wirklich ist die Wirklichkeit. Wahn, Täuschung, Verstehen* (23. Aufl.). München: Piper.

Watzlawick, P. (Hrsg.). (2002). *Die erfundene Wirklichkeit*(18. Aufl.). München: Piper.

Watzlawick, P., Beavin, J. H., & Jackson, D. D. (2000). *Menschliche Kommunikation* (10. Aufl.). Bern: Huber.

Weber, H. (1990). *Arbeitskatalog der Übungen und Spiele.* Hamburg: Windmühle.

West, M. (1999). *Innovation und Kreativität: Praktische Wege und Strategien für Unternehmen mit Zukunft.* Weinheim: Beltz.

Wiedemann, P. M., & Kessen, S. (1997). Mediation: Wenn Reden nicht nur Reden ist. *Organisationsentwicklung, 16*(4). 52-65.

Winiarski, R (1995). Psycho-Zauber für die Management-Manege. *Psychologie heute, 22*(3), 60-65.

Winkler, K. (2006). *Negotiations with asymmetrical distribution of power.* Heidelberg: Physica.

Wittmann, W. W. (1985). *Evaluationsforschung. Aufgaben, Probleme und Anwendungen*. Berlin: Springer.

Wittschier, B. M. (2000). *Konfliktzünder Zeit. Wirtschafts-Mediation in der Praxis*. Wiesbaden: Gabler.

Zarro, R. A., & Blum, P. (1991). *Den richtigen Draht finden: Gekonnt telefonieren durch NLP*. München: mvg.

찾아보기

인 명

내 용

저자 소개

문용갑(Moon Yonggap)

독일 Bremen 대학교 사회심리학 박사

독일 갈등관리 · 조정전문가

독일 ITB 연구교수 역임

성균관대학교 연구교수 역임

가톨릭대학교 교수 역임

현 한국갈등관리 · 조정연구소 소장

　　서울부부가족치료연구소 대표

　　성균관대학교 겸임교수

　　독일 Vechta 대학교 외래교수

　　한국갈등관리조정협회 대표

　　서울중앙지방법원 조정위원

　　서울가정법원 조정위원

이메일: moon@conflict.kr

이남옥(Lee Namok)

독일 Oldenburg 대학교 심리학 박사

독일 갈등관리 · 조정 전문가

독일 가족치료전문가

독일 단기치료전문가

한국상담심리학회 상담심리전문가

한국임상심리학회 임상심리전문가

한국가족상담협회 수련감독

고려대학교 연구교수 역임

서울사이버대학교 교수 역임

현 서울부부가족치료연구소 소장

　독일 Vechta 대학교 외래교수

　한국가족상담협회 회장

　서울중앙지방법원 조정위원

　서울가정법원 조정위원

이메일: namoklee@hotmail.com

조직갈등관리

-심리학적 갈등조정을 중심으로-

Mediation: Cooperative Conflict Management

2016년 5월 20일 1판 1쇄 발행
2020년 4월 10일 1판 3쇄 발행

지은이 • 문용갑 · 이남옥

펴낸이 • 김 진 환

펴낸곳 • (주) **학지사**

　　　　04031 서울특별시 마포구 양화로 15길 20 마인드월드빌딩 5층

대표전화 • 02) 330-5114　　팩스 • 02) 324-2345

등록번호 • 제313-2006-000265호

홈페이지 • http://www.hakjisa.co.kr
페이스북 • https://www.facebook.com/hakjisabook

ISBN 978-89-997-0947-0 93180

정가 17,000원

이 도서의 국립중앙도서관 출판시도서목록(CIP)은 서지정보유통지원시스템
홈페이지(http://seoji.nl.go.kr)와 국가자료공동목록시스템(http://www.nl.go.kr/kolisnet)
에서 이용하실 수 있습니다.
(CIP제어번호: CIP2016008704)

출판 · 교육 · 미디어기업 학지사

간호보건의학출판 **학지사메디컬** www.hakjisamd.co.kr
심리검사연구소 **인싸이트** www.inpsyt.co.kr
학술논문서비스 **뉴논문** www.newnonmun.com
원격교육연수원 **카운피아** www.counpia.com